“十四五”职业教育国家规划教材

（含工作页）

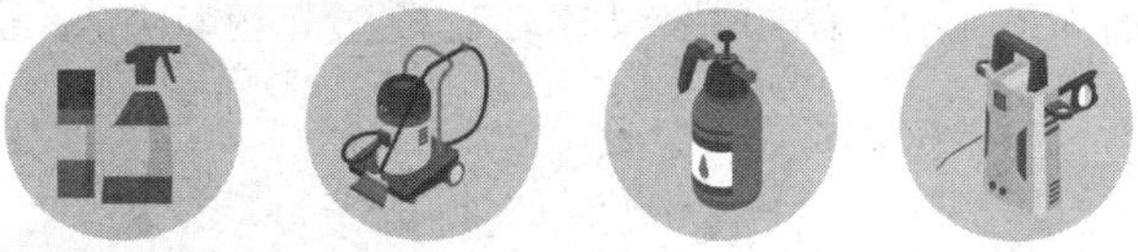

汽车装饰与美容

（第2版）

主　编◎李井清
副主编◎张家佩　梁　宏　韦　俏　黄晓剑
参　编◎张匡闽　卢双桂　李京雷
主　审◎许　平

電子工業出版社
Publishing House of Electronics Industry
北京·BEIJING

内 容 简 介

本书内容主要包括汽车清洁护理、汽车漆面美容护理、汽车玻璃护理、汽车内饰护理装饰、汽车底盘护理装饰、汽车车身外部装饰、汽车电子精品选装七个模块。通过本书的学习，学生可以了解汽车装饰与美容的意义和前沿技术，学会正确选用汽车美容用品，能够规范操作汽车美容工具和设备。本书还附有单独的工作页，通过工作页的实训操作环节，可以锻炼学生汽车美容护理、装饰和选装的基本能力，使学生能独立完成汽车清洁、护理、装饰及选装等基本任务。

本书适用于职业院校汽车类相关专业学生，也可供有一定汽车维修基础的从业人员参考使用。

图书在版编目（CIP）数据

汽车装饰与美容 / 李井清主编. —2 版. —北京：电子工业出版社，2023.8

ISBN 978-7-121-46273-3

Ⅰ. ①汽… Ⅱ. ①李… Ⅲ. ①汽车—车辆保养 Ⅳ.①U472

中国国家版本馆 CIP 数据核字（2023）第 168294 号

责任编辑：张锴丹　　特约编辑：徐　震
印　　刷：大厂回族自治县聚鑫印刷有限责任公司
装　　订：大厂回族自治县聚鑫印刷有限责任公司
出版发行：电子工业出版社
　　　　　北京市海淀区万寿路 173 信箱　邮编　100036
开　　本：787×1 092　1/16　印张：14　字数：414 千字　插页：26
版　　次：2017 年 9 月第 1 版
　　　　　2023 年 8 月第 2 版
印　　次：2025 年 3 月第 7 次印刷
定　　价：45.00 元

凡所购买电子工业出版社图书有缺损问题，请向购买书店调换。若书店售缺，请与本社发行部联系，联系及邮购电话：（010）88254888，88258888。

质量投诉请发邮件至 zlts@phei.com.cn，盗版侵权举报请发邮件至 dbqq@phei.com.cn。

本书咨询联系方式：（010）88254549，zhangpd@phei.com.cn。

前　言

PREFACE

党的二十大报告指出，要坚持尊重劳动、尊重知识、尊重人才、尊重创造；要完善人才战略布局，坚持各方面人才一起抓，建设规模宏大、结构合理、素质优良的人才队伍。新时代要大力弘扬劳模精神、劳动精神、工匠精神，激励更多劳动者走技能成才、技能报国之路，培养更多高技能人才和大国工匠，为全面建设社会主义现代化国家提供有力人才保障。

柳州市第一职业技术学校的汽车运用与维修专业教师团队，秉承“以立德树人为根本任务，升学就业并举”的原则，深化“三教改革”，创新教学内容，引入学术研究、科技前沿和课程思政内容，通过与上汽通用五菱汽车有限公司深度校企合作组建“菱大师”订单班等方式，建立起一套从明确任务、制订计划、实施计划、检查控制到评价反馈的工作过程系统化的课程模式。本套“职业院校任务驱动教学法创新教材”正是在此优秀实践经验和教学成果基础上，全面调研、精确分析、谨慎论证、科学编撰而成的，是学校汽修专业教学团队教学成果和集体智慧的展示和结晶。

本套教材大部分采用“主教材＋工作页”的形式，主教材侧重典型工作任务的知识讲解，工作页强调技能掌握。本套教材在编写过程中，始终力求做到三个兼顾和三个突出。

1. 在教材的编写指导思想方面，既注重体现职业教育的最新理论与前沿技术、行业能力的最新水平与发展要求，又兼顾职业院校学生的实际特点和实际水平；既注重汽车专业基础知识、基本理论和必备技能的掌握，又兼顾企业的典型工作任务和典型工作流程，让学生的学习和工作合为一体；既强调教师作为学习过程的策划组织者、资源提供者、指导咨询者、过程监督者及绩效评估和改善者的重要作用，又兼顾对学生综合职业能力的培养，强调学生在真实工作情境中整体化地解决综合性专业问题的能力和技术思维方式。

2. 在教材的知识体系构建上，力求突出工作过程的系统化、学生学习的自主化和评价反馈的及时化。本套教材通过有一定实际价值的行动产品来引导教学组织过程，学生学习方式多以强调合作和交流的小组形式进行，从而使学生能够进一步理解技术知识并提高解决问题的能力。在本书的工作页板块，始终贯穿有“质量控制与评价”环节，过程化的学习评价可以帮助学生获得初步总结、反思及自我反馈的能力，为提高其综合职业能力提供必要的基础。

3．在教材数字化资源配套上，建设在线开放课程线上教学资源，资源类型具有多样性，知识技能具有针对性，有微课、课件、视频、文档等不同类型教学资源，从碎片化到系统化，把知识内容多层次、多维度地展现给学生，符合学生学习习惯和学习特点，便于教师开展线上线下混合式教学，易于教师备课和学生课前自学。

本书作为系列教材中的一本，入选“十四五”职业教育国家规划教材，在内容设置上，以企业工作实际任务为依据，以企业工作场景为引入，以企业入职人员必备的汽车美容基本能力和基本素质为主线，以行动导向教学法为任务载体，采用循序渐进式的学习模式，从认知到领悟逐步培养学生的基本技能和理论基础，培养学生终身学习的良好习惯。本书反映汽车专业发展，突出汽车美容领域的新知识、新技术、新工艺和新方法，使学生了解该行业的最新发展和技术。

在结构安排方面，本书突出学生岗位能力的培养，不单纯强调学科体系的完整。在确定实训车型方面，本书兼顾汽车工业发展的现状和学校的办学条件，尽量多地介绍不同层次的车型，给学校较大的选择空间；整体教学内容分为七个模块，每个模块之间相对独立，便于教学组织与开展，可以有效解决教学工位不足的难题。在教材呈现形式方面，本书力求图文并茂，通俗易懂，使学生容易接受。

本书由柳州市第一职业技术学校李井清负责全书统稿，柳州市第一职业技术学校韦俏负责编写模块一、模块四，黄晓剑负责编写模块二、模块三，卢双桂和梁宏负责编写模块六，张家佩负责编写模块七，柳州市交通学校张匡闽负责编写模块五，上汽通用五菱汽车有限公司李京雷工程师负责提供图片素材。本书编写过程中也得到了上汽通用五菱汽车有限公司的大力支持，在此表示衷心感谢。

由于编者水平有限，书中难免有疏漏之处，敬请读者批评指正。

编　者

目　录

CONTENTS

模块一

汽车清洁护理

本模块通过学习汽车清洁日常美容护理中常见的汽车外部清洗、汽车室内清洁护理、汽车发动机外部清洁护理及汽车精洗等项目，了解并掌握汽车清洁护理的基本知识与操作技能，并在实际工作中予以应用。

思政小课堂

汽车清洁护理模块通过对汽车由内而外的清洁护理，引导学生加强对美的鉴赏，提升学生的审美水平，实现心灵美与行为美的统一。

审美观是一个哲学范畴。所谓审美，是指主体人对客观事物的审美意识，是人们在社会实践中逐步积累起来的审美情感、认识和能力的总和。它包括审美感受、审美趣味、审美观念、审美理想等范畴。我们积极倡导学生以真为美、以善为美和以淳朴为美的审美观。

任务实践

学习本模块后，每位同学拍摄一张以“美”为题材的照片。

任务一 汽车外部清洗

知识目标

- 会正确使用高压清洗设备
- 能正确识别和选用汽车清洗用品

技能目标

- 掌握汽车清洗的规范操作步骤
- 能正确使用清洗设备

情感目标

- 在操作中体会汽车清洗的过程

一、任务分析

汽车在使用过程中，车身表面、底盘和内部会遭受多方面的侵害。汽车遭受的侵害见表 1-1-1。

表 1-1-1　汽车遭受的侵害

侵　害　源	造成的后果
紫外线	漆面失光、龟裂、老化，内饰老化
酸雨	漆面腐蚀、老化
雨雪、冰雹	漆面受损，底盘锈蚀
鸟粪、飞虫等附着物	侵蚀漆面，损害车身基材

车身表面污染主要是由尘土和泥水引起的。泥沙和油污溅到车身上，再黏附一些尘土和污物，会使车身表面的污染情况变得更严重。

车身表面污垢主要包括以下五种。

① 外部沉积物，如尘埃沉积物和油污沉积物。

② 附着物，汽车行驶过程中容易沾上各类附着物，如柏油、沥青、鸟粪、虫粪等。

③ 水渍，如果落到车身表面的水滴中含有颜料、化学溶剂等会损坏漆面的物质，时间长了水分蒸发后，就会在车身表面形成难以去掉的水渍。

④ 锈蚀，汽车锈蚀主要发生在车身外露的金属部分。例如，在金属部件漆面有破损的部位，在汽车底盘空间狭小处或沟槽处因堆积有含盐分、灰尘和湿气等的物质，容易发生锈蚀。

⑤ 其他污物，如物体因为相互剐蹭而附着的污染物。

汽车清洗的好处有以下四项。

① 保护漆面。

② 漆面增光。

③ 消除静电形成的交通膜。

④ 延长漆面及内饰的使用寿命。

二、知识准备

图片示例	解释说明
1. 高压清洗机的使用方法	
	按照产品说明书要求对高压清洗机进行仔细检查和正确操作，接通水源和电源。

图片示例	解释说明
	根据作业车况，调整喷枪的水压，使其在压力表的绿色指示范围内。 **提示：**禁止用喷枪对人或电气设备进行喷射，出现故障应及时关闭电源并拔下插头，然后请专业人员进行维修。
	根据作业情况，调整高压水枪的水柱形状。冲洗车身时建议采用雾状，冲洗底盘和挡泥板时建议采用柱状。
2．高压清洗机的维护与保养	
	① 检查电源线是否有破损，插头是否破碎。 ② 检查水泵曲轴箱内润滑油的油位、油的品质，如有异常，应及时添加或更换。 ③ 胶管应卷好保存，不能有打结或扭曲的现象，以免造成胶管破损、折断。

<table>
<tr><th>图片示例</th><th>解释说明</th></tr>
<tr><td></td><td>高压清洗机每运转 200 h 应更换一次润滑油。长期不用高压清洗机时应将剩水排尽，存放在干燥处。</td></tr>
<tr><td colspan="2">3．泡沫清洗机的使用方法和维护与保养</td></tr>
<tr><td></td><td>使用方法：先关闭进气阀，然后打开排气阀和加水阀；在容器内加入一定量的清水后，按比例加入清洗剂，关闭排气阀和加水阀；用快速接头连接空气压缩机；打开压缩空气开关，当压力升至 0.2～0.4 MPa 时，打开喷枪阀，根据压力来调节喷射距离，均匀喷射泡沫，最后用海绵擦拭干净。
维护与保养：定期检查容器安全阀及排水阀是否有渗漏现象；经常检查接头密封圈是否老化、变形；保持设备的清洁，使用过后放置于阴凉干燥处，避免阳光照射。</td></tr>
<tr><td colspan="2">4．吸尘器的使用方法和注意事项</td></tr>
<tr><td>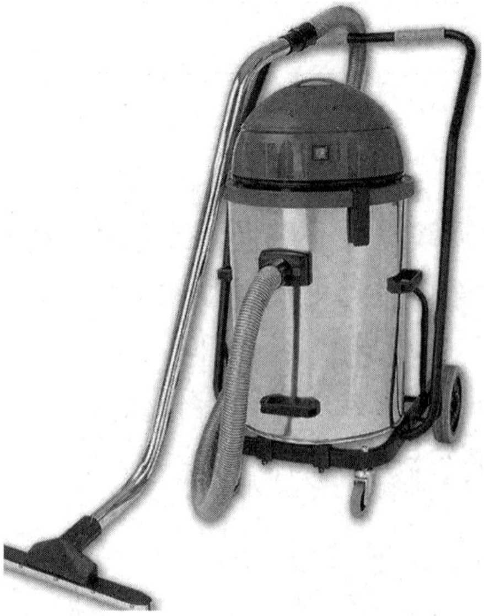</td><td>使用方法：
① 接通电源。
② 根据吸尘工作面的情况，选择合适的吸嘴，不同位置选择不同的吸嘴。
③ 打开吸尘器电源开关。
④ 吸嘴口尽量平贴吸尘工作面。不可吸较大污物、纸片及燃烧物等，以防堵塞或起火。
⑤ 定期清洁过滤网。</td></tr>
</table>

<table>
<tr><th>图片示例</th><th>解释说明</th></tr>
<tr><td></td><td>注意事项：
① 一般干式吸尘器不允许吸潮湿泥土或污水，而干湿两用吸尘器可以吸潮湿泥土或污水，但要注意的是，吸水时应将尘袋或尘隔拿开，不能在吸水时将尘袋或尘隔放在尘箱里面，以免损坏电动机。
② 吸尘器不要长时间处于连续工作状态，一般单次连续使用不得超过2.5 h，否则会影响其使用寿命。
③ 使用吸尘器时一旦发现有异物堵住吸管，应立即停止使用，待清除异物后继续使用，否则会烧毁电动机。
④ 吸尘器的贮灰箱（或贮尘袋）应经常清理，否则会降低吸气流量，从而影响其吸尘效率和吸尘效果。</td></tr>
<tr><td colspan="2">5．脱水机的使用方法</td></tr>
<tr><td></td><td>使用方法：
① 地毯要分块交叉放平，并保持重心稳定。
② 放入地毯时地毯的水不能滴到电动机上。
③ 地毯放平后擦干手才可以按启动按钮。
④ 若发现脱水机突然剧烈晃动或发出异响，则应紧急切断电源。
⑤ 脱水机运转时手不能放在脱水机上，要等脱水机完全停止工作后才能用手去触碰。
⑥ 取出地毯。</td></tr>
<tr><td colspan="2">6．汽车清洗用品的选用</td></tr>
<tr><td colspan="2">（1）清洗剂的主要作用。
传统的洗衣粉、肥皂水、洗洁精等非汽车专用清洗剂，其碱性成分含量较大，使用后会破坏漆面上的蜡分子，使漆膜氧化失光、局部产生色差、密封橡胶老化，严重的话会使车漆干裂、脱落，导致生锈，对车漆造成不可挽回的损害。汽车清洗剂呈中性，是含表面活性剂的功能性高分子材料，具有较强的渗透能力和增溶能力，能大大降低液体的表面张力，快速去除污垢，属绿色环保产品。因此，汽车清洗剂的主要作用是提高清洗工作效率，使清洗与护理合二为一。
使用汽车清洗剂可减少美容工序，能有效去除车体表面的各类顽固污垢，使用后不会损伤漆面及皮肤，可确保清洗质量；选用环保型清洗剂，也可减少对环境的污染。
（2）清洗剂的种类。
由于汽车各部位的污垢和部件的构成材料具有多样性，因此汽车清洗剂品种繁多，功能各异。</td></tr>
</table>

图片示例	解释说明
洗车香波 	汽车美容行业中广泛采用的洗车香波性质温和，呈中性，不腐蚀漆面，不脱蜡，有各种芳香气味。洗车香波一般由多种表面活性剂配制而成，具有很强的浸润和分解能力，能够有效地去除汽车漆面的尘埃、油污，保持漆面原有光泽，并具有消除静电的功能，使用方便，价格较低。
二合一清洗剂 	二合一清洗剂是一种将清洁、护理合二为一，既有清洗功能，又有上蜡功能的清洗剂，可以满足快速清洗和打蜡的要求。二合一清洗剂主要由多种表面活性剂配制而成，上蜡成分是一种特制配方的水蜡，在清洗过程中能在漆面形成一层蜡膜，有效地保护车漆。
脱蜡清洗剂（开蜡水） 	脱蜡清洗剂（开蜡水）含柔和性溶剂，具有很强的分解能力，可用于新车开蜡和旧车美容前除蜡，同时又能有效地去除漆面的油污。
柏油沥青清洁剂 	柏油沥青清洁剂通过软化功能清除附着在车体和镀铬表面的焦油、沥青等污垢。使用柏油沥青清洁剂时，均匀摇晃后喷涂少许于污垢表面，待焦油、沥青软化两三分钟，然后使用软毛巾擦拭去除，并用清水冲净即可。

图片示例	解释说明
虫胶树胶去除剂 	虫胶树胶去除剂以其特有的软化功能，使鸟粪、树胶与漆面分离，防止车漆损伤。使用虫胶树胶去除剂时，将产品涂于污垢处，待鸟粪、树胶等软化后用毛巾擦拭，并用清水冲净即可。
轮胎光亮剂 	轮胎光亮剂对轮胎具有清洁、翻新和保护的作用，能有效防止轮胎等橡胶件的老化、龟裂、变形及褪色，不伤害轮辋、胎圈、轮胎盖。轮胎光亮剂具有优异的抗静电功能，不易吸附灰尘，使轮胎表面持久亮丽。 使用方法：先将轮胎彻底清洁干净，使用前摇匀轮胎光亮剂，将其均匀地涂抹在清洁干燥的轮胎侧壁上，用轮胎上光刷将其涂匀，自然风干即可。
轮毂清洗剂 	轮毂清洗剂一般呈弱酸性，能有效去除轮毂上的油渍、氧化色斑，并清洁上光，对轮毂及轮胎无腐蚀作用。
重油污清洗剂 	重油污清洗剂是一种强力、可乳化的溶剂型清洗剂，能有效去除汽车发动机、底盘和零件上的重油污，对车体各部位无腐蚀作用。

三、任务实施

图片示例	步　　骤
1．汽车外部清洗的工艺流程	
  	第一步：汽车一次冲洗。用高压水枪冲洗车身污物，顺序是车顶→前机盖→车身→后备箱→车裙→轮胎→底盘。整个过程当中，统一冲洗方向，始终由一边向另一边的斜下方冲洗，尽量避免正向或反向冲洗，以免将泥沙冲回已经冲洗干净的部位。 一般来说，第一次冲洗汽车时水压调高些，第二次冲洗汽车时水压调低些。如果水压调整过高，那么容易将车漆冲掉；如果水压调整过低，那么很难将车身的灰尘或泥沙冲洗掉。 冲洗汽车的质量标准：车身通体用高压水枪打湿过而无遗漏，车漆表面无大颗粒泥沙或污物，以确保后续美容作业的顺利进行。 **提示：** 保持水柱与车身平面夹角呈 45°，不同部位应使用不同的压力和喷洒形状；保持枪头距车身 15～60 cm；禁止一边冲洗一边擦，因为泥沙没有冲洗干净前，擦拭会刮伤车漆。
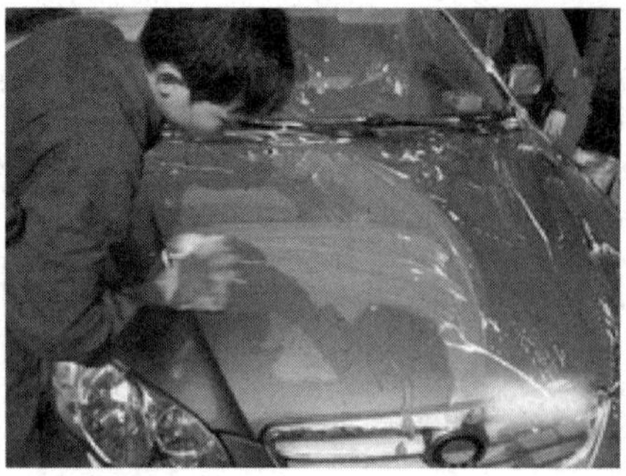	第二步：清洗液擦拭。用海绵或羊毛手套擦拭车身表面的清洗液泡沫，顺序是车顶→前风挡玻璃→前机盖→车身→后备箱→车裙。 擦洗汽车的质量标准：无漏擦之处，汽车漆面无划痕。 **提示：** 容易擦拭不到位的部位是雨刷部位、中网、牌照等处；使用专用的清洗液，并按比例配制，不可采用其他洗涤用品替代。

图片示例	步　　骤
	轮胎及门槛以下部位，要用专用的海绵或塑料刷单独清洗，以免损伤车漆。 **提示：**不可用擦拭车身的手套或海绵擦拭轮胎和门槛下部。
	第三步：二次冲洗。用高压水枪将清洗剂泡沫及污水冲洗干净，用由上至下、由前至后的顺序和赶水方式进行。 冲洗汽车的质量标准：车体无泥沙、无污垢、无漏擦之处 **提示：**重点冲洗车顶、上部和中部。
  	第四步：擦干。 ① 两人用大块半湿毛巾从车前向后来回擦两遍，吸去多余的水分。 ② 选用指定的不脱毛毛巾或麂皮（绒面革）擦干漆面、玻璃上多余的水分。 ③ 选用指定的毛巾擦干刮水片及车门边的水分，包括后备箱盖、发动机盖、燃油箱盖等边角处多余的水分。 ④ 选用指定的不脱毛毛巾或麂皮（绒面革）擦干驾驶区仪表板、转向盘等。 **提示：**麂皮使用前要用清水浸泡，拧干再用。擦车身表面时，最好选用两条毛巾，一干一半湿，先用半湿毛巾擦，再用干毛巾擦，这样不留水印。进入车内清洁时，应垫上脚垫，做好相应的防护。

图片示例	步　　骤
	第五步：吹干。用高压风枪吹干锁孔、门缝、车窗密封条、倒车后视镜壳等部位，因为留有水分，容易造成这些部位锈蚀或结冰，也会在汽车漆面上滑落水痕。 **提示：**操作时可一手拿压缩空气枪，一手拿干净抹布，边吹边擦，直到吹干为止。
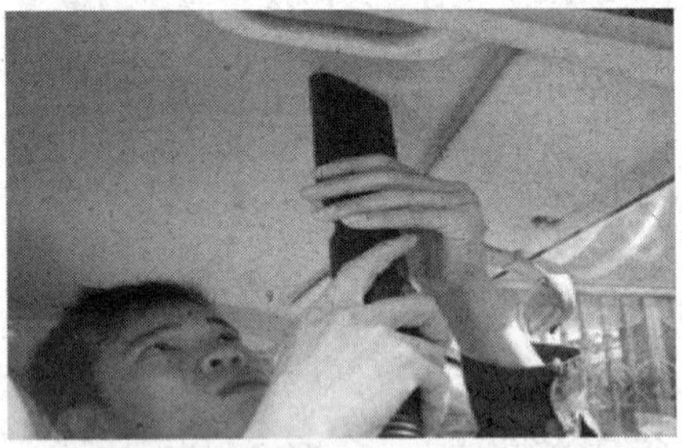 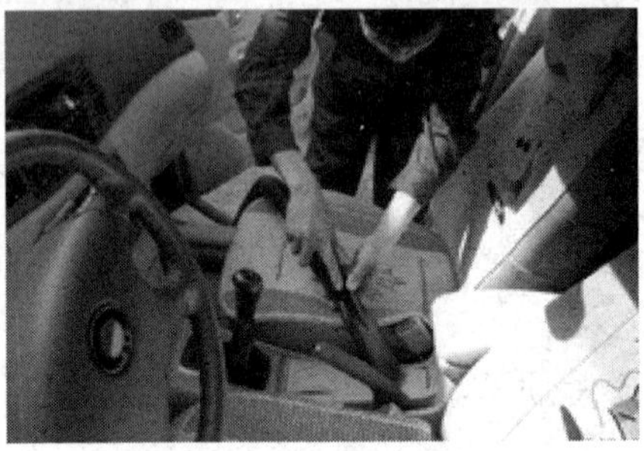	第六步：吸尘。车内吸尘顺序是车顶→座椅→仪表板→地板。 **提示：**操作时，应根据吸尘位置的具体情况而选择与之相适应的吸嘴。
	第七步：刷上轮胎光亮剂。用毛刷刷上轮胎光亮剂，刷涂时避免其接触轮辋钢圈，如不小心接触，应及时用湿毛巾擦拭干净。

2．洗车时应注意的问题

尽管汽车清洗作业简单易行，但必须按规范操作，以最大限度提高工作效率。在洗车作业中，应注意以下几点。

① 应使用专用洗车液，严禁使用肥皂水或洗洁精，因为这类用品碱性强，会导致漆面失光、局部产生色差、密封橡胶老化，还会加速局部漆面脱落部位的金属腐蚀。

② 洗车时最好采用软水，尽量避免使用含矿物质较多的硬水，以免车身干燥后留下痕迹。

③ 高压冲洗前，须检查车窗、前/后盖板是否关闭良好。

图片示例	步　　骤

④ 高压冲洗时，水压不宜太高，一般不高于 0.7 MPa，且应先使用分散雾状水流清洗全车，浸润后再利用集中水流冲洗。用可调压的清洗机冲洗底盘时，可将水压调高一些，以便冲掉底盘上附着的污泥和其他污物；清洗车身时，可将水压调低一些，如果清洗车身的水压和水流过大，那么污物颗粒会划伤漆层。若使用调温式清洗机，则注意热水温度不宜过高，以免损坏漆层，通常水温以在 30～40℃为宜。

⑤ 若发现车身附有灰尘或杂质，则应及时清除，以免弄脏漆面。若车身沾有沥青、油渍等污物，则应采用专门的清洗剂进行清洗。

⑥ 擦清洗剂时，应使用羊毛手套或海绵，最好使用海绵，以免其中裹有的硬质颗粒划伤漆面。

⑦ 洗车各工序都应遵循由上到下的原则，即由车顶、前/后盖板、车身侧面、灯具、保险杠、车裙、车轮等依次清洗。

⑧ 避免阳光直射，这是因为车身表面水分蒸发快，车身上干涸的水滴会留下斑点，影响清洗效果。

⑨ 不要在严寒天气下洗车，以防水滴在车身上结冰，造成漆层破裂。北方严寒季节洗车应在室内进行，汽车进入工位后，停留 5～10 min，然后冲洗。

⑩ 洗车时，一定要完成最后一道工序——吹干。车身缝隙之间的水滴如果不吹干，容易吸附污渍，时间久了就会形成顽固污渍，难以去除。

四、任务评价

汽车外部清洗任务评价表见表 1-1-2。

表 1-1-2　汽车外部清洗任务评价表

任务名称				
评价方式	自评□　　互评□　　师评□			
项　　目	分值	评分标准	分值	得分
工作态度 纪律素养	35	工作态度积极	10	
		遵守课堂纪律	5	
		操作现场按照“5S”管理标准进行整理	10	
		安全操作，无工具设备损坏	10	
团队合作	15	分工明确，人人有任务	7	
		团队合作意识强，工作量分配均匀	8	
任务实施 完成情况	50	美容护理用品选用正确	10	
		美容护理工具选用正确	10	
		任务实施操作流程正确	15	
		任务完成达到预期效果	15	
合计				

五、知识与能力拓展

1. 蒸汽洗车

蒸汽洗车机如图 1-1-1 所示。使用蒸汽洗车机时，先向冷水箱的注水孔内注水，注满后关闭冷水阀；接通电源加热，当加热后蒸汽压力达到设定值时即可接上喷头、皮管，然后谨慎打开蒸汽阀，高压蒸汽即会从喷气口喷出。操作时应根据不同材料选择清洗温度，一般车内选择 80℃；勿将蒸汽喷头指向人、动植物和电气装置等。使用后应谨慎打开冷水阀，将冷水箱和蒸汽发生器内的剩水放尽，应经常检查电源线是否有破损，不要擅自调节设定值，蒸汽洗车机应存放在干燥处。

蒸汽洗车机的操作如图 1-1-2 所示。单台单枪蒸汽洗车机工作人员的标准配置为两名工作人员，即主操作手与副操作手。

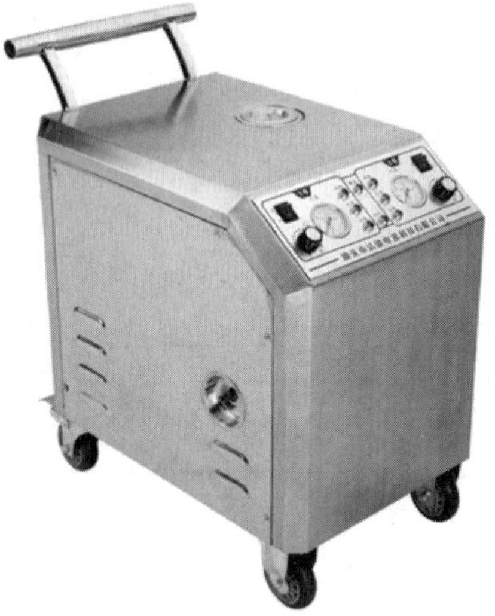

图 1-1-1　蒸汽洗车机

图 1-1-2　蒸汽洗车机的操作

主操作手负责蒸汽洗车机的使用和维修、维护，随时保证机器的正常工作，带领其他工作人员努力工作，为客户提供优质的服务。主操作手使用蒸汽枪清洗汽车的表面时，应及时将大部分冷凝水用毛巾收掉；洗车完毕后进行轮胎养护、车内吸尘。

副操作手协助主操作手的各项工作，负责为主操作手更换毛巾，对清洗过的部位进行收水和检查，负责车内仪表板、风挡玻璃、车窗、座椅等的清洁工作。

（1）常规洗车操作程序。

主操作手的操作程序如下。

① 将蒸汽洗车机移动至方便操作的位置，检查机器水位、电路是否正常；检查全车的表面状况，确认是否有划痕、碰伤等。

② 将刮水器提起，打开主机蒸汽阀（如果车身泥土较多，车身表面灰尘严重，应将主机的混水阀打开），将水管放于身体背后，拿枪进行操作，操作姿势为面对清洗部位弓步站立，

将管内冷凝水喷射在汽车轮胎等泥土多的部位。同时把轮胎清洗干净，清洗的顺序是从上到下，右手拿枪，以 45° 喷射蒸汽。清洗过程中注意死角的清洗，如清洗车身表面缝隙时可以顺着缝隙晃动蒸汽枪进行清洗。左手用虎口夹拿干净毛巾，将冷凝水及时收完，如果毛巾上污水较多，应将污水拧干并及时将毛巾换面。

③ 主操作手检查车身有无划伤，副操作手取出脚垫。先视车身情况，如果车况良好可直接用蒸汽枪清洗；如果车身太脏，如下雨后泥土较多，应使用软毛刷进行清洗操作，若有顽固污渍就先略过，可最后用辅料进行清洗。

④ 沿风挡玻璃与车窗的交界处从上到下晃动清洗，再从车顶的纵向中间交界处入手，沿着前风挡玻璃从上至下横向直线来回向前清洗一半以上的面积，以及刮水器和刮水器根部的水槽，再沿发动机盖的纵向中间交界处向前清洗发动机盖、前车灯与前保险杠，然后沿 B 柱清洗车身侧部的前车门和前翼子板，最后更换毛巾并清洗前车轮。

⑤ 更换毛巾，沿车顶与车身侧面的交界处晃动向前清洗，转身清洗车顶一半以上的面积、风挡玻璃、后备箱盖和车尾部分；打开后备箱并清洗后备箱合口，更换毛巾并转身清洗车身侧面、轮胎、车窗和车门；打开车门并清洗车门的合口、合页、缝隙，然后关上车门和车窗玻璃；最后喷洒轮胎护理液，吸尘，放置脚垫。

副操作手的操作程序如下。

① 一只手拿毛巾，紧跟主操作手，将主操作手没有清出的污水及时收净，并检查细部；另一只手拿鹿皮，将清洗后的表面擦干；在主操作手的毛巾太脏的情况下及时为其更换毛巾。

② 副操作手换上干净鹿皮，打开车门，脚放车外，坐在座椅上用鹿皮（绒面革）擦风挡玻璃、车窗玻璃、座椅。

③ 用玻璃清洗剂清洗玻璃，关好车门，结束车身表面的清洗。

（2）车室清洗项目。

由于车室清洗属于系统化清洗施工作业，因此，在遵循一般性原则的基础上，特制定以下具体清洗施工项目，按从上到下、从前到后的顺序进行。

① 车室初步清洁处理。主要作业是用吸尘器从上到下吸去车室表面的浮灰，取出脚垫并清洗。

② 车室顶篷清洁处理。喷洒室内专用泡沫清洗剂，用鹿皮（绒面革）擦干净。

③ 前/后空调风口清洁处理。

④ 置物箱、音响、排挡区清洁处理。

⑤ 转向盘、仪表板塑面清洁处理。

⑥ 前/后边门绒布及皮面清洁处理。

⑦ 前/后座椅清洁处理。

⑧ 车窗玻璃清洁处理。

⑨ 车室地毯清洁处理。

⑩ 全车室内除臭、消毒处理。

⑪ 塑料件、真皮上光保护处理。

（3）发动机清洗项目。

先将汽车电脑主板及电线接头用封口胶保护好，再用毛巾将点火系统保护好，用高压蒸汽从发动机盖由上到下清洗。在发动机温度没有降低时，可先清洗除发动机金属主体以外的其他部分，待温度降低后再清洗发动机金属主体。将发动机清洗剂喷在机器的表面，用毛刷涂均匀，静置 5～10 min，然后用蒸汽进行清洗，清洗干净后使用发动机光亮剂喷涂机器表面，完成发动机的清洗。

（4）内室桑拿。

汽车的内室空间比较狭小，乘坐人员抽烟、夏天的汗味或食物残渣都会引发大量螨虫、细菌的滋生，还会产生一些异味，而行车时由于车窗紧闭使得所产生的异味不易排出，也会影响乘坐人员的身体健康。

蒸汽洗车又称汽车桑拿，可采用该方法对汽车内室进行清洗。内室桑拿作如图 1-1-3 所示。

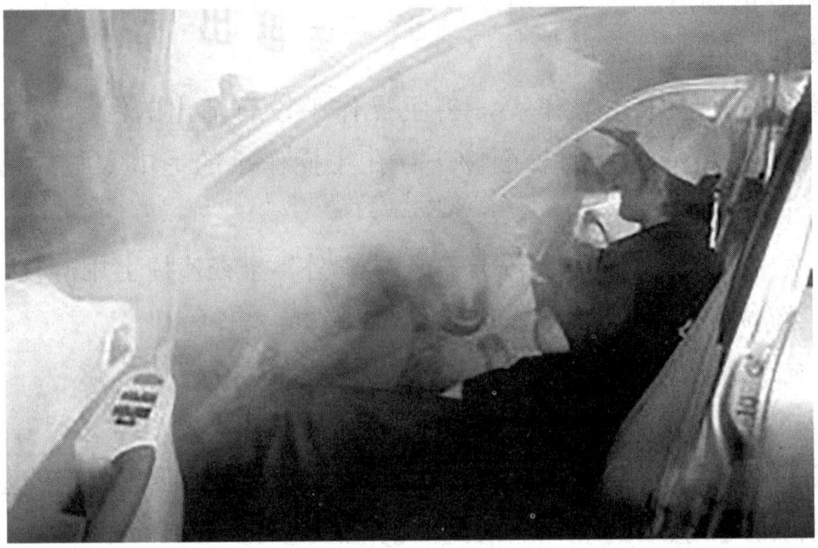

图 1-1-3　内室桑拿

具体的操作流程为：将车内所有物品取出，按顺序放好；座椅套取出放好；电子、音响部分用鹿皮保护好，将后车窗玻璃放下 5 cm 的缝隙；使用纯蒸汽，将蒸汽枪对准车内，晃动喷射蒸汽至车窗玻璃手感发热，停止喷射蒸汽，用鹿皮将车窗玻璃缝隙遮盖严实，停放约 10 min；当车内雾气较少时，打开全部车门，稍等片刻后，使用毛巾将车内全部的冷凝水仔细地擦拭干净；待车内湿气散尽后，将座椅套安装还原，车内物品顺序放回。

2. 无水洗车

无水洗车又称汽车干洗，可针对车漆、玻璃、保险杠、轮胎、皮革、丝绒等不同部位、不同材料使用不同的产品进行清洁，可在彻底清除污垢的同时使汽车得到有效的保养。无水洗车产品含有悬浮剂，喷洒后会快速渗透，可有效使污渍与车漆产生间隙，在沙土颗粒和车漆之间形成保护层，同时棕榈蜡会包裹在污垢的周围使污渍与车漆隔离，再利用表面活性剂去除污渍，用湿毛巾轻轻一擦就掉了，所以不会划伤车漆。同时，无水洗车产品中含有的多种高分子漆面养护成分、增光乳液、巴西棕榈蜡等，能有效地抵挡雨、雪、风、沙等对车体的伤害，并保护车漆镜面光泽不受损坏。无水洗车如图 1-1-4 所示，无水洗车设备如图 1-1-5 所示。

图 1-1-4 无水洗车

图 1-1-5 无水洗车设备

无水洗车采用特别的玻璃清洁剂，可做到高效去污、抗静电、防雾、防冻，长期使用可保持玻璃透明度，并防止反光；无水洗车所用的轮胎翻新剂可以防止龟裂，延长轮胎的使用寿命，使轮胎保持黑亮如新等。

无水洗车源于新加坡。十几年前，新加坡政府基于环保节水的需要，强制推行无水洗车，遂使无水洗车技术得以成熟和完善，简单一喷一擦即可。目前北京无水洗车业已吸纳近 6 000 名人员就业，上海无水洗车业已吸纳近 2 000 名人员就业。

无水洗车是一门新兴行业，可以大大节约水资源，随着汽车市场的发展，人们对无水洗车的需求越来越广。由于水资源奇缺，与有水洗车相比，无水洗车的最大优势在于节水。另外，无水洗车不受场地限制，方便灵活。

不同洗车方式用水量比较见表 1-1-3。

表 1-1-3 不同洗车方式用水量比较

项 目	软管冲洗	高压冲洗	全自动冲洗	无水冲洗
用水量（L）	200	30	15	5

3. 全自动洗车

全自动洗车如图 1-1-6 所示，具体操作步骤如下。

图 1-1-6　全自动洗车

① 按下清洗按钮后，喷射系统喷水，横刷开始下降，当下降到底端时横刷、侧刷开始旋转，全自动洗车机沿着导轨正向移动。

② 当横刷与车身表面有一定程度的接触后，横刷开始上升，并沿着车身表面进行仿车型清洗。

③ 当全自动洗车机的轮刷与汽车车轮正对时，全自动洗车机暂停行走，轮刷自动伸出并旋转，先正向旋转，后反向旋转，对汽车轮辋进行清洗。

④ 当全自动洗车机的侧刷接触到汽车前面一定程度时，侧刷开始向两边移动，并沿着汽车两侧进行清洗。

⑤ 当清洗到汽车后表面时，横刷开始下降，侧刷开始向中央合拢。

⑥ 当正向清洗结束后，横刷、侧刷均开始反转，对汽车进行反向清洗。

⑦ 清洗结束，风干过程开始，风筒下降到最低点，风机开始工作。全自动洗车机正向行走，对汽车进行仿车型吹风。正向吹风结束后，全自动洗车机开始反向行走，吹风到起始点，使车身表面迅速干燥，洗车结束。

4. 自助洗车

自助洗车为广大车主提供一站式自助洗车服务，以节能环保为前提，提倡技术创新。自助洗车场地提供毛巾、拖把等物料，洗车设备具备清水、泡沫、吸尘等功能。

自助洗车机上有“清水”“泡沫”“吸尘”“洗手”“结算”等对应不同颜色的按钮，可以随时开启和暂停，有“扫码洗车”的二维码，新用户须注册会员，并进行充值才可以洗车。自助洗车机上的数字显示屏标注消费者卡内的余额及本次消费的金额。自助洗车机还标注了操作说明，提醒车主按照高压预洗、喷淋泡沫、高压软水冲洗、吸尘的顺序进行洗车。自助洗车机一旁，泡沫枪、高压水枪、吸尘器、毛巾等清洁工具一应俱全。自助洗车机如图 1-1-7 所示。

这样的自助洗车设备，各个步骤用时多少及费用多少都可以清晰地显示在设备的面板上，车主确认无误后就可以进行结算了。自助洗车最主要的优势是方便，而且车主能按需进行清洗，并能体验洗车作业的过程。

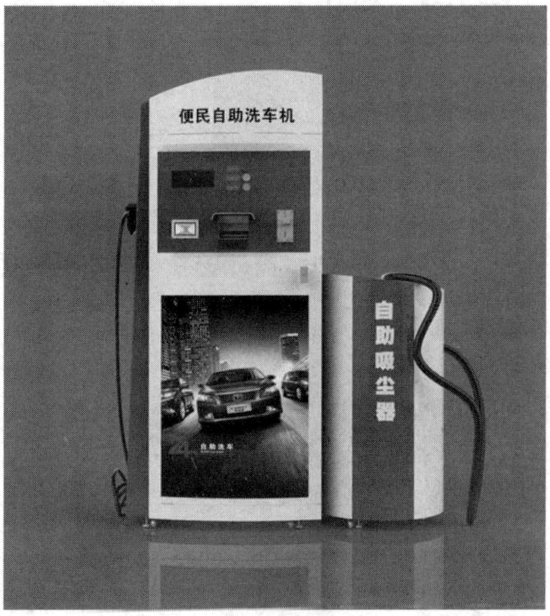

图 1-1-7　自助洗车机

任务二　汽车室内清洁护理

知识目标

- 掌握汽车室内清洁护理的方法

技能目标

- 能够利用清洁护理用品进行汽车室内护理操作

情感目标

- 在汽车室内清洁护理中体验工作的乐趣

一、任务分析

汽车室内环境的好坏直接影响驾乘人员的情绪、健康和舒适性。车内平时受外界尘土、烟气、体味、甲醛、苯及空调循环等不良因素的影响，加上物件长期使用后留下的污垢，致使车内环境受到污染，容易滋生细菌、病毒，甚至产生难闻异味，使丝绒发霉、真皮老化，影响人们的身心健康（车内危害健康的四大污染源如图 1-2-1 所示）。

车内的物件大多由塑料、橡胶、皮革和纤维等材料制成，在使用过程中会产生一系列的变化。例如，塑料用品会因为氧化龟裂而失去光泽，皮革制品会出现老化、磨损、褪色，纤维织物会出现氧化褪色和污染等，影响汽车美观和乘坐的舒适性。

因此，每隔一段时间要对汽车室内做除尘、清洗、上光护理和杀菌消毒等清洁护理工作。

图 1-2-1　车内危害健康的四大污染源

汽车室内清洁护理的基本内容有室内除尘、内饰清洁与护理、车室净化等。

二、知识准备

图片示例	解释说明
汽车室内清洁用品	
84 消毒液 	84 消毒液以次氯酸钠为主要有效成分，有效氯含量为 1.1%～1.3%，适用于一般物体表面、白色衣物、污染物品的消毒。 使用方法：按照 1:24 的比例与水混合。 消毒时间：30 min。 消毒方法：擦拭、喷洒、拖洗消毒后用清水洗净。
内饰清洗剂 	内饰清洗剂能有效去除各种轻度污垢和油脂，具有污染物屏蔽功效，可有效防止被清洗纤维短期内再度遭受污染。其呈中性，不含强酸或强碱类物质，不会伤及各种材质，对人体健康无害。 使用方法：直接喷洒在被清洁的材质上，稍等片刻，用干净软布擦干净即可，无须用水冲洗。对于顽固性污垢，可以借助刷子刷洗。

图片示例	解释说明
真皮专用清洁剂  	真皮专用清洁剂富含天然动植物滋补营养成分，具有超强的渗透和滋润作用，可使皮具保持柔软的质感和自然的皮质色泽，对真皮有深层、持久的保护作用；其内有效成分可阻挡紫外线辐射、抗静电、防水，且能有效防止皮革老化、龟裂和失色；其内含杀菌防霉活性成分、疏水剂，可以防止真皮受潮、霉变。 使用方法：用真皮专用清洁剂喷涂一遍，等待 1 min 左右，用软毛刷在污垢较重的地方以打圈的方式轻轻刷一遍，再用干毛巾擦干净，最后用一块半湿毛巾将真皮专用清洁剂擦干净。
表板蜡  	表板蜡能对仪表板进行有效清洁、美容，阻止紫外线的侵蚀，抗静电，防止板材失色、龟裂和老化。 使用方法：将表板蜡均匀摇晃，直立喷射到被清洗物的表面，稍等片刻，用干净的软布轻轻抛光即可使仪表板洁净和光亮。
空调泡沫清洗剂  	空调泡沫清洗剂能快速去除汽车空调中的粉尘、污垢、霉味、臭味、传染病菌等；洗后空调节能，空气清新；免水冲清洗，操作方便。 使用方法：卸下汽车空调进风口过滤网，用抹布擦去大量尘土，开启空调于工作状态，对准空调进风口四周，按下喷嘴数次即可。
丝绒清洗剂  	丝绒清洗剂采用中性配方，不伤汽车，不伤内饰，含有活性清洁因子，去污能力强，能有效清洁丝绒织物表面的污渍，适用于汽车室内的座椅、车内顶篷等位置。为防止变色，请在不明显的边角处试用无误后，再大面积使用。 使用方法：轻轻摇晃该用品使其成分均匀分布，然后大面积喷涂在待处理表面或喷涂在干净布上擦拭，再用洁净干毛巾将泡沫擦净。

三、任务实施

<table>
<tr><th>图片示例</th><th>步　骤</th></tr>
<tr><td colspan="2">1. 汽车室内除尘</td></tr>
<tr><td></td><td>第一步：启动吸尘器，选用专用吸嘴。
第二步：用吸尘器吸汽车顶篷灰尘及压条缝隙处污物。
提示：吸尘原则是由上至下。
第三步：用吸尘器吸汽车仪表板、空调出风口、杂物箱、烟灰盒等处污物和玻璃与仪表板的连接处。</td></tr>
<tr><td></td><td>第四步：用吸尘器吸汽车座椅表面及缝隙内的污物。</td></tr>
<tr><td>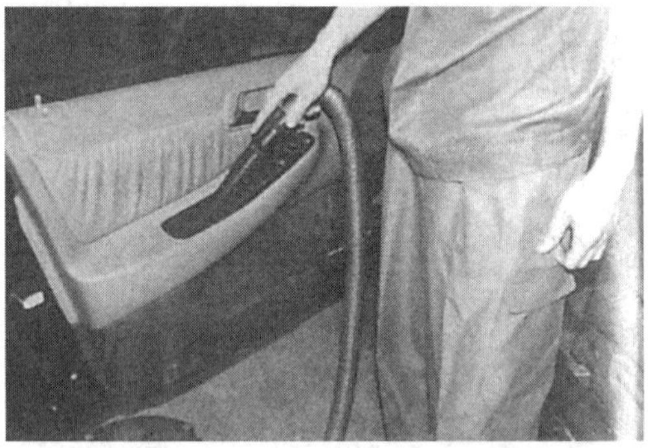</td><td>第五步：用吸尘器吸汽车门置物槽、开关槽及门缝隙等处的污物和车窗玻璃的缝隙污物。</td></tr>
<tr><td>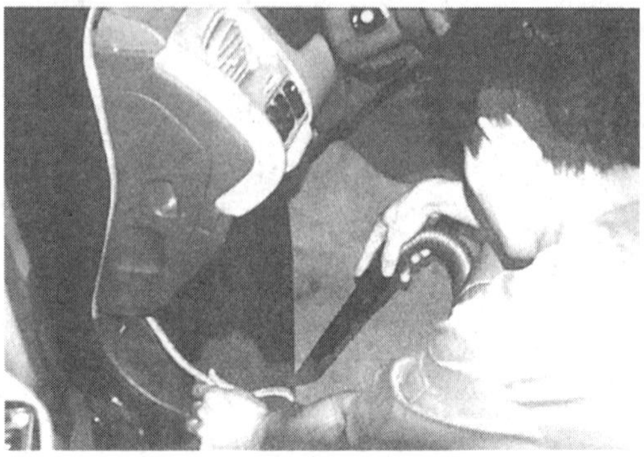</td><td>第六步：用吸尘器吸汽车地毯上下污物及踏板缝隙污物。
吸尘任务完成后，可根据不同部位、内饰材料及所沾染的污垢情况选用不同的清洁剂、保护剂及相应的辅助工具进行清洁护理操作。</td></tr>
</table>

图片示例	步　　骤
2．清洗仪表板、内饰板等塑料件	
	第一步：向仪表板和内饰板喷洒一层专用清洗剂。
	第二步：用干净海绵擦洗，将板面深层的污物清除干净。
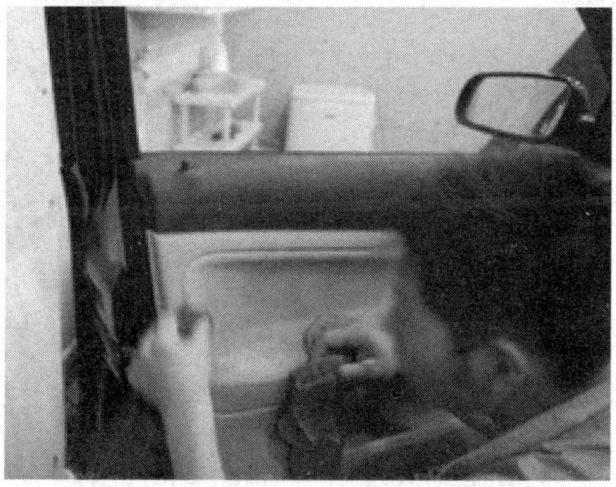	第三步：用干净毛巾擦拭干净。
	第四步：在板面涂一层表板蜡，起到上光保护作用，然后用无纺布擦拭干净。

图片示例	步　　骤
3．汽车空调免拆清洗流程及注意事项	
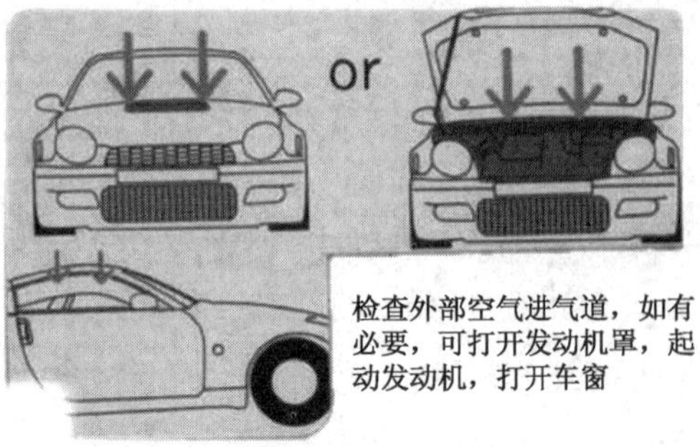	第一步：检查外部空气进气道。
	第二步：免拆清洗前，取出空调滤清器，同时打开车门、车窗。
	第三步：起动发动机，将空调设备的自动开关及冷气开关调到“off”位置，使用外循环模式，调至最大风量，记得风向选择要对着驾驶员吹。
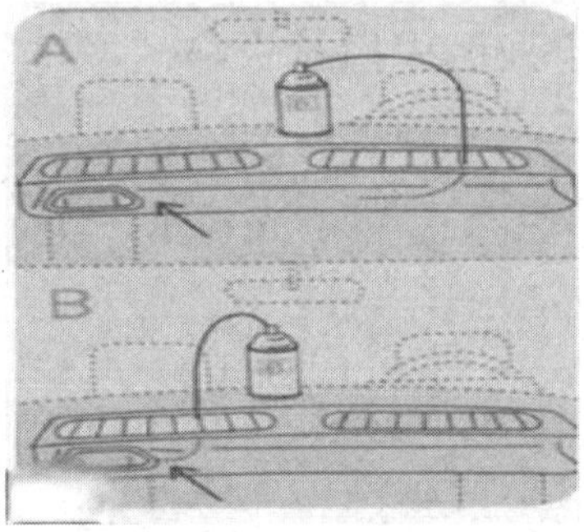	第四步：将空调清洗剂的细管插入空调出风口，喷入适量空调泡沫清洗剂。同时关闭空调出风口，避免空调泡沫清洗剂在操作过程中流出。
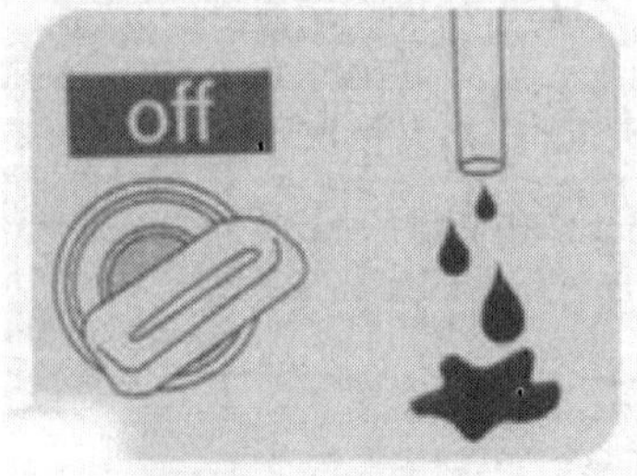	第五步：充分注入空调泡沫清洗剂后（约需 2 min），等待风扇转动 10～15 min，将空调风量的开关调到“off”位置，关闭发动机，约 10 min 后空调系统内的污物会随着空调泡沫清洗剂从空调排水口流出。最后清洁空调滤清器，并复位。

<table>
<tr><th>图片示例</th><th>步　　骤</th></tr>
<tr><td colspan="2">注意事项：
① 做好电气设备隔离措施，防止空调泡沫清洗剂外溢。
② 针对极少数在蒸发器下装有音响设备或电脑主板的车型，须在电器表面用干燥厚毛巾隔挡，防止空调泡沫清洗剂外溢使其受潮短路。
③ 清洗时，应打开车门或车窗保持车内空气流通一段时间，这样可将清洗产生的异味带走，一些嗅觉敏感的人可能会闻到空调出风口有刺激性气味，这是清洗剂与污垢发生反应所致，为正常现象。
④ 对于多年没有清洗的汽车，其蒸发器可能有部分堵塞，可加大空调泡沫清洗剂用量。每次喷洒空调泡沫清洗剂后，静置 10 min 让其溶解污垢。可多次反复清洗，如果严重堵塞，可拆下，用毛刷反复刷洗。</td></tr>
<tr><td colspan="2">4．座椅的清洁护理</td></tr>
<tr><td colspan="2">（1）化纤织物座椅的清洁护理。
选用专用的化纤织物清洗剂配合机器清洁。</td></tr>
<tr><td>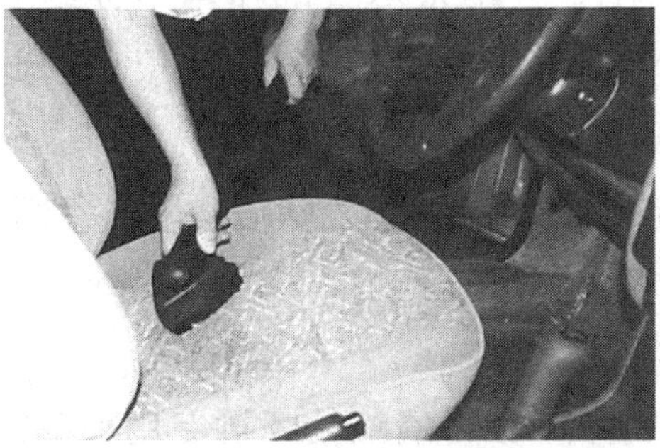</td><td>第一步：将丝绒清洗剂装入抽喷式两用清洗机，用小扒头清洗座椅表面，小扒头边扒坐垫边吸。</td></tr>
<tr><td>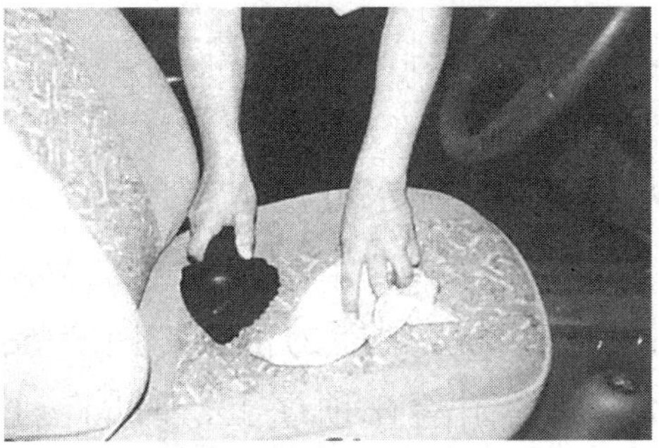</td><td>第二步：一边用小扒头扒坐垫，一边用纯棉质毛巾擦洗。</td></tr>
<tr><td>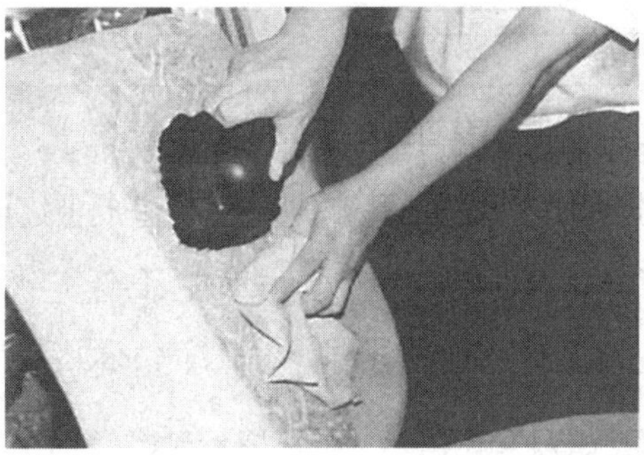</td><td>第三步：清洁座椅靠背。
第四步：将绒毛上的污物、油脂吸入清洗机。若绒毛较脏，可反复清洗几遍。</td></tr>
</table>

图片示例	步　　骤
（2）皮革座椅的清洁护理。 选用专用的皮革清洗剂进行清洁。	
	① 新车座椅护理。先给新车的真皮座椅涂一层上光保护剂，增加一层保护层，平时清洗座椅用专用的清洁剂清除污渍才能让座椅的使用寿命更长。 ② 旧车座椅定期保养。用皮革专用清洗剂擦拭一次，进行保养和去污。皮革专用清洗剂去污柔和，不伤害皮质。清洁完成后，用软布轻轻擦干或自然风干，然后打上光保护剂，增亮增艳，同时防止真皮褪色、老化。
5．车内顶篷的清洁护理	
 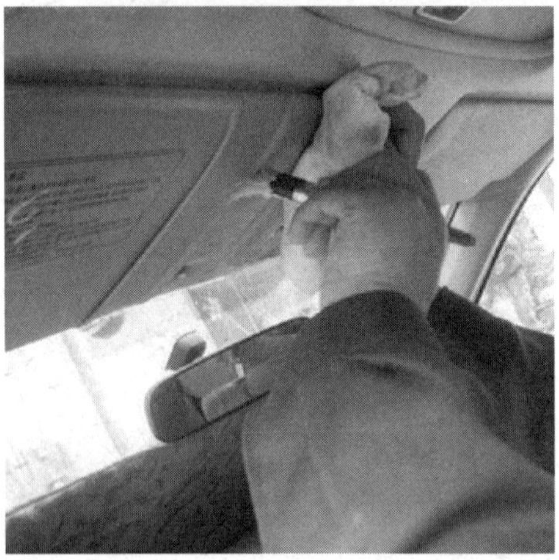	车内顶篷上的主要污垢是浮灰，这些浮灰如不及时清洁，在空气中水蒸气的作用下便附着在顶篷上，日积月累会形成灰蒙蒙的一层。因此，应定期对车内顶篷进行清洁护理。 一般清洁方法：用吸尘器的尖吸管配合刷子，自上而下、由前到后进行大面积的吸尘处理，吸去存积的灰尘。 局部清洁方法：在待清洁处喷洒专用顶篷清洁剂，用软毛刷刷洗，再用干毛巾擦干。操作时自上而下、由前到后进行，要特别注意边角处。 车内顶篷护理方法：待车内顶篷干后喷洒顶篷护理剂，以防止灰尘和水分渗入及附着，更好地保护顶篷。车内有吸烟人士时，更要注意对顶篷的护理，因为顶篷的吸附能力很强，所有烟味、尼古丁加上水汽都会附着在顶篷上，时间一长会发出很臭的味道，更会缩短车内顶篷的使用寿命。
6．清洁地毯、转向盘、排挡杆、驻车制动器杆、安全带	
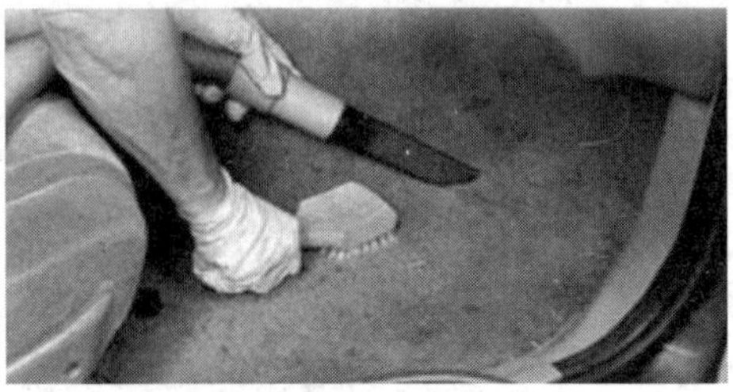	清洁地毯：对于汽车内放置的活动脚垫，如果不太脏，可使用带毛刷头的吸尘器进行吸尘处理。对于特别脏的地毯，先进行除尘工作，然后喷洒适量的洗涤剂，用刷子刷洗干净，最后用干净的抹布将多余的洗涤剂擦净即可。

<table>
<tr><th>图片示例</th><th>步　　骤</th></tr>
<tr><td>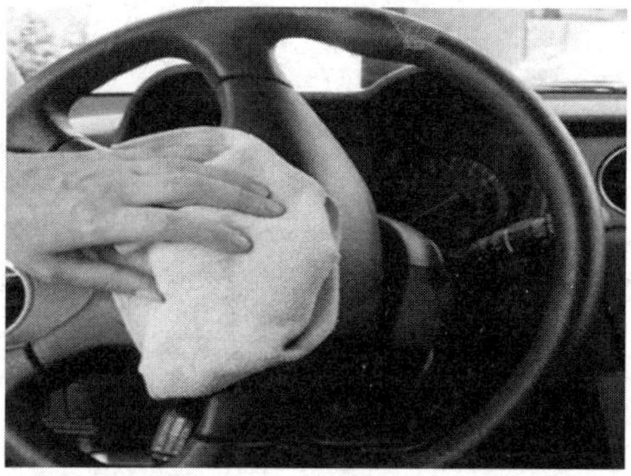</td><td>清洁转向盘：通常大多数转向盘是氨基甲酸乙酯材料，清洁时用清水直接擦拭即可；而有些高级汽车的转向盘是皮革材料，需要使用皮革专用清洁剂去污，但注意要用水擦拭干净。</td></tr>
<tr><td>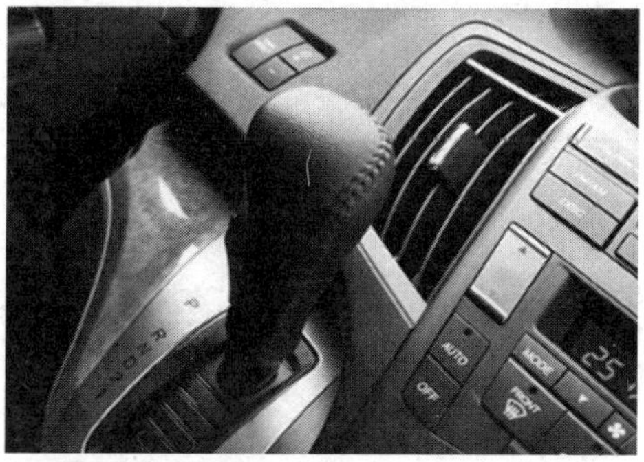</td><td>清洁排挡杆：大部分排挡杆操纵手柄是用树脂或皮革制作的，用干净或喷洒中性清洁剂的毛巾擦拭即可去掉脏污。
清洁驻车制动器杆：驻车制动器杆的清洁方法同排挡杆一样，注意底部有许多灰尘，应擦拭干净。</td></tr>
<tr><td>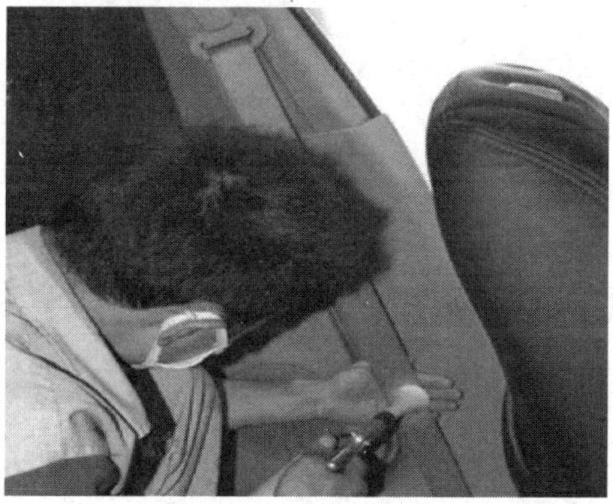</td><td>清洁安全带：清洗时不必拆下安全带，应先用淡肥皂水擦洗，然后用清水洗净。洗净后不要立即卷起安全带，应在阴凉处晾干。
提示：不宜使用强洗涤剂、漂白粉和化学清洁剂，也不允许将安全带放在阳光下暴晒。</td></tr>
<tr><td colspan="2">7. 汽车室内消毒</td></tr>
<tr><td>光触媒杀毒
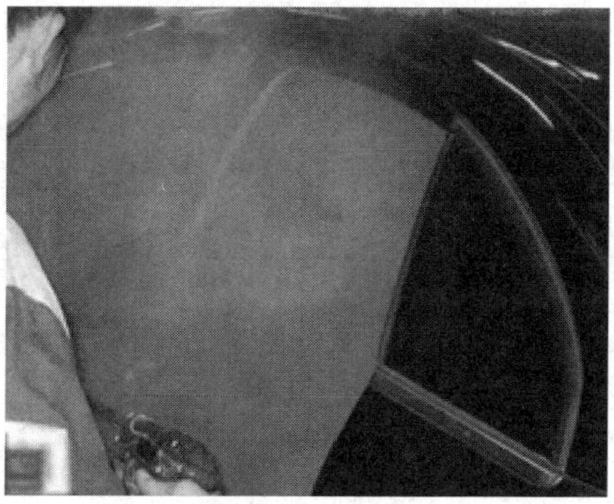</td><td>光触媒具有强大的杀菌消毒能力，对于车内常见的甲醛、氨、苯等有机化合物具有分解作用，同时还可以清除车厢内的浮游细菌，具有环保、效果持久的特点。</td></tr>
</table>

图片示例	步　　骤
竹炭杀毒 	竹炭具有超强的吸附能力，并能产生负离子及释放远红外线，从而起到净化空气、吸湿防霉、消除异味和阻隔电磁波辐射的作用，具有简单、环保、杀毒较慢且不彻底的特点。
臭氧杀毒 	臭氧可以在较短的时间内杀灭多种病菌、病毒及微生物，不会对车内造成二次污染，具有快速杀毒、使用简单、环保的特点。
离子杀毒 	通过等离子净化技术向车内释放离子，达到车内空气清新的目的，具有使用简单、空气净化缓慢、杀毒不彻底的特点。
化学杀毒 	使用消毒剂对车内进行喷洒和擦拭，通过化学反应的方式达到去除病菌的目的，具有快速杀毒、简单易行、后遗症较多的特点。

图片示例	步　　骤
高温蒸汽杀毒 	使用高温蒸汽给汽车杀毒，相当于给汽车做桑拿，这种方法无毒无害，实行条件较高。

四、任务评价

汽车室内清洁护理任务评价表见表 1-2-1。

表 1-2-1　汽车室内清洁护理任务评价表

任务名称				
评价方式	自评□　互评□　师评□			
项目	分值	评分标准	分值	得分
工作态度纪律素养	35	工作态度积极	10	
		遵守课堂纪律	5	
		操作现场按照“5S”管理标准进行整理	10	
		安全操作，无工具设备损坏	10	
团队合作	15	分工明确，人人有任务	7	
		团队合作意识强，工作量分配均匀	8	
任务实施完成情况	50	美容护理用品选用正确	10	
		美容护理工具选用正确	10	
		任务实施操作流程正确	15	
		任务完成达到预期效果	15	
合计				

五、知识与能力拓展

1. 汽车内饰清洗产品的选用

汽车内饰清洗剂不仅具有清洗美容功效，还有防尘、防水、杀菌、除臭等作用。此外，专用的皮件、塑料上光翻新保护剂，能使皮革、塑料等物件恢复原有色彩和光泽，并可在表面形成一层保护膜，防止老化。车内经过清洗后，再使用各类专用的保护剂对相关物件进行护理，便可使车内焕然一新。

2. 车内清洗方法

（1）机器清洗。

机器清洗就是使用蒸汽洗车机，配合多功能强力清洗剂的清洗。蒸汽洗车机可以清除车内部件上很难清洗的污渍，利用高温蒸汽软化污渍，可用于丝绒、化纤、塑料、皮革等不同材料的清洗。蒸汽清洗时用半湿毛巾包裹蒸汽喷头，并根据部件材料不同，选择合适的温度，以免损伤部件。

（2）手工清洗。

手工清洗就是使用含不同去污配方的高效清洗剂，迅速去除车内表面的各种污渍和尘垢。

（3）不同材料的清洗。

① 塑料制品的清洗。首先将塑料制品专用清洗剂喷洒于塑料部件表面，再用软刷洗刷表面，然后用半湿毛巾擦净污垢。针对顽固性污垢，可视污渍轻重而确定稀释比例，由轻到重加大力度，避免出现失光白化现象。

② 皮革制品的清洗。车内座椅、仪表板等很多部件是用皮革包装制成的。针对皮革制品，可先用一块湿布擦去上面的污垢。如果污垢较重，可使用皮革专用清洗剂擦拭，再用干毛巾将其擦净、晾干，根据需要使用皮革光亮剂进行护理。

③ 橡胶制品的清洗。首先在半湿毛巾上喷洒专用清洗剂，然后直接擦洗橡胶部件，不要使用毛刷，以免橡胶失去亮度，再用干净的半湿毛巾擦净表面的清洗剂。

④ 化纤制品的清洗。座椅面套等如果是化纤制品，可将化纤专用清洗剂喷洒在化纤制品表面，等污渍充分溶解后，再用毛巾擦拭干净。

3. 车内清洁护理的原则

由于人们经常打开车门和车窗，不知不觉中，地毯和座椅布套就会吸收大量的灰尘和湿气。除了内饰脏污，还会不经意地污染汽车，如果汁、食品残渣，儿童和宠物的尿液、粪便、毛发等遗留物，如果不及时清理，会很容易给汽车的内饰留下不可磨灭的痕迹。

灰尘和湿气不清除，长期留在车厢内，往往会造成地毯等纺织物褪色，而更惹人厌恶的是发酵作用，会产生不好闻而又难以去除的恶臭，并滋生大量尘螨。另外，内饰的皮件和塑料件，如仪表板等，如果不擦拭、涂油进行保养，在阳光的照射下，久而久之就会硬化和龟裂。因此，建议在每次洗车的同时，把汽车内饰清洁护理一番。

进行内饰清洗，必须坚持以下几个原则。

① 使用中性（pH 值为 7～8）清洗液。多数汽车美容店为降低成本会选用碱性较强的清洁剂，增白、去污的功效虽然明显，但存在后患。碱性过强的清洁剂分散浸透绒布、皮椅、顶篷内部，使清洗后的内饰易出现板结、龟裂，美容结果只能适得其反。

② 使用抽洗机清洗顶篷和座椅套。专业汽车美容店会使用美容专用的抽洗机，用大量的循环水将污物和清洁剂冲洗出来，同时将内部的水汽抽干，以免受潮而造成腐蚀、脱落。

③ 清洗开关按钮和音响电路，避免用水。在清洗开关按钮和音响电路时要避免用水，以

免造成短路，损伤车内的电脑系统。尤其是一些高档汽车各部分都由电脑来控制，移动和擦拭时应多加小心。

④ 皮革首选水性保护剂。现在的皮革保护剂分乳化、油性和水性三种。乳化型保护剂带有清洁功能，但碱性较强；油性保护剂含有溶剂，会侵蚀分解皮革上的树脂和颜料，使皮革褪色；水性保护剂属中性，它具有柔软皮革、使其恢复弹性和光泽的作用，并且有防水、防污的功效（清洁皮革制品如图 1-2-2 所示）。

图 1-2-2 清洁皮革制品

⑤ 杀菌、除臭不要依靠空气清新剂。一般汽车美容店只用香水或清新剂喷一喷，掩盖车内异味，无法从根本上铲除臭源。将专用的杀菌剂喷涂在皮椅、脚垫上，其内部的酶会分解黄色葡萄球菌，最后再用杀菌设备熏蒸 15 min，便可以彻底杀灭大肠杆菌、肝炎病毒、感冒病毒等病毒真菌。

4. 车内清洗注意事项

车内清洗作业必须按规范操作，以提高工作效率和保证清洗质量。在清洗作业中应注意以下几点。

① 检查车内有无贵重物品，小心寄存。

② 不要用水冲洗车身内部，否则地板胶垫凹槽内不易干燥，也会使部件产生锈蚀，应用软布擦拭，避免积水。

③ 铺上自备的工作脚垫和座套，以免弄脏或损坏车内地毯和座套。

④ 根据车内部件材质不同，选用专用的清洗剂。

⑤ 按产品说明正确使用，不要随意混合或加热使用清洗剂，以防有害物质的产生。

⑥ 使用不熟悉的产品时，应在不显眼的地方小面积试用，以免造成褪色或其他损坏。

5. 座椅的清洁处理

（1）根据座椅的不同材质选用不同的清洗剂。

汽车座椅表面的选材不同，有化纤织物，有真皮制品，也有塑料制件，清洁时应根据不同材质选择清洁剂和清洁方法。

① 化纤织物的清洁。如果座椅座套是化纤织物，那么应先将表面灰尘用吸尘器吸净，然后将化纤专用清洁剂喷涂在需要清洁的织物表面，润湿 1～2 min，待污物充分溶解、松化后，再用毛巾擦拭即可。

② 真皮座椅的清洁。对真皮座椅必须用真皮专用清洁剂清洗，如果有严重油污，那么可配合使用真皮汽油剂。当皮革风干后，再用真皮保养油或真皮镀膜进行深层次护理。

③ 塑料制品的清洁。首先将塑料制品专用清洁剂喷洒于表面，然后用毛刷稍蘸些清水刷洗，直至表面细纹中的污垢完全被消除，再用半湿毛巾擦净污垢。清洁后可选用表板镀膜做防污保护。

进行上述物品清洁时，应注意不能用碱性较强的洗衣粉或洗洁精，更不能用汽油、玻璃清洗剂或漂白粉。

（2）织物座椅表面的清洁护理。

座椅在汽车室内占据了大部分的面积，而且与人体接触最多、最直接，沾上污物会使人感觉很不舒服。对于非真皮面料的座椅来说，如果不是很脏，可配合使用长毛刷与家用吸尘器，一边刷座椅表面一边用吸尘器把污物吸出来，这样不但效果好，而且效率高。

如果座椅特别脏，清洁起来就没有那么简单了，往往需要进行几个步骤才能彻底清理干净。首先，用毛刷清洗较脏的部分，如较大的污点、污垢等。然后喷一遍布艺防污喷剂（这种保护剂含纳米高分子聚合物，喷完后布艺防污喷剂会附在纤维上，可防紫外线、防腐蚀，同时还有一定的防尘、防污作用，而且再次弄脏后也比较容易清洗），在半干半湿的状态下，全面擦拭座椅表面。特别值得注意的是，抹布一定要拧干，以防水分渗入座椅的海绵中，使座椅不容易干燥，同时还容易重新吸附灰尘。最后再用吸尘器对座椅进行清洁，以使其尽快干燥。

在清洁织物座椅表面时要注意以下几点。

① 根据织物的质地不同选择合适的清洁剂。

② 喷涂清洁剂后，应等待 1～2 min 再进行擦拭，这样有利于污物充分溶解、松化。

③ 织物的清洁，不能选用稀释剂、汽油、风挡玻璃清洗剂等有机溶剂和漂白粉。

④ 操作时要充分考虑织物纹理的变化和规律，一般横纵双向清洁效果较好。

⑤ 顺着织物方向擦拭。

（3）真皮座椅清洁后保养。

不同的皮椅，皮革质量相差甚远，只有定期护理保养才是延长皮革使用寿命的最佳方法。

在保养前，首先要了解皮质的特性。皮革种类不同，对光的反应也不一样，但是不论哪种皮革，都不应暴露在阳光下太久。皮革应定期上皮革油保养，保持皮质柔软、有弹性，这样就不容易发生龟裂、褪色、变质等现象。

清洁皮革座椅时，可先用皮革专用清洁剂喷洒一遍，等待 1 min 左右后用干毛巾擦干净；如果污垢较重，可再次喷洒皮革专用清洁剂，用软毛刷在污垢较重的地方以打圈的方式轻轻刷一遍，再用干毛巾擦干净即可。用皮革专用清洁剂清洗后，再用一块半湿毛巾将皮革专用清洁剂擦干净，然后打开车门，让空气流通，彻底晾干皮革的水分。必要时，可使用真皮保养油（亚光）或皮革护理剂（亮光），在上完保养油后用抛光手套抛光即可。

真皮的清洗最好使用纯天然物质中提纯制成的真皮专用清洁剂，它性质柔和，可有效去除真皮上的油污。

真皮专用清洁剂的使用方法：拭去真皮表面的浮土，用软布蘸少许真皮专用清洁剂擦拭，特别脏的地方加量使用。随后，将真皮保护剂少许喷洒在软布上，轻柔擦匀，进行深层次护理，这样可防止皮革干裂、老化，保持真皮自然光泽和柔软手感。保养期可间隔 3～6 个月，须视实际使用情况而定。

同时，在使用皮椅的过程中，要尽量避免践踏、水擦或尖锐物品等对皮革的伤害，尤其是浅色的皮革更应使用真皮专用清洁剂擦洗。因为皮革吸收水分后其纤维会变松软，为防止水分蒸发后皮革变质，应该把皮革置于阴凉处阴干或风干，之后再上油保养。如果发现真皮座椅有变色、褪色、发硬、龟裂、老化等变质现象，应立即送到专业汽车护理店进行专业护理保养。

6. 真皮座椅修复技术

（1）皮座清洗。

首先要用软刷子、半湿毛巾重点清洗需要修复、有皱纹的皮面，因为这里的灰尘很多，然后用干毛巾擦干。这样做是为了保证皮革表面的清洁和干燥，使后续材料能更好地渗透皮层（真皮座椅如图 1-2-3 所示）。

图 1-2-3 真皮座椅

（2）皮座打磨。

接下来，要用水砂纸打磨需要修复的表面，龟裂的硬块要除掉，打磨后的皮屑用牙刷刷除。

（3）软化补伤。

在处理过后的皮革表面涂上皮革软化剂，用来软化发硬的真皮，然后按照“填充—打磨—填充—打磨”的顺序涂上补伤膏，这一过程和汽车喷漆里面的“补土”工序一样，只不过施工对象是皮面而不是漆面。

（4）处理上色。

上色前还要在皮层表面喷一层处理剂，用于分解皮层污渍、纤维，然后尽快在 60～150 s 内上色。上色要对应色卡选定颜料，用喷枪均匀喷涂皮层，最后固色。

7. 汽车空调的正确使用方法及保养要点

（1）使用方法。

① 根据冷气下沉、热气上升的原理，开冷气时将空调出风口向上，开暖气时将出空调出风口向下。

② 每次使用空调时间不宜过久，如果车内温度已经舒适，可以关掉空调隔一段时间再开。

③ 选择合适的空调温度，应将车内温度控制在 18～25℃。低于 14℃或高于 28℃都会让人不适。

④ 刚进入车内应先开窗通风，并开启外循环，排出热气，等车厢内温度下降后再换成内循环。

⑤ 不要开着空调在密闭的车内吸烟，否则烟雾会刺激人的眼睛和呼吸系统。若吸烟，则应将空调通风调至“排出”。

⑥ 汽车密封性很好，如果汽车停驶时开着空调，可能会因发动机排出的一氧化碳气体漏入车内引起车内人员中毒甚至死亡。同时，长时间驾驶应注意空调内外循环交替使用。

⑦ 低速行驶时尽量不使用空调，否则对发动机和空调压缩机的使用寿命有不利影响。

⑧ 每次停车后应先关闭空调再熄火；而且应该在汽车起动两三分钟，发动机得到润滑后，再打开空调。

⑨ 在使用空调除霜、除雾时，要使用外循环才有效。

（2）保养要点。

汽车空调的结构如图 1-2-4 所示。

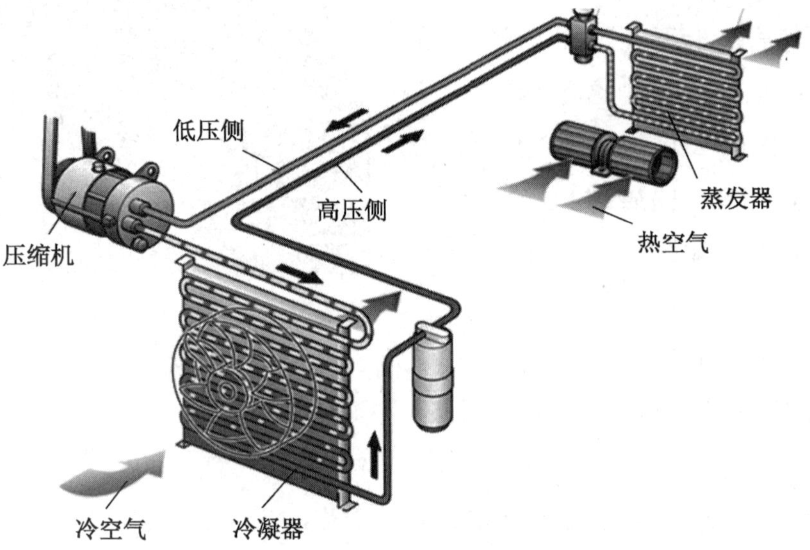

图 1-2-4　汽车空调的结构

① 不要等到空调效果不好时才清洗空调。最好每年的春季过后清洗一次，否则会滋生细菌，产生霉味。

② 冷凝器要定时清洗，而且要将水箱拆下来，清洗才能彻底。空调滤清器也要定期更换。

③ 车主应在到达目的地前几分钟关掉冷气，开启自然风，使空调管道内的温度回升，消除与外界的温差，从而保持空调系统的相对干燥，避免霉菌繁殖。

④ 定期开放大风量，能将空调出风口内表面的浮尘吹出来，这是保持空调清洁的一种简易方法。另外，也要用专用的清洗液进行杀菌、清理和除异味处理。

⑤ 定期检查和冲洗蒸发器滤网，用清水冲洗，再用毛刷刷掉杂物，晾干后方可使用。

⑥ 定期检查和冲洗冷凝器、散热器和冷却器，用压缩空气或压力清水冲洗吹干。

⑦ 定期维护风机，尤其要注意其轴承内是否缺油，必要时予以添加。

⑧ 检查皮带松紧度（过紧会使轴承磨损；过松会使转速降低，制冷不足，甚至产生尖叫声），应按技术规范进行调整。皮带瘪裂或松弛应更换新件。

⑨ 利用视液镜每月检查一次制冷剂存量，在制冷系统工作时，若视液镜内气泡总不消失，则为制冷剂不足，应补添。

⑩ 经常检查各连接螺栓及接头有无松脱损坏、传动机构工作是否正常、压缩机密封处有无泄漏、空调运行中有无异响噪声、震动和异味，必要时停机检修。

任务三 汽车发动机外部清洁护理

知识目标

- 了解发动机外部清洁护理的意义
- 学习发动机外部清洁护理的方法

技能目标

- 可以独立完成发动机外部的清洁护理

情感目标

- 在发动机清洁护理过程中体验工作细心的重要性

一、任务分析

由于汽车行驶环境复杂，发动机要不断向外散热，而发动机舱的密封问题始终没有得到根本的解决，致使汽车在行驶过程中卷起的风沙、尘土从发动机舱下部钻入，飞落于发动机表面，加之发动机长时间在高温下工作，有时还会发生漏油等现象，如果长时间不对发动机外部进行清洁护理，就会使发动机表面形成厚厚的油泥性腐蚀物，时间一长这些腐蚀物将渗透于发动机表面各部件，造成金属部件生锈、塑料部件老化、变形等（发动机如图 1-3-1 所示）。

图 1-3-1　发动机

发动机的外部清洁护理主要包括外表灰尘及油污的清除、表面锈渍处理、电器电路部分的清洗、流水槽的清洁、喷施发动机保护液等。

二、知识准备

图片示例	解释说明
1．发动机美容用品	
发动机外部清洗剂  	发动机外部清洗剂一般呈碱性，含有缓蚀剂成分，能快速乳化分解，去除较重油污，对机体没有腐蚀作用。其水溶性好，可完全生物降解，易用水冲洗，不留残留物。
电气设备清洗剂  	电气设备清洗剂一般具有极好的挥发性，具有清洁、防潮、润滑等功能，能有效避免清洗后汽车电气设备因水分长期不散而造成的短路现象，可安全使用于蓄电池、分电器及汽车音响等各类电器上。
金属抛光剂  	金属抛光剂大多含有研磨剂、清洁剂、油分剂等多种成分，具有很好的去氧化功效，可用于镀铬、黄铜、合金、银类制品等各种金属表面的清洁工作，能使发动机外表金属部件恢复原有光泽，并延长腐蚀周期。

图片示例	解释说明
塑料橡胶保护剂 	塑料橡胶保护剂一般都集上光、增色、保护等功能于一体，内含的聚酯光洁保护元素，能够滋润发动机表面的各类塑料、橡胶、尼龙等部件，防止其表面氧化、干裂、变形等现象的发生，能提供持久的自然光泽，是发动机高质量整饰护理中不可或缺的上光用品。
金属保护剂 	金属保护剂含有高分子氟化物，集聚合物与蜡质的双重功效于一身，使用后能在腐蚀物与金属之间形成一层无黏附性的高透明保护膜，有效阻止焦油、灰尘、油脂等有害物质的侵蚀。

2．发动机清洁护理工具

名　　称	用　　途
高压水枪	用于冲洗发动机表面污物
吸尘吸水风干机	用于冲洗后发动机的除水及风干工作
半湿性纯棉毛巾	用于擦干清洗后的发动机表面
塑料薄膜	用来遮盖发动机表面密封防水性不好的各类电器部件
刻刀	用于清洗金属表面难以清除的硬质类腐蚀性污物
纤维硬毛刷	用于容易刷洗的平面处
细杆小毛刷	用于清洗手无法接触到的缝隙处
长杆硬毛刷	用于清洗发动机

三、任务实施

图片示例	步　　骤
发动机外部清洗护理的工艺流程	
	第一步：用塑料薄膜包裹电器元件。清洁发动机外部前，用塑料薄膜将发动机的电器元件包裹起来，如熔断器、发电机、高压线圈、ECU 等，防止进水造成损坏。
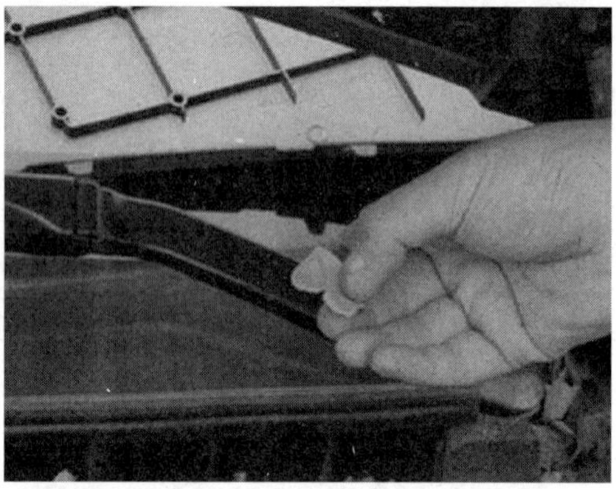	第二步：清除发动机舱杂物。将发动机舱内的落叶等杂物清除干净。如果发动机表面有严重的油污，可使用去污力较强的发动机外部清洁剂或化油器清洗剂，将其喷涂在油污处，等待 2～3 min 后，再用毛刷擦拭，然后用抹布擦干。
	第三步：喷涂发动机外部清洗剂。用发动机外部清洗剂喷涂整个发动机舱及发动机各部件总成，细小部位可配合毛刷擦拭。
	第四步：用高压水冲洗。当发动机外部清洗剂的泡沫开始消失时，用高压洗车机仔细地冲去泡沫。

图片示例	步　　骤
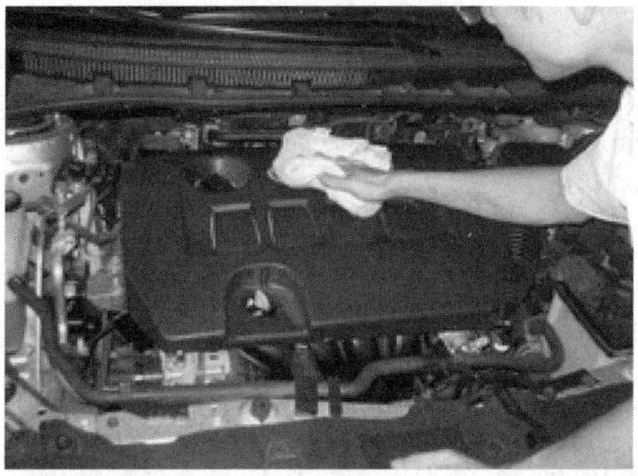	第五步：清除锈蚀。使用清洁除锈剂，将清洁除锈剂喷涂在锈蚀处，等待 10 min 左右，用硬毛刷刷洗，然后用软布擦干。
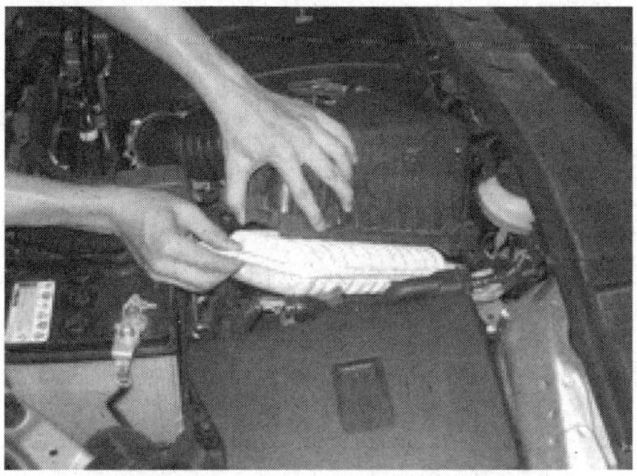	第六步：清洁空气滤清器。将纸质滤芯不仅从滤清器壳中取出，用压缩空气将其吹净即可。 **提示：**不可将其弄湿，不可水洗。吹的方向应与发动机进气方向相反。
	第七步：清洁蓄电池。清洁时，拆下蓄电池，用蓄电池清洗液进行清洗；装复时，可在桩头上涂抹薄薄一层保护剂，防止氧化。 **提示：**清洁时，不要让蓄电池清洗液从加注口流入蓄电池内。
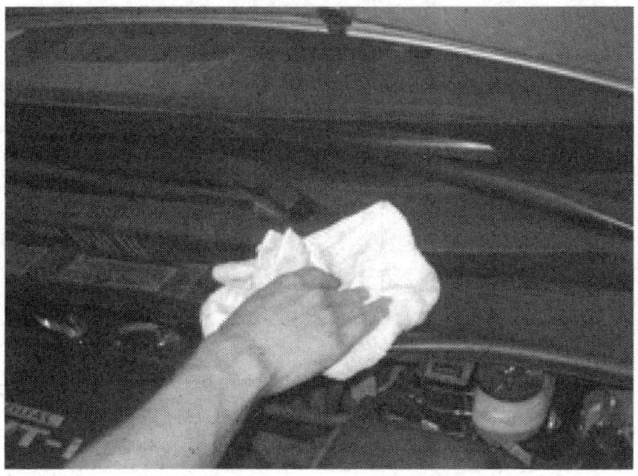	第八步：清洁流水槽。前风挡玻璃下方发动机盖与两前翼子板结合处的流水槽，大部分很脏。先用水冲洗，然后进行泡沫清洗，配合软毛刷刷洗，最后用干净的软布擦干，喷涂塑料橡胶保护剂，防止老化。

图片示例	步　　骤
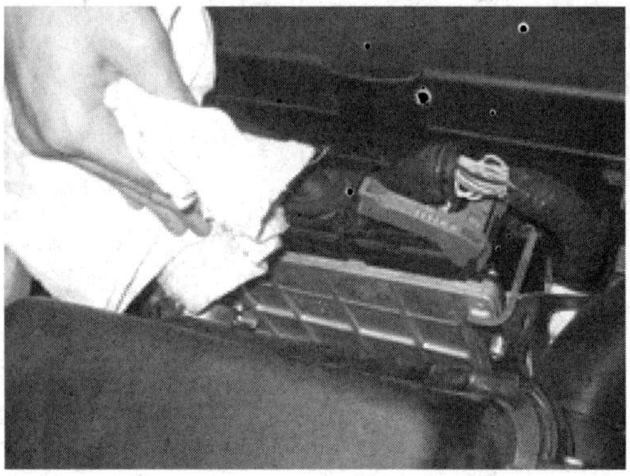	第九步：清洁电器元件。发动机电器元件，可用电器元件专用清洁剂清洁，作业中不需要用水冲洗，只需擦干或任其自然干燥。清洁后再用多功能防腐润滑剂喷涂一遍，可防止电器元件插接头受潮、腐蚀。 第十步：高压气体吹干。使用高压气体将发动机上的所有零件、轴承孔、铰链及缝隙吹干。 第十一步：喷涂发动机保护剂。将发动机保护剂均匀喷涂在发动机壳上，并将塑料橡胶保护剂擦拭在橡胶管表面即可。

四、任务评价

汽车发动机外部清洁护理任务评价表见表 1-3-1。

表 1-3-1　汽车发动机外部清洁护理任务评价表

任务名称				
评价方式	自评□　互评□　师评□			
项目	分值	评分标准	分值	得分
工作态度 纪律素养	35	工作态度积极	10	
		遵守课堂纪律	5	
		操作现场按照“5S”管理标准进行整理	10	
		安全操作，无工具设备损坏	10	
团队合作	15	分工明确，人人有任务	7	
		团队合作意识强，工作量分配均匀	8	
任务实施 完成情况	50	美容护理用品选用正确	10	
		美容护理工具选用正确	10	
		任务实施操作流程正确	15	
		任务完成达到预期效果	15	
合计				

五、知识与能力拓展

发动机保养要点如下。

1. 良好润滑

保证发动机良好润滑的关键是适时地使用适当质量的润滑油。对于汽油发动机，可根据进、排气系统的附加装置和使用条件，选用 SD～SG 级汽油机润滑油。对于柴油发动机，则要根据机械负荷，选用 CB～CD 级柴油机润滑油。选用标准以不低于发动机工况要求为准。

发动机机油的正确选用方法如下。

（1）选择品牌。

在选择品牌的时候，首先考虑的是整车制造商在汽车使用手册上的建议用油，尽可能选择著名品牌的润滑油，这样机油的质量和性能有保证。应该注意到不同的品牌其产品的性能会有差异，如合成油的性能远优于矿物油。

（2）选择 API 质量级别。

API 质量级别是美国石油学会制定的标准，随着汽车技术的发展，每隔几年都会推出更高质量级别的润滑油标准。这主要是环境保护的压力迫使一些整车制造商需要考虑润滑油本身对整车排放的影响。因此又有了 ILSAC 认证。目前欧洲呼声较高的“欧Ⅴ排放”就需要至少采用 SM 级并通过 ILSAC 的 GF-4 认证的润滑油，因为它降低了润滑油中的磷含量，减少了排气排放物中三元催化剂失效的可能性。而国内目前使用得比较多的润滑油是 API SL/GF-3、API SJ/GF-2 和 API SH/GF-1。通常来说，这些质量级别的润滑油节能效果在 1.1%～1.6%。选择何种质量级别的润滑油要依车型和汽车的生产时间而定，这个在汽车使用手册里有明确说明。大致来说，目前国内的经济型汽车大多推荐使用 SG、SH 和 SJ 级别的润滑油（其实 SJ 级别的润滑油已经能够满足绝大多数中高档汽车的需要），中高档汽车则推荐采用 SL 和 SM 级别的润滑油。通常来说，如果采用更高级别的润滑油，那么可以适当延长换油周期。

（3）选择黏温特性。

在国内的大多数地区，冬夏季温度变化并不大，不一定非要选择黏度跨度大的润滑油。通常不同黏温特性的润滑油在不同温度下的表现会有较大不同，如 10 W/40 在高温下的稳定性就优于 5W/30。在国外，为了达到苛刻的环保要求，整车制造商推荐用户采用 5W/20，而赛车为了保证在高温高转速下对发动机的保护和减少摩擦阻力，一般采用 10W/50 或者 10W/60。5W/20 虽然省燃油，但抗剪切性能不好，而且也不适合我国大多数地区气候。10W/50 或者 10W/60 则在耐久性上难以用在家用汽车上。我国南方某些地区夏季温度长期处在 30～40℃，显然更适合选用 5W/40 或者 10W/40。

2. 定期换油

任何等级的润滑油在使用过程中都会产生变化，即运行一定里程后，润滑油的性能会逐渐恶化，从而给发动机的性能造成影响。为避免因润滑油的关系而影响发动机性能，必须适时地更换润滑油。更换润滑油时一定要在较高油温下进行，油的温度较高时，其黏度较小，容易从放油口流出。

3. 保持正常的润滑油量

在发动机运行过程中，润滑部位都需要足量的润滑油。若油量不足，则会导致润滑油加速变质，还可能因缺油而导致零件烧损。若油量过多，则会从气缸和活塞环的间隙中窜进燃烧室内燃烧，使活塞上的积碳增多。一般汽车润滑油标尺上都刻有满和不足的标记，加油时，以目测在两者之间为宜。

4. 保持曲轴箱通风良好

由于燃烧窜出的气体具有腐蚀性，能加速润滑油的氧化变质并污染发动机，因此必须及时地换入新鲜空气。现在的汽油机，大部分都装有 PCV 阀（曲轴箱强制通风装置），促使发动机换气。但窜气中的污染物会沉积在 PCV 阀的周围，可能会使 PCV 阀堵塞。若 PCV 阀堵塞，则过多燃烧的副产物会压入曲轴箱，使压力上升，以致润滑油窜入燃烧室燃烧，还可使活塞组的阻力增大，加大曲轴箱的污染，导致燃料消耗增大。所以，需要定期对 PCV 阀进行保养，清除 PCV 阀周围的污染物。

5. 经常保养空气滤清器

应保持空气滤清器的清洁，并及时更换滤清器。否则，空气滤清器堵塞或损坏会导致空气吸入不足，造成不完全燃烧，而且沙粒或灰尘会被直接吸入发动机，造成发动机提前磨损。

清洁方法：使用高压气枪由内向外（与流经空气滤清器的进气方向相反）吹，气压不宜过高，过高可能造成空气滤清器损坏，切勿敲打。

6. 定期更换机油滤清器

机油从机油滤清器的细孔中通过时，固体颗粒和黏稠物会积存在机油滤清器中，经过一段时间后，机油滤清器会堵塞。当机油不能通过机油滤清器时，会胀破机油滤清器或打开安全阀从旁通阀通过，把污物带到润滑部位，使发动机磨损和内部污染加剧。

每次更换机油的同时要更换机油滤清器。

7. 定期清洗曲轴箱

发动机运转过程中，燃烧室窜气产生的未燃气体、酸、水分、硫和氮的氧化物等都进入曲轴箱中与零件磨损产生的金属粉末混在一起，形成油泥。量少时在油中悬浮，量多时从油中析出，堵塞机油滤清器和油孔，造成发动机润滑困难、严重磨损。而且机油在高温时氧化会生成胶质和积碳黏结在活塞上，使发动机油耗增大，性能下降，严重时使活塞环卡死和拉缸。基于上述原因须适时清洗曲轴箱。

8. 定期清洗燃油系统

燃油在通过油路供往燃烧室燃烧的过程中，会形成胶质和积碳，在油道、喷油器和燃烧空间中沉积下来，影响燃油流动，破坏正常的空燃比，使燃油雾化不良，造成发动机喘振、爆燃、怠速不稳，使发动机性能下降。为消除发动机的上述隐患，须定期清洗燃油系统，控制积碳生成，保持发动机处于最佳状态。

9. 定期保养散热器（水箱）

发动机散热器（水箱）生锈、结垢是较为常见的问题，锈蚀和结垢会影响冷却液的正常流动，降低散热作用，导致发动机过热，甚至造成发动机损坏。冷却液氧化会形成酸性物质，腐蚀散热器（水箱）的金属部件，造成散热器（水箱）破损、渗漏。

定期清洗散热器（水箱），去除锈蚀和水垢，可保证发动机工作正常，还能延长发动机和散热器（水箱）的使用寿命。

任务四 汽车精洗

知识目标

- 能正确识别和选用汽车精洗用品

技能目标

- 掌握汽车精洗规范的操作步骤
- 能正确使用汽车精洗设备

情感目标

- 在操作中体会汽车精洗的过程

一、任务分析

汽车精洗是相对于我们日常的普通洗车而言的。普通洗车的流程大致是“一次冲洗→清洗液擦拭→二次冲洗→擦干→吸尘→清洁内饰”。普通洗车能将大部分肉眼可见的位置清洗干净，但如发动机舱、车窗四周的密封条凹槽、油箱口、后备箱内及座椅下等不起眼的地方通常是没有得到充分照顾的，极易滋生细菌及影响汽车的美观和正常使用。

汽车精洗是在普通洗车的基础上，增加了对汽车各部位的细节处理，做到专业，做到细致，分区域、分类型进行局部清洗，针对不同部位采用相适应的清洗工具及清洗方法，对汽车缝隙处和平时洗车洗不到的地方进行清洗处理。对于汽车自身及使用者而言，适时进行全面彻底的汽车精洗是十分必要的。

二、知识准备

图片示例	解释说明
1．汽车清洗组合鼓的使用方法	
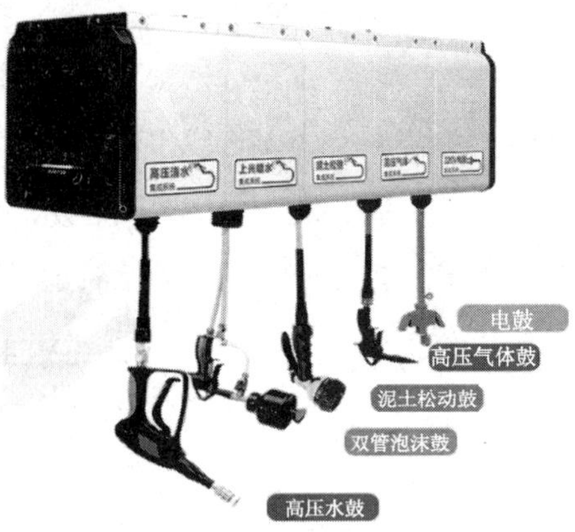	根据作业要求，选用组合鼓中适用的设备。 高压水鼓接高压水枪，利用高压洗车机产生强大水压。双管泡沫鼓能进行泡沫喷洒。泥土松动鼓能喷洒出泥沙松弛剂，用来进行专业预洗，松动车身泥沙，减少洗车时产生的太阳纹。高压气体鼓可直接使用高压气体或用来接气动设备。电鼓可用于接电动设备。 **提示：**出现故障应及时关闭电源并拔下插头，然后请专业人员进行维修。
2．龙卷风清洗枪的使用方法	
	龙卷风清洗枪外接驱动、高压吹尘、喷洗一体，适用于清洁缝隙，如发动机舱、汽车座椅、门窗边缝等。 龙卷风清洗枪有两种使用方法：一是壶中空置，外接气泵驱动，清洗刷头高速旋转刷洗，并伴有气体喷出进行吹灰；二是可将清水或清洗剂稀释液装在壶中，外接气泵驱动，使用时，清洗刷头能边喷洒水雾边高速旋转刷洗。
3．细节刷的使用方法	
	细节刷有不同型号大小，可根据缝隙大小选用不同型号，可清洗座椅、空调出风口和中网等位置。 细节刷主要有三款材质，可根据刷毛的软硬来清洁对应位置。一是猪鬃毛刷。猪鬃毛刷不易变形，弹性好，不伤车漆；二是磨尖丝毛刷。磨尖丝毛刷柔软，毛量密集，清灰除垢不伤车漆；三是 PPS 毛刷。PPS 毛刷比磨尖丝毛刷稍硬，清灰除垢不伤车漆，更适合去除顽固油污。 细节刷可干湿两用，干刷除尘，湿洗除垢，可深入细小缝隙，将灰尘扫除。

图片示例	解释说明
4．轮胎刷的使用方法	
	轮胎刷是立体弧形毛刷，贴合轮胎表面，清洁效果好，用于轮胎胎面、胎侧及胎肩的清洗。 先使用轮胎刷轻轻刷洗轮毂表面部分，然后沿着车轮圆周方向刷洗轮胎。
5．轮毂刷的使用方法	
	轮毂刷是尼龙软质毛刷，刷毛密集规律，能伸入轮毂内部，有效清除轮毂钢圈污垢，去污能力强，用于金属表面轮毂缝隙的清洁。 将轮毂刷伸入轮毂缝隙进行刷洗。
6．轮胎上光刷的使用方法	
	轮胎上光刷用于轮胎上光、上蜡等轮胎养护操作，吸收能力强，不易渗漏，牢固耐用，可更换海绵刷头。 将轮胎光亮剂喷在轮胎上光刷的海绵刷头上，在轮胎表面涂抹均匀即可。
7．汽车精洗用品的选用	
根据汽车精洗的工艺流程要求，使用到的清洗和养护用品种类丰富多样。汽车精洗所选用的清洗和养护用品种类比普通洗车所选用的清洗和养护用品种类更多，更注重细节处理.下面将对汽车精洗作业中会使用到的清洗用品和养护用品进行介绍。	
泥沙松弛剂  	泥沙松弛剂利用强力乳化剂和渗透剂等活性功能，快速乳化分解油污，松散泥沙，减少泥沙与汽车漆面的附着力，能缩短洗车时的冲水时间，同时也避免泥沙附着而刮伤漆面。

图片示例	解释说明
铁粉去除剂 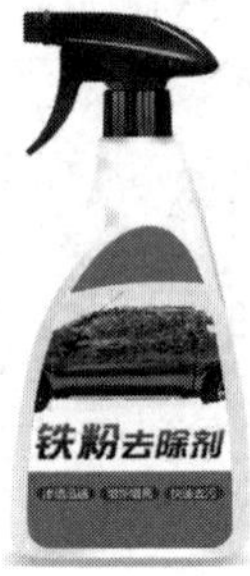	铁粉去除剂是中性清洁剂，适用于汽车漆面、轮毂等位置，能去除车漆或轮毂上的铁粉、氧化层、刹车粉末和锈斑。 将铁粉去除剂直接喷涂在车漆或轮毂上，渗透 2～3 min，铁锈会慢慢溶解成紫色液体，再用清水冲洗干净即可。
橡塑件保护剂 	橡塑件保护剂具有去污上光、清洁保护、防止龟裂、消音润滑的作用，使用后可在其表面形成一层保护膜，有效地保护橡塑件。 先将喷涂物表面清洁干净并保持干燥，使用前充分摇匀，保持 15～25 cm 距离均匀喷射，喷洒适量，然后用干净毛巾涂抹均匀，待其表面形成保护膜即可，无须再用清水清洗。该品应远离热源和火源。
玻璃防雾剂 	玻璃防雾剂能有效防止风挡玻璃和车窗玻璃起雾，使视野更清晰。 先将玻璃清洁干净并保持干燥，将适量玻璃防雾剂喷于干毛巾上，在内侧玻璃上均匀擦拭，用干毛巾反复擦拭直至玻璃变得透亮无痕。2 min 内需保持操作面干燥，待自然干燥即可。
玻璃拨水剂 	玻璃拨水剂由驱水剂和异丙醇等多种高分子成分组成，使用后，在玻璃上形成隐性防水膜，如同荷叶般，雨点、水滴无法在玻璃上附着，在一定的斜度和速度下，能使玻璃外侧的雨水自动脱落，不留水痕。 先将玻璃清洁干净并保持干燥，将适量玻璃拨水剂均匀喷于完全干燥的玻璃上，切勿喷到刮水器上，待其自然干燥成膜即可。

三、任务实施

图片示例	步　　骤
汽车精洗的工艺流程	
 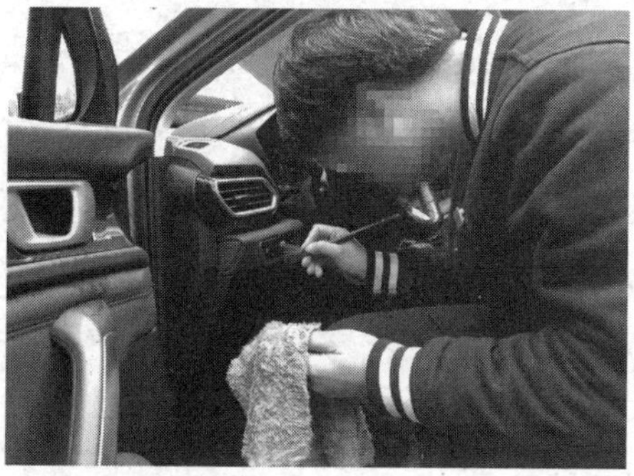 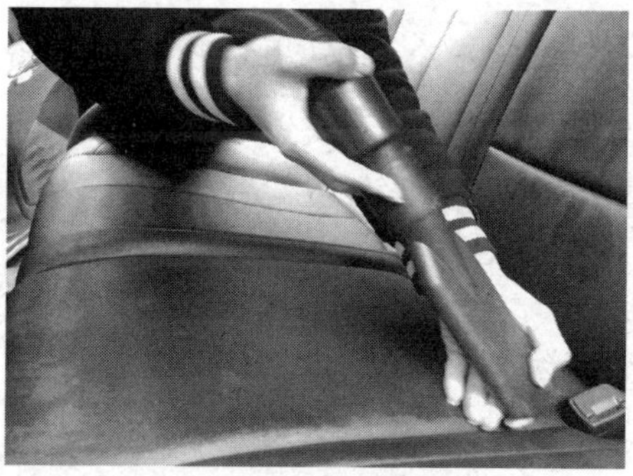 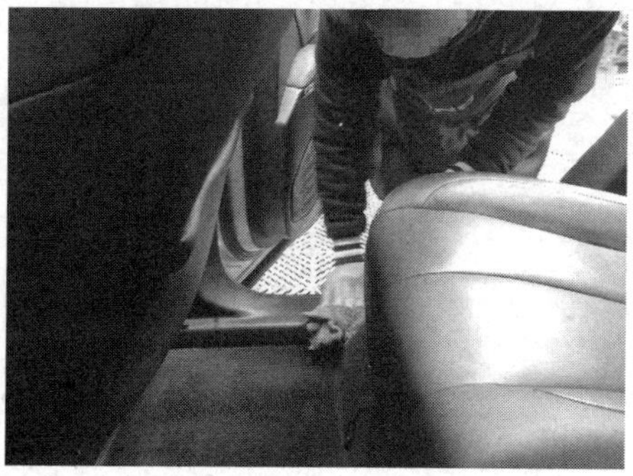	第一步：内饰清洗。使用龙卷风清洗枪连接高压气体管，将内饰各缝隙处及面板处的积尘与杂物吹干净，如门缝胶条处、空调出风口处、座椅接缝处等；接着，使用毛刷和专用毛巾擦拭干净；最后进行吸尘处理。 内饰凹槽缝隙处也需进行清洗、擦拭、吸尘。 两人配合操作，各负责汽车一侧的作业区域。 顺序是车窗→车门内侧→中控面板→空调出风口→手套箱→座椅→座椅周围缝隙→车门缝隙→地板。 **提示：**龙卷风清洗枪前端是一个毛刷，喷出来的清洗液呈水雾状，配合人工使用毛刷及专用毛巾，能将灰尘及杂物有效清除。清洗要彻底，包括车窗密封条及内饰各种缝隙、中控面板、手套箱、门把手及空调出风口等，特别注意边缝和凹槽处。如果汽车卫生状况较差，那么先用吸尘器进行吸尘操作后，再进行内饰凹槽缝隙处的清洗和擦拭这一步骤。

图片示例	步　　骤
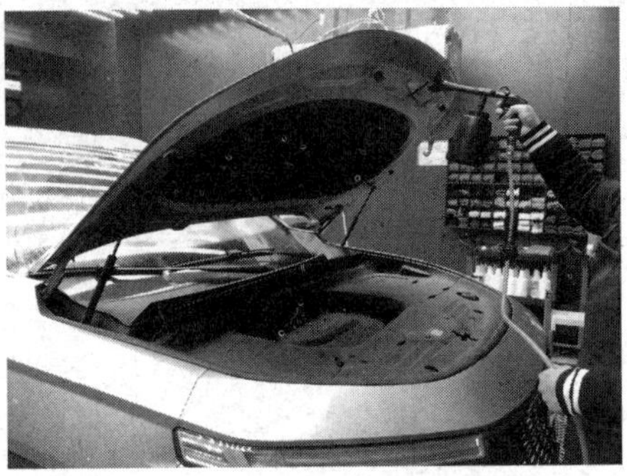 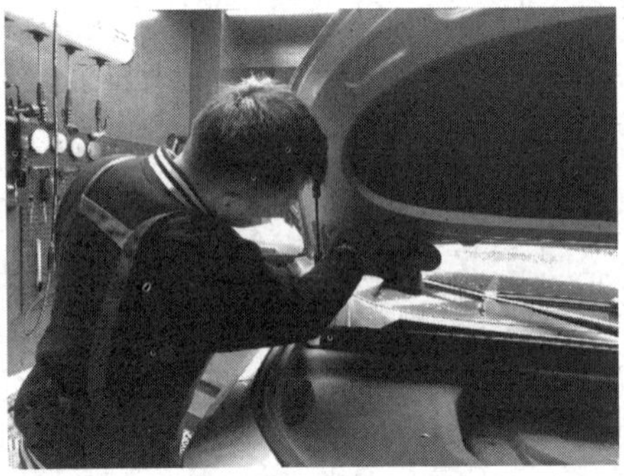  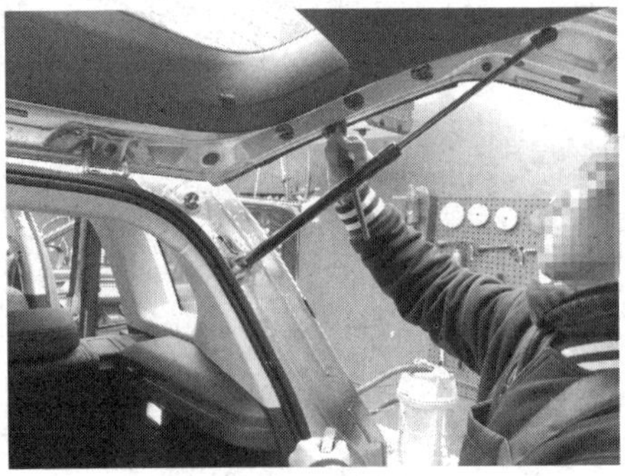	第二步：发动机舱及后备箱清洗。连接高压气体管，将发动机舱内的积尘与杂物吹干净；接着使用毛刷和专用毛巾将发动机舱内的部件擦拭干净；最后在发动机舱内喷涂一层橡塑件保护剂。 后备箱外边沿，包括尾门、密封胶条和门边框等，使用龙卷风清洗枪进行吹灰清洗，内部使用吸尘器进行吸尘处理，再用毛刷和专用毛巾擦拭干净。 两人配合操作，一人负责发动机舱区域，另一人负责后备箱区域，一前一后。 **提示：**龙卷风清洗枪前端是一个毛刷，喷出来的清洗液呈水雾状，不会伤害到发动机舱内的管线。清洗要彻底，包括发动机舱盖、排水槽和支撑杆，以及后备箱的尾门、门边框和支撑杆等，特别注意边缝和凹槽处。如果遇到顽固污渍，那么可配合使用清洗剂进行刷洗。

图片示例	步　　骤
  	第三步：脚垫清洗。使用高压水枪冲洗脚垫，再使用甩干机对脚垫进行脱水处理。然后使用龙卷风清洗枪连接高压气体管，把汽车全包围脚垫清洗干净，最后使用专用毛巾擦拭干净即可。 **提示**：如果遇到顽固污渍，那么可配合使用清洗剂进行刷洗。针对 PVC 等可湿水清洗的脚垫，可选择高压水枪进行冲洗。

图片示例	步　　骤
    	第四步：细节清洗。先在全车外部喷洒泥沙松弛剂，约 1 min 后，再喷洒汽车专用清洗剂，在轮毂、轮辋及制动盘处喷洒铁粉去除剂，然后使用专用毛刷刷洗车身缝隙处和塑料附件。打开油箱盖，刷洗油箱口周围，并刷洗轮胎、轮毂及轮辋。 **提示：**车身缝隙包括前格栅缝隙、车灯边沿、轮眉等，每一项操作都需使用专用工具，不可混用。在刷洗油箱口周围时，应注意油箱盖的密封情况，防止因密封不严而存在杂物进入油箱的风险。在刷洗轮毂及轮辋时，因前期喷洒了铁粉去除剂，会有紫红色或暗红色的泡沫或液体流出，这是除锈的正常现象，不必慌张。

图片示例	步　　骤
	第五步：汽车第一次冲洗。用高压水枪冲洗车身污物，顺序是车顶→前机盖→车身→后备箱→车裙→轮胎→底盘。整个过程当中，始终由一边向另一边的斜下方冲洗，尽量避免正向或反向冲洗，以免将泥沙冲回已经冲洗干净的部位。 冲洗汽车的质量标准：车身通体用高压水枪打湿过而无遗漏，车漆表面无大颗粒泥沙或污物，以确保后续美容作业的顺利进行。 **提示：**保持水柱与车身平面夹角呈45°，不同部位应使用不同的压力和喷洒形状；保持枪头距车身15～60 cm；禁止一边冲洗一边擦，因为泥沙没有冲洗干净前，擦拭会刮伤车漆。
	第六步：清洗液擦拭。用海绵或羊毛手套擦拭车身表面的清洗液泡沫，顺序是车顶→前风挡玻璃→前机盖→车身→后备箱→车裙。 擦洗汽车的质量标准：无漏擦之处，汽车漆面无划痕。 **提示：**容易擦拭不到位的部位是雨刷部位、中网、牌照等处；使用专用的清洗液，并按比例配制，不可采用其他洗涤用品替代。
	第七步：二次冲洗。用高压水枪将清洗剂泡沫及污水冲洗干净，用由上至下、由前至后的顺序和赶水方式进行。 冲洗汽车的质量标准：车体无泥沙、无污垢、无漏擦之处 **提示：**重点冲洗车顶、上部和中部。

图片示例	步　骤
 	第八步：擦干、吹干。 ① 两人用大块半湿毛巾从车前向后来回擦两遍，吸去多余的水分。 ② 选用指定的不脱毛毛巾或麂皮（线面革）擦干漆面、玻璃上多余的水分。 ③ 选用指定的毛巾擦干刮水片及车门边多余的水分，包括后备箱盖、发动机盖、油箱盖等边角处多余的水分。 ④ 选用指定的不脱毛毛巾或麂皮（绒面革）擦干驾驶区仪表板、转向盘等。 ⑤ 用高压风枪吹干锁孔、门缝、车窗密封条、倒车后视镜壳等部位，因为留有水分，会造成这些部位锈蚀或结冰，也会在车身漆面上滑落水痕。 **提示：**麂皮使用前应用清水浸泡，拧干再用。擦车身表面时，最好选用两条毛巾，一干一半湿，先用半湿毛巾擦，再用干毛巾擦，这样不留水印。进入车内清洁时，应垫上脚垫，做好相应的防护。操作时可一手拿压缩空气枪，一手拿干净抹布，边吹边擦，直到吹干为止。 注意毛巾分类使用，按毛巾的颜色和样式来区分用途，毛巾可分为擦拭玻璃、轮毂、车身、车门边、内饰、发动机舱和擦干吸水毛巾。工作人员严格按照规定使用，不可混乱使用。
  	第九步：养护、恢复。 给轮胎上保护蜡或光亮剂。用毛刷刷上轮胎保护蜡或光亮剂，刷涂时避免轮胎保护蜡接触轮辋钢圈，如果不小心接触，那么应及时用湿毛巾擦拭干净。 给内饰上保护蜡。用专用毛巾或手套均匀涂抹保护蜡。 全车玻璃内侧进行玻璃防雾剂涂抹，全车玻璃外侧及外后视镜等进行玻璃拨水剂涂抹。 将清洗好的脚垫放置归位，将车上物品恢复原位。

四、任务评价

汽车精洗任务评价表见表 1-4-1。

表 1-4-1 汽车精洗任务评价表

任务名称				
评价方式	自评□ 互评□ 师评□			
项　目	分值	评分标准	分值	得分
工作态度纪律素养	35	工作态度积极	10	
		遵守课堂纪律	5	
		操作现场按照“5S”管理标准进行整理	10	
		安全操作，无工具设备损坏	10	
团队合作	15	分工明确，人人有任务	7	
		团队合作意识强，工作量分配均匀	8	
任务实施完成情况	50	美容护理用品选用正确	10	
		美容护理工具选用正确	10	
		任务实施操作流程正确	15	
		任务完成达到预期效果	15	
合计				

五、知识与能力拓展

在目前车主消费需求多元化的背景下，商家提供了更多的消费选择，有更多更为专业细致的专项服务项目，如内饰精洗、外观精洗、空调精洗、发动机舱精洗、轮毂精洗等。这些项目的服务更具有针对性，一般针对汽车某一系统或特定部位进行专项精洗服务，注重细节处理，提高客户体验，满足车主的不同消费需求。

精洗服务对从业者的专业技能及职业素养有较高的要求，精洗服务耗时较长，工作量较大。全车精洗全程耗时约 150 min，费用约为普通洗车费用的 5 倍，有时甚至更高，具体价格由所在地区的物价水平及商家情况等因素而定。专项精洗服务项目耗时为 60～120 min 不等，费用大部分在 100～300 元之间，具体价格由所在地区的物价水平及商家情况等因素而定。

1. 内饰精洗

内饰精洗主要是针对汽车内饰的精致服务项目。内饰精洗项目包括对内饰件的清洁、护理，甚至具有翻新作用。按照精洗的严格工艺要求，内饰精洗注重细节规范，采用专用工具及专用清洁养护产品，更科学专业地开展作业，更细致全面地清洁养护。

内饰精洗与普通洗车的室内清洁不同，不仅有吸尘、清洁，还更关注内饰件的养护，不放过任何汽车室内的“卫生死角”。针对内饰件的不同材质，使用专用保护蜡进行养护，可以提升内饰件的工作状态，提高内饰件的使用寿命，有效地改善汽车内饰状况，为车主提供更舒适、更安全的驾乘环境。

2. 外观精洗

外观精洗，又称车身精洗，主要是针对汽车外观的精致服务项目，比普通洗车要求更为严格。进行外观精洗时，清洗会更彻底，特别关注到汽车外部的边缝和凹槽处，如发动机舱盖、排水槽、支撑杆，以及后备箱的尾门、门边框和支撑杆等，车身缝隙包括前格栅缝隙、车灯边沿、轮眉等。外观精洗会使用专用毛刷刷洗车身缝隙处和塑料附件，不遗漏油箱盖及油箱口周围等隐秘位置。与普通洗车的外观清洗不同，外观精洗不单是清洗肉眼能见之处，还更注重细节部分的处理，是一种更高品质的服务体验。

任务五 章节测验

一、选择题

1．高压冲洗时，水压不宜太高，一般不高于（　　）MPa。

A．0.5　　B．0.6　　C．0.7　　D．0.8

2. 清洁空气滤清器，用压缩空气将纸质滤芯吹净，吹的方向应与发动机进气方向（　　）。

A．相同　　B．相反

3．冲洗车身时建议采用（　　），冲洗底盘和挡泥板时建议采用（　　）。

A．雾状　　B．柱状

4．洗车香波或洗车液的 pH 值应呈（　　）。

A．酸性　　B．中性　　C．碱性

二、判断题

1．高压洗车机使用完毕后，胶管可随意放置，方便下次直接使用。（　　）

2．使用高压水枪冲洗操作时，不同部位应使用不同的压力和喷洒形状。（　　）

3．高压水枪冲洗时，应保持枪头距车身 15～60 cm。（　　）

4．车身泥沙没有冲洗干净前，可以一边冲洗一边擦拭。（　　）

5．麂皮使用前要用清水浸泡，拧干再用。（　　）

6．汽车外部清洗时，用由上至下、由前至后的顺序和赶水方式进行。（　　）

7．使用柏油沥青清洁剂后，无须再用清水进行清洗。（　　）

8．在刷洗轮毂及轮辋时，喷洒铁粉去除剂后，会有紫红色或暗红色的泡沫或液体流出，这是除锈的正常现象。（　　）

9．车内吸尘遵照由上至下的原则，一般的顺序为车顶→座椅→仪表板→地板。（　　）

10．使用玻璃防雾剂后，无须再用清水进行清洗，待其自然风干即可。（　　）

11．没有专用洗车液的情况下，可以用洗衣粉或肥皂水代替洗车液。（　　）

12．清洗车身时，可以用强水压进行直射。（　　）

模块二

汽车漆面美容护理

本模块通过学习汽车漆面日常美容护理中常见的汽车漆面打蜡、研磨、抛光、封釉、镀膜等项目，以及漆面划痕的处理项目，了解并掌握汽车漆面美容护理的基本知识与操作技能，并在实际工作中予以应用。

思政小课堂

汽车漆面美容护理模块通过对汽车漆面美容护理，引导学生提高欣赏美、鉴赏美的能力，实现心灵美与行为美的统一。

汽车漆面的美容护理过程中需要具备良好的职业素养和敬业精神，操作实施过程中，逐步培养学生欣赏美的能力和做事精益求精的爱岗敬业精神，体现新时代青年在职业生涯中的改革创新精神。

任务实践

学习本模块后，每位同学完成一项以“仪容仪表”为题材的实践活动，如头发、指甲、衣着等。

任务一　新车开蜡与汽车漆面打蜡美容护理

知识目标

- 了解汽车为什么要进行开蜡、除蜡和附着物的处理
- 熟悉汽车开蜡、除蜡和汽车美容用品的选择
- 掌握汽车开蜡、除蜡的操作步骤及注意事项

技能目标

- 掌握汽车漆面打蜡的方法和操作步骤

情感目标

- 在漆面打蜡美容护理过程中体验工作认真细致的重要性

一、任务分析

汽车在运输过程中，为了保护其漆面不受酸雨、海风中盐和碱等的侵蚀，在车身表面会喷涂一层保护蜡，称为运输蜡。运输蜡属于低档蜡，其透明度低，加之覆盖层较厚，常将原车的大部分光泽遮蔽，很不美观。运输蜡油脂成分较高，当汽车行驶时，空气中的尘埃极易附着于车身表面，给汽车清洗带来麻烦。

所有的汽车漆面都要上蜡保护，只是上蜡的时间和蜡的品牌有区别。因此，在进行汽车美容清洁时，必须将车身残蜡去除干净，否则会在下次上蜡时因旧蜡被覆盖在底部，而出现局部新蜡附着不牢的现象。另外，旧蜡的存在会对漆面抛光产生不良的影响。

通常来讲，国内生产的汽车不需要长途运输，一般比较干净，车主不必急于开蜡，可用洗车香波直接清洗车身，在下次打蜡前，用脱蜡洗车液清洗即可。而进口汽车的车身表面常覆盖一层运输蜡，购买后应进行开蜡处理。

二、知识准备

1. 运输蜡的类型和特性		
名　称	特　性	开　蜡　水
油脂运输蜡	车体蜡壳呈半透明状态，多用于长途海运的出口汽车。它可提供蜡壳极硬的保护层，即使碱性极高的海水飞溅于涂有封蜡的车体表面，也不能对其造成任何损害，并可防止大型双层托运车在途中遇到树枝或其他人为因素所造成的轻微损伤，保证了新车在出厂后一年内不受其他有害物质的侵蚀。涂有油脂运输蜡的汽车要选用对应的油脂开蜡水。	市场上，油脂开蜡洗车液 80%的产品属于非生物降解型溶剂，主要原料提炼于石油，属强碱性药剂，因此使用时应注意劳动保护。
树脂运输蜡	车体蜡壳呈亚透明状态，主要用于本国短途运输的汽车。它可为车身提供一年以上良好的硬质保护层，能防止新车运输过程中人为轻微剐蹭所造成的划痕现象，但无法抵御海水的侵蚀，所以树脂封蜡不适合在海洋运输中为汽车提供防止碱性物质侵蚀的保护层。涂有树脂运输蜡的汽车要选用对应的树脂开蜡水。	树脂开蜡洗车液属于多功能轻质水溶性清洁剂，含有树脂聚合物的溶解元素，渗透性较好，使用起来比较安全。

名　　称	特　　性	开　蜡　水
硅性油脂保护蜡	车体蜡壳呈透明状态，新车出厂时为汽车提供短期的保护层。它能有效防止阳光紫外线、酸碱气体、树枝、风沙等一般的侵害，对于海水或运输新车过程中所造成的剐蹭现象却不能起到很好的保护作用。涂有硅性油脂保护蜡的汽车要选用对应的专用开蜡水。	强力脱蜡洗车液属于生物降解型产品，主要提炼于天然橙皮，并含有阴离子表面活性剂，泡沫丰富，分解性较好，因此成本也较高。

图片示例	解释说明
2．开蜡工具的选用	
专用洗车海绵 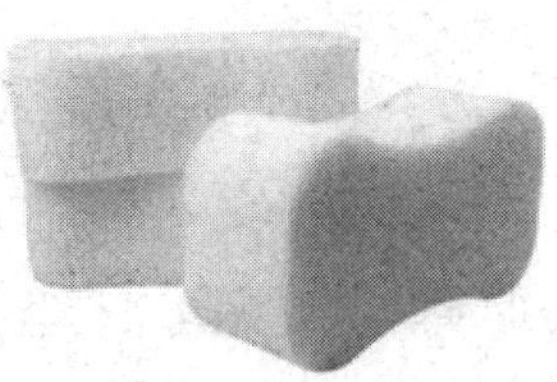	这种中密度海绵具有极好的包容性，在清洁车身过程中能将沙粒及尘土深藏于气孔之内，避免了因擦洗工具过硬而不易包容泥沙给车体造成划痕的问题，配合高润滑性阴离子表面活性剂（高泡洗车液）效果更佳。
高密度纯棉毛巾 	高密度纯棉毛巾具有去污能力强、不脱毛、使用寿命长、易清洗、质地柔软等特点，因此开蜡过程中不会对漆面造成影响外观效果的较大伤害。
塑料异形刮板 	这种刮板材质较软，具有一定的韧性，加之垫有纯棉毛，所以操作时不会对漆面造成任何损伤。
防护眼镜 	这种防护眼镜可以防止施工过程中毛巾擦洗车体时药剂飞溅入眼。

橡胶手套 	因多数开蜡水均属轻质性煤油类产品，渗透分解性极强，对皮肤有害，所以应使用橡胶手套采取防护措施。
图片示例	解释说明
3．汽车打蜡抛光的注意事项	
① 要选择合适的打蜡时机，掌握好美容护理的时间。由于汽车行驶和停放的环境不同，美容护理的时间间隔也不一样，但可多次检查测试。当车身漆膜无光滑感或出现漆膜缺陷时，则应及时进行美容护理，一般 2～4 个月打一次蜡。 ② 要选择合适的打蜡作业环境。打蜡抛光应在室内进行，且周围环境要清洁，要有良好的通风设施及良好的通风效果。 ③ 要选择合适的打蜡抛光天气。打蜡应在阴凉处进行，避免车身漆膜温度过高、车蜡附着力下降，影响打蜡效果。 ④ 要选择正确的打蜡方法。打蜡时，应遵循先上后下的原则，即先涂抹车顶、前/后盖板，再涂抹车身侧围等，一次作业要连续完成；打蜡时，手上海绵及打蜡机海绵运行路线应是直线往复，不宜环形涂抹，防止由于涂层不均匀而造成强烈的环状漫射。 ⑤ 打蜡时，若海绵上出现与车漆相同的颜色，可能是漆膜已经破损，应立即停止打蜡，经修补好后再进行打蜡抛光。 ⑥ 抛光作业要在打蜡完成后规定的时间内进行，且抛光运动也是直线往复。未抛光的汽车不允许上路行驶，否则，在进行抛光时容易造成漆膜划伤。 ⑦ 抛光结束后，要仔细检查，清除车牌、车灯、车门边等处残存的车蜡，防止产生腐蚀。 ⑧ 打蜡抛光结束后，设备、工具及用品要做适当清洁处理，妥善保存。	

三、任务实施

图片示例	步　　骤
1．开蜡与除蜡	
	第一步：高压冲洗。冲洗顺序是车顶→前机盖→车身→后备箱→车裙。注意不要使用洗车香波，以免造成浪费。

<table>
<tr><th>图片示例</th><th>步　　骤</th></tr>
<tr><td></td><td>第二步：喷洗开蜡水。高压冲洗后先用干毛巾将车身表面的水珠擦干，再喷洒超能开蜡剂，喷洒要均匀，应注意不要将边角缝隙遗漏。保持5 min左右，再用湿毛巾擦净，接着用超浓缩洗车香波全车擦洗一遍，并用清水冲净。</td></tr>
<tr><td>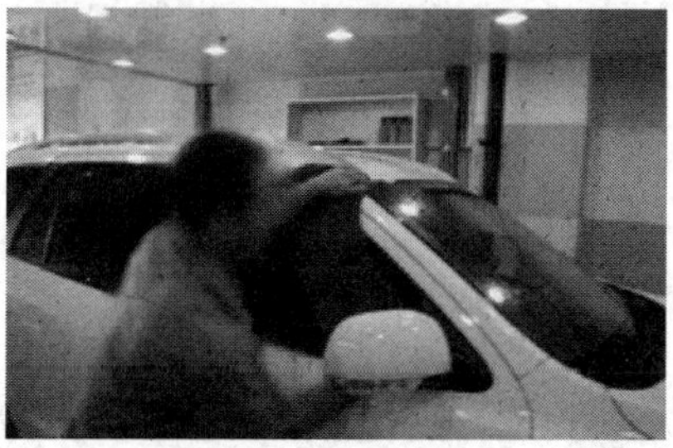</td><td>第三步：擦拭。用毛巾或无纺布擦拭车身表面，并用棕毛刷刷洗缝隙。</td></tr>
<tr><td></td><td>第四步：冲洗。用高压清洗机的水枪对车身表面进行冲洗。</td></tr>
<tr><td></td><td>第五步：擦干。先用大块半湿毛巾将车从前往后擦两遍，吸去多余的水分，再用麂皮（绒面革）擦干漆面、玻璃，然后用纯棉毛巾擦干门内边、保险杠等处多余的水分，最后用吹气枪把缝隙和接口处多余的水分吹干。</td></tr>
<tr><td colspan="2">开蜡工艺的注意事项。
① 进行开蜡工序前，必须清洁全车外表，以免操作时因车体携有沙粒给漆面造成划痕。
② 开蜡中所使用的毛巾应不断清洁，以保证清除掉的封蜡不会存留在毛巾上太多而不便于继续施工。
③ 如在擦除封蜡过程中出现“吱吱”的响声，应立刻停止施工，这说明毛巾中存有沙粒，清洗干净后才可使用。
④ 封蜡停留于车体表面两年以上的汽车，应在开蜡后进行抛光，然后打蜡即可。
⑤ 因开蜡后新漆膜暴露在外，极易受到氧化，所以应使用耐氧化性较好的新车保护蜡进行上光。</td></tr>
</table>

<table>
<tr><th>图片示例</th><th>步　　骤</th></tr>
<tr><td colspan="2">2．打蜡抛光工艺</td></tr>
<tr><td colspan="2">为使汽车漆面长久保持光亮整洁和深度光泽，保护车漆不易受到侵害，需要对汽车进行打蜡抛光。</td></tr>
<tr><td></td><td>第一步：汽车清洗。为了保证打蜡效果，打蜡前对汽车必须进行彻底清洗。车体擦干后再进行上蜡工序。</td></tr>
<tr><td>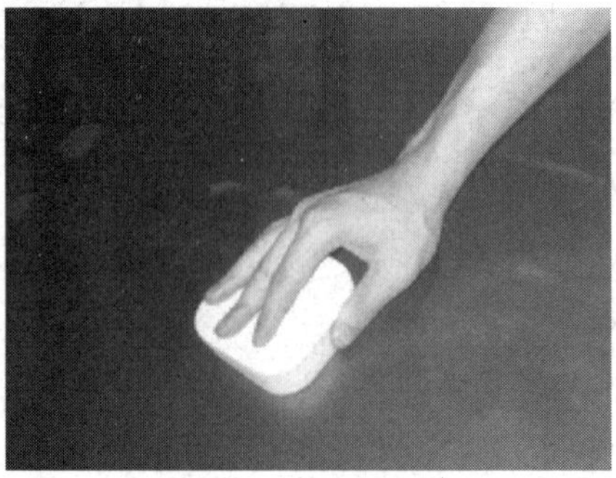</td><td>第二步：研磨（新车不用做此道工序）。研磨也称打底，就是将老化的烤漆磨去。因为烤漆表面若凹凸不平，就不容易上蜡，蜡也无法形成均匀的膜，所以要磨亮也很困难。使用含有研磨剂的复合蜡打底处理时，在烤漆膜较薄的部分，最好使用美纹纸贴起来进行保护。
提示：磨光时以边长为 30～40 cm 的正方形研磨，或将车身分成一片一片仔细地磨，磨的面积太大，会造成涂抹不匀。</td></tr>
<tr><td>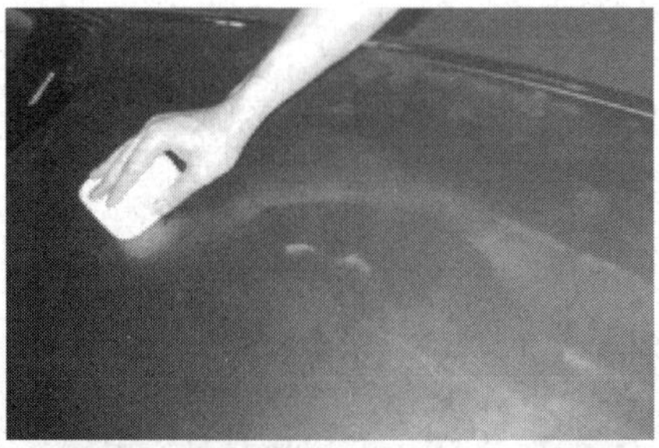
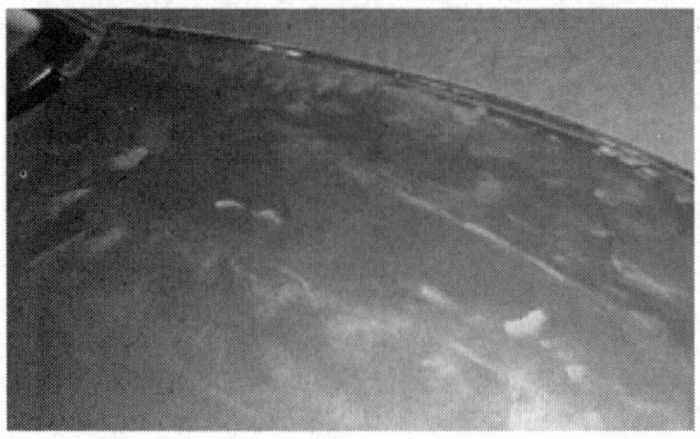</td><td>第三步：手工上蜡。手工上蜡时，首先将适量的车蜡涂在海绵上（专用打蜡海绵），然后按一定顺序往复直线或环形均匀涂抹，每道涂抹区域应与上道涂抹区域有五分之一的重合度，防止漏涂和保证均匀涂抹。涂抹时要注意掌握好手感力度，可将手指摊开，用拇指和小指夹住海绵，其余 3 个手指及手掌按住海绵均匀涂抹。
提示：一般要上多层蜡，推荐新车上蜡 1 层或 2 层，旧车上蜡 3 层或 4 层。
拓展：机械上蜡时将车蜡涂在打蜡机海绵上，具体涂抹过程与人工涂抹相似。值得注意的是，在边、角、棱处的涂抹应避免超出漆面，而在这方面人工涂抹更容易把握。</td></tr>
</table>

图片示例	步　骤
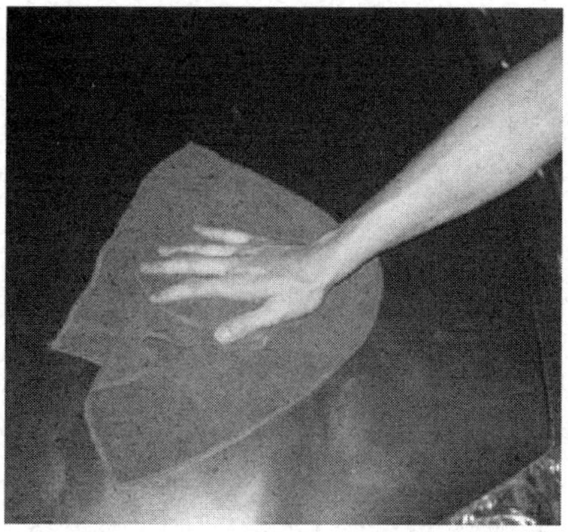	第四步：抛光。根据不同车蜡的说明，一般涂抹 5～10 min 后，即可用手工抛光或用抛光机进行抛光。抛光时遵循先上蜡后抛光的原则，确保抛光后的车身表面不受污染。抛光作业通常使用无纺布毛巾往复直线运动，适当用力按压，以清除剩余车蜡。 手工抛光时应正确把握抛光时机，用手背感觉车蜡的干燥程度，以刚刚干燥且不黏手为宜。 用抛光机进行抛光时，应等车蜡完全干燥后才能进行，抛光机转速应设置较低，一般应控制在 1 000 r/min 以下。
	第五步：检查整理。抛光后要对整个车身的护理质量进行检查，特别是较为显眼的地方。若发现上蜡不均匀，产生无序的反光现象，则可用干净的无纺棉布轻轻擦拭，也可用抛光机进行重新抛光，直到光线的反射面一致。此外，必须清除厂牌、车标内空隙、油箱盖口周围、纤细的边缘或转角部分、车门车窗密封橡胶的边条缝、车牌、车灯、车门边等处残存的车蜡。

打蜡的注意事项。

汽车打蜡质量的好坏，不仅与车蜡的品质有关，还与打蜡作业方法密切相关，要做到正确打蜡，在操作时应注意以下几点。

① 新车不要随便打蜡。有人购回新车后便给汽车打蜡，这是不可取的。因为新车本身的漆层上已有一层保护蜡，过早打蜡反而会把新车表面的原装蜡除掉，造成浪费。一般新车购回 5 个月内不必急于打蜡。

② 要掌握好打蜡的频率。由于汽车行驶的环境、停放场所不同，打蜡的时间间隔也应有所不同。多停放于车库、多在良好道路上行驶的汽车，每 3～4 个月打一次蜡；露天停放的汽车，由于风吹雨淋，最好每 2～3 个月打一次蜡（当然，这并非硬性规定）。一般用手触摸车身感觉不光滑时，就可再次打蜡。

③ 打蜡前最好使用洗车水清洗车身的泥土和灰尘，最好不要使用洗洁精和肥皂水清洗车身，因其中含有的氯化钠成分会侵蚀车身漆层、蜡膜和橡胶件，使车漆失去光泽、橡胶件老化。如果没有专用的洗车水，那么可用清水清洗汽车，将车体擦干后再上蜡。

图片示例	步　　骤
④ 应在阴凉处给汽车打蜡，保证车体不发热。因为随着温度的升高，车蜡的附着性变差，会影响打蜡质量。 ⑤ 上蜡时，应用海绵块涂上适量车蜡，在车体上直线往复涂抹，不可把蜡液倒在车上乱涂或做圆圈式涂抹；一次作业要连续完成，不可涂涂停停。 ⑥ 车身打蜡后，在车灯、车牌、车门和后备箱等处的缝隙中会残留一些车蜡，使车身显得不美观。这些地方的蜡垢若不及时擦干净，还可能产生锈蚀。因此，打完蜡后一定要将蜡垢彻底清除，这样才能达到完美的打蜡效果。	

四、任务评价

新车开蜡与汽车漆面打蜡美容护理任务评价表见表 2-1-1。

表 2-1-1　新车开蜡与汽车漆面打蜡美容护理任务评价表

任务名称				
评价方式	自评□　　互评□　　师评□			
项　　目	分值	评分标准	分值	得分
工作态度纪律素养	35	工作态度积极	10	
		遵守课堂纪律	5	
		操作现场按照“5S”管理标准进行整理	10	
		安全操作，无工具设备损坏	10	
团队合作	15	分工明确，人人有任务	7	
		团队合作意识强，工作量分配均匀	8	
任务实施完成情况	50	美容护理用品选用正确	10	
		美容护理工具选用正确	10	
		任务实施操作流程正确	15	
		任务完成达到预期效果	15	
合计				

五、知识与能力拓展

1. 新车开蜡误区

误区 1：有人图省钱，直接用新车原始蜡对漆面进行研磨和抛光。实际上，该蜡早已被污染、变质，无任何利用价值，更何况又沾满了灰尘和沙粒，如用之来研磨，会严重破坏漆面。

误区 2：有人认为新车的蜡层厚，除蜡可以马虎点，所以用海绵、毛巾或纸巾去擦拭。其实，蜡层内含有大量的灰尘和沙粒，直接擦拭的结果是给新车的漆面带来累累伤痕。

误区 3：有人图方便，用汽油、煤油或柴油进行溶解除蜡，其结果是达到了除蜡的目的，但漆面的光泽度被完全破坏了，加大了后处理的难度，得不偿失。

2. 车蜡的作用

车蜡的主要成分是聚乙烯乳液或硅酮类高分子化合物，并含有油脂和其他添加成分，这些物质涂覆在车身表面具有以下作用。

（1）抗高温作用。

车蜡的抗高温作用是指对来自不同方向的入射光产生有效反射，防止入射光线穿透面漆导致底色漆老化变色，从而延长汽车漆面的使用寿命。

（2）美观作用。

汽车漆面等同于汽车的外衣。一辆车看上去是新是旧、美观与否，在很大程度上取决于它的车漆，因此对车漆的护理十分重要。车蜡是保护车漆和美化车漆的专用品。经过打蜡，可以改善车身表面的光亮程度，为之增添亮丽的光彩。

（3）防水作用。

汽车经常暴露在空气中，免不了受风吹雨淋，若有水滴存留在车身表面，当天气转晴，在强烈阳光照射下，每个小水滴就是一个凸透镜，在它的聚焦作用下，焦点处温度可达 800～1 000℃，会造成漆面暗斑，极大地影响漆面的质量及使用寿命。另外，水滴易使暴露在外的金属表面产生锈蚀。高档车蜡可使水滴附着减少 90%以上，这样可大大降低车身遭受侵蚀的可能性，最大限度地保护漆面。

（4）防紫外线作用。

车蜡的防紫外线作用与它的抗高温作用是并行的，日光中的紫外线较易于折射进入漆面，防紫外线车蜡充分地考虑了紫外线的特性，使其对车身表面的侵害得以最大限度地降低。

（5）研磨抛光作用。

当漆面出现浅划痕时，可使用研磨抛光车蜡。如果划痕不严重，那么抛光和打蜡作业可一次完成。

（6）防静电作用。

通过打蜡形成蜡膜，隔断空气、尘埃对汽车漆面的摩擦，不仅可有效防止车身表面静电的产生，还可大大降低带电尘埃对车身表面的附着。

（7）上光作用。

上光是车蜡的最基本作用之一，经过打蜡的汽车漆面的光洁程度能得到不同程度的改善，使车身恢复亮丽本色。

3. 车蜡的分类

由于车蜡中含有的添加成分不同，使其在物理形态上有所区别，因而可按不同的标准进行以下分类。

（1）按物理状态不同分类。

车蜡按其物理状态不同可分为固体蜡、半固态蜡、液体蜡和喷雾蜡四种。

车蜡的黏度越大，光泽越艳丽，持久性越强，但去污性越弱，打蜡操作越费力。相反，黏度越小的车蜡越便于使用，但持久性越弱。

（2）按装饰效果不同分类。

车蜡按其装饰效果不同可分为无色上光蜡和有色上光蜡。无色上光蜡以增光为主，有色上光蜡以增艳为主。

（3）按生产国别不同分类。

车蜡按其生产国别不同大体分为国产车蜡和进口车蜡。目前，国产车蜡基本上都是低档车蜡，高档车蜡绝大部分为进口车蜡。常见进口车蜡多来自美国、英国、日本、荷兰等国。

（4）按功能不同分类。

车蜡按其功能不同可分为上光蜡和研磨蜡两种。上光蜡的主要添加成分为蜂蜡、松节油等，其颜色多为白色或乳白色，主要用于汽车漆面的上光保护。研磨蜡的主要添加成分为地蜡、硅藻土、氧化铝、矿物油及乳化剂等，其颜色有浅灰色、灰色、乳黄色等多种，主要用于汽车漆面浅划痕处理及漆膜的磨平作业，以清除浅划痕、桶纹及填平细小针孔等。

（5）按作用性能和制造工艺分类。

车蜡按其作用性能和制造工艺可细分为一般保护蜡和高级美容蜡。一般保护蜡由蜡、硅、油脂等成分混合而成，属于油性物质，它可在漆面形成一层油膜而散发光泽。但由于油膜与漆面的结合力差，保护时间较短，所以这种蜡常常因下雨或冲洗等因素而流失，有时甚至附着在风挡玻璃上，从而形成油垢。另外，存留在车蜡上的水滴一般呈半球状，会产生透镜作用，能聚焦太阳光以致烧伤漆面。

高级美容蜡含有特殊材料成分，不论用水冲洗多少次，一般都不会流失，也不用担心在较短时间内失去光泽；处理后的车蜡表面水滴呈扁平状，透镜作用不明显，能有效地保护汽车漆面。高级美容蜡外观效果非常好，但价格偏高，特别是水晶蜡、钻石蜡等。因为这类车蜡除了具有一般保护蜡的功能，它还含有一种活性非常强的渗透剂，能使车蜡迅速渗透于漆层内。其特殊的分子结构，使其可以和漆面之间产生牢固的结合力，使上蜡后的漆面看起来浑然一体，效果颇佳。另外，高级美容蜡一般要经过多道复杂的前处理工序，即使是新车上水晶蜡，也要经过清洗、风干、蓝黏土处理等多道工序，所以技术含量高，效果一流，持久耐用。

（6）按作用不同分类。

车蜡按其作用不同可分为防水蜡、防高温蜡、防静电蜡和防紫外线蜡等。

4. 车蜡的选择原则

由于各种车蜡的性能不同，其作用与效果也不一样，所以在选用时必须慎重，选择不当不仅不能保护车体，反而会使车漆变色。一般情况下，应根据车蜡的作用特点、汽车的新旧程度、车漆颜色及行驶环境综合考虑。

（1）根据车蜡的作用选择。

由于汽车的运行环境不同，在选择车蜡时对车漆的保护应该有所侧重。例如，沿海地区宜选用防盐雾功能较强的车蜡，化学工业区宜选用防酸雨功能较强的车蜡，多雨地区宜选用防水性能优良的车蜡，光照好的地区宜选用防紫外线、抗高温性能优良的车蜡。

（2）根据漆面的质量选择。

中高档车的漆面质量较好，宜选用高档车蜡；普通汽车或其他汽车，可选用一般车蜡。

（3）根据漆面的新旧程度选择。

新车或新喷漆的汽车宜选用上光蜡，以保持车身的光泽和颜色；旧车或漆面有漫射光痕的汽车宜选用研磨蜡，对其进行抛光处理后，再用上光蜡上光。

（4） 根据季节的不同选择。

夏季一般光照较强，宜选用防高温、防紫外线能力强的车蜡。

（5）根据汽车的行驶环境选择。

如果汽车经常行驶在泥泞、尘土、砾石等恶劣道路环境中，那么宜选用保护功能较强的硅酮树脂蜡。

（6）选用车蜡时还必须考虑与车漆颜色相适应。

一般深色车漆的汽车宜选用黑色、红色、绿色系列车蜡，浅色车漆的汽车宜选用银色、白色、珍珠色系列车蜡。

任务二 汽车漆面研磨与抛光美容护理

知识目标

- 了解汽车漆面研磨、抛光的意义

技能目标

- 掌握汽车漆面研磨、抛光的手法
- 能正确、规范操作抛光机

情感目标

- 在汽车漆面研磨、抛光操作中体验工作的规范性

一、任务分析

汽车漆面因长期与空气、酸雨等直接接触而受到侵蚀。如果汽车长时间停在室外，这种侵蚀将更加严重。侵蚀具体表现为汽车漆面产生交通膜与静电层，如果不及时将其去除，势必使汽车漆面的油分过度损失，漆面亮度和光泽大大降低，从而产生漆面发白现象。使用电

动高速抛光机并配用合适的研磨盘、抛光盘对汽车漆面进行抛光护理，可以达到消除交通膜与静电层的目的。

机械抛光常用工具及美容用品有研磨抛光机、抛光盘、抛光剂、喷水壶、纯棉毛巾等。

二、知识准备

图片示例	解释说明
1．常用工具及美容用品	
抛光机 	抛光机通过配合不同的抛光盘和研磨剂（抛光剂），进行汽车漆面的研磨、抛光、上光护理。
抛光盘 	目前，抛光机所用的抛光盘分为三种：羊毛盘、粗质海绵盘、柔软海绵盘。羊毛盘和粗质海绵盘用于漆面研磨抛光；柔软海绵盘用于漆面精细抛光，其抛光盘大多数做成凹凸有序的波浪形，有利于形成光滑如镜的漆面效果。抛光作业时切记区分使用。
抛光剂 	抛光剂用于漆面瑕疵重研磨处理，能去除漆面细尘粒、鱼眼、轻微白化、橘皮、柚纹肌、垂流、轻微针孔、砂纸痕、漆面失光、光泽减退、柏油污染、汽油痕迹、水斑点、酸雨滴点等，可使漆面光泽如新。
喷水壶 	在研磨和抛光作业时，使用喷水壶向研磨部位喷水，目的是降温、清洁及润滑。

<table>
<tr><th>图片示例</th><th>解释说明</th></tr>
<tr><td colspan="2">2．抛光机的正确使用方法</td></tr>
<tr><td></td><td>① 选择正确的抛光盘。
② 安装抛光盘。
③ 选择合适的抛光转速，通常选择 1 000～1 500 r/min。
④ 抛光机开机或关机时绝不能接触工作表面。</td></tr>
<tr><td>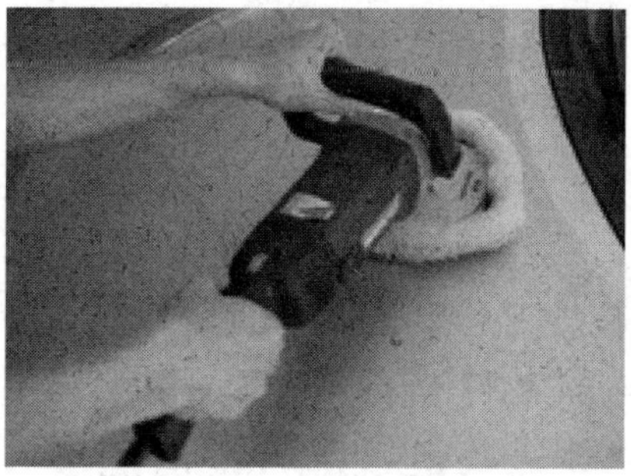</td><td>① 右手握住抛光机后把手，左手握住抛光机前把手，将抛光机平放在车体表面，转盘与作业面保持基本平行。
② 打开电源开关，抛光盘旋转，左手向下稍稍施力。
③ 前后左右小面积移动抛光机进行抛光处理。
④ 在抛光机完全停下前，不要放下抛光机。</td></tr>
<tr><td colspan="2">抛光的注意事项。
① 抛光剂不可涂在抛光盘上，应用小块毛巾均匀涂抹于漆面待处理部位。
② 抛光剂涂抹面积要适当，既要便于抛光操作，又要避免未及时抛光出现干燥现象。
③ 抛光时要掌握好轻重缓急，棱角边处、漆面不平的地方用力要重而缓慢，来回抛光速度要快。
④ 对于边、角、棱、突起部分，以及漆膜有可能被磨穿的部位，应事先用美纹纸（纸胶带）贴好，待机械抛光完，去除胶带，再手工进行局部抛光。
⑤ 抛光时应及时洒水，最好呈雾状喷洒，防止因水流过大而冲掉抛光剂。
⑥ 抛光中严禁长时间在某一处原地研磨，以免抛露面漆。
⑦ 抛光过程中应及时清理研磨盘上的氧化层污垢及研磨剂等物，避免固化难处理及再抛光时划伤车漆。
⑧ 抛光作业可以手工完成，在手工抛光时应注意抛光运动路线，不可刮擦或做环形运动，应该以车身纵向平行线为准往复运动。
⑨ 应时刻注意研磨机的电线，防止将电线卷入机器。</td></tr>
</table>

三、任务实施

汽车漆面抛光主要有三个步骤，即研磨、抛光、还原，具体流程是洗车→验车→用洗车泥去铁粉与杂质→遮蔽→研磨→抛光→还原→清洁→上镜面保护蜡→检验→交车。

<table>
<tr><th>图片示例</th><th>步　　骤</th></tr>
<tr><td colspan="2">汽车漆面抛光的具体流程</td></tr>
<tr><td>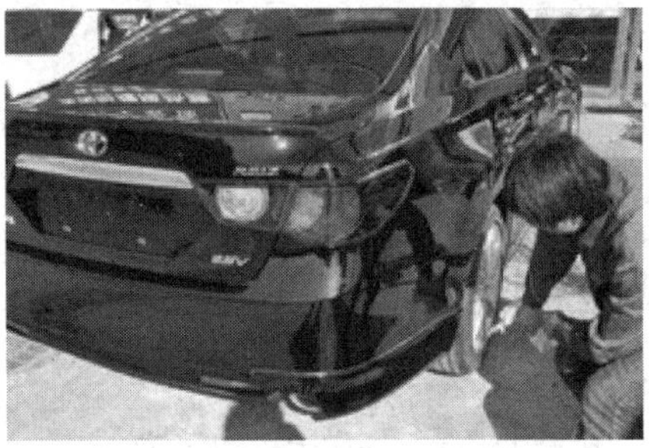</td><td>第一步：洗车、验车。使用中性洗车液，用质地柔软的海绵或毛巾擦洗，用较柔软的毛巾或精细麂皮（绒面革）擦干，最后用吹风枪将细小缝隙里残留的水分吹干。
检查漆面的氧化层及漆面的划痕状况。对于有瑕疵和损伤的状况应做好记录并及时向客户说明。
提示：不要在阳光直射的室外洗车，擦拭的速度要快。北方冬季洗车应安排在室内进行，并安装空调。</td></tr>
<tr><td></td><td>第二步：用洗车泥去铁粉与杂质。汽车经彻底吹干后，用专用的洗车泥去除车漆毛细孔上附着的铁粉、沙粒、胶质、飞漆和化学尘埃。
工作时应一手拿喷壶喷洒调配好的清洗液（起到润滑作用，以免操作不当产生新的划痕），一手平顺地走直线来回搓擦漆面。
提示：擦洗时应及时把洗车泥上粘上的杂质刮除，以免刮伤漆面。</td></tr>
<tr><td>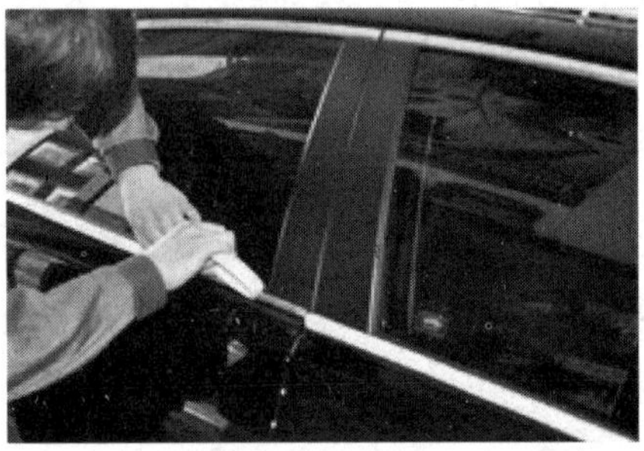</td><td>第三步：遮蔽。进入无尘施工车间后，用美纹纸（纸胶带）将车标、装饰条、门把手、倒车镜、玻璃胶条逐一封好，防止在施工过程中误伤以上部件，同时省去施工后清洁的麻烦。美纹纸压于漆面不能超过 1 mm。</td></tr>
<tr><td></td><td>第四步：研磨。研磨就是使用研磨剂来解决漆面氧化层、条纹、污染、褪色等影响漆面外观的深层问题。</td></tr>
</table>

图片示例	步　　骤
	第五步：抛光。抛光是研磨后的一道工序，与研磨的作用不同。抛光是研磨后进一步平整漆面，去除研磨残余条纹，抛光剂中的滋润成分渗入漆面，使漆面展现自身柔和的光泽。抛光剂也可以单独使用，去除轻微氧化和污垢。 抛光方法：将抛光机调整好转速，海绵轮用水充分润湿后，甩去多余的水分。先取少量抛光剂涂于漆面（每一小块做一次处理，不可大范围涂抹），从汽车顶篷开始抛光。抛光机的海绵轮与漆面保持相切，力度适中，速度保持一定。 抛光的推荐顺序是右前盖→右前叶→前保→左机盖→左前叶→左后视镜→左车顶→左侧门窗框→左前门→左后门→左后叶→后盖→后保→右后叶→右车顶→右后视镜→右侧门窗框→右后门→右前门。
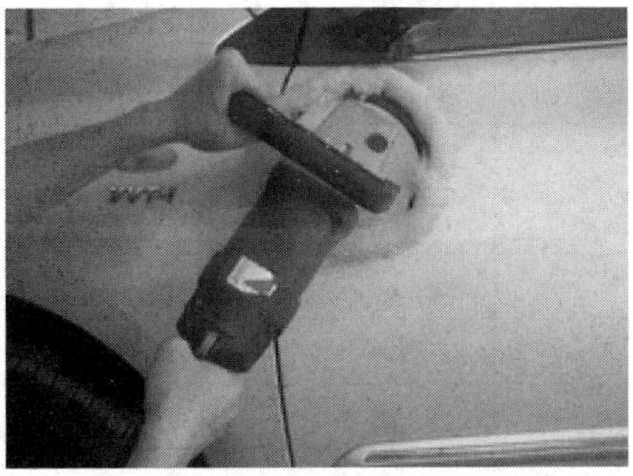 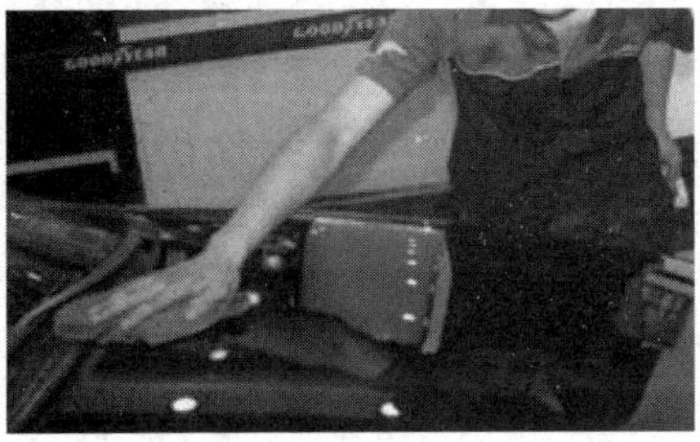	第六步：还原。当全车漆面处理完毕后，漆面会很平滑、光亮，但有时也还会有一些极其细小的划痕或光环，为了保持漆面的光滑和光亮，必须采取镜面釉还原处理。用抛光机配合波浪海绵加还原剂提光还原，转速控制在 1 000 r/min 左右。在操作时，要横竖交替进行，轻微用力，动作距离一般以 60～80 cm 为宜。 操作方法：使用时先用干净软布将抛光残留物清除干净，摇匀镜面釉，用软布或海绵将其涂在漆面上，停留 60 s 后手工或机器抛光。机器抛光时，保持机器转速在 1 000 r/min 以下，最后用干净软布擦去残留物。手工处理时，做直线抛光。 **提示：** ① 控制抛光机的转速，不可超过选定速度的范围。 ② 保持抛光方向的一致性，应有一定的次序。 ③ 更换抛光剂的同时换掉海绵轮，不可混用海绵轮。 ④ 严禁使用羊毛轮进行镜面釉处理。 第七步：清洁。清除美纹纸，并用专用毛巾进行全车彻底清洁。

图片示例	步　　骤
	第八步：上镜面保护蜡。抛光后并做过镜面釉处理的漆面必须上蜡层，这样才会更加充分地保护汽车。 第九步：检验、交车。 ① 漆面光亮均匀，手影清晰。 ② 触摸漆面，干燥光滑、手感细腻。 ③ 无尘无粉，边沿干净，饰条无损。 ④ 玻璃洁净透明，轮胎乌黑发亮。

四、任务评价

汽车漆面研磨与抛光美容护理任务评价表见表 2-2-1。

表 2-2-1　汽车漆面研磨与抛光美容护理任务评价表

任务名称				
评价方式	自评□　　互评□　　师评□			
项　　目	分值	评分标准	分值	得分
工作态度 纪律素养	35	工作态度积极	10	
		遵守课堂纪律	5	
		操作现场按照“5S”管理标准进行整理	10	
		安全操作，无工具设备损坏	10	
团队合作	15	分工明确，人人有任务	7	
		团队合作意识强，工作量分配均匀	8	
任务实施 完成情况	50	美容护理用品选用正确	10	
		美容护理工具选用正确	10	
		任务实施操作流程正确	15	
		任务完成达到预期效果	15	
合计				

五、知识与能力拓展

1. 不同氧化层的处理方法

不同氧化层的处理方法见表 2-2-2。

表 2-2-2　不同氧化层的处理方法

氧化层分类	处 理 方 法
轻度氧化层：汽车使用时间在 1 年以内 中度氧化层：汽车使用时间在1～2年	① 首先用洗车液清洁车体，无须擦干； ② 用湿润的抛光盘将抛光剂均匀涂抹于漆面； ③ 开机后轻下慢放于操作表面，转速为 1 800～2 200 r/min，抛光一遍，然后喷水再抛光一遍即可； ④ 中度抛光完用清水清洗漆面，清除残留的抛光剂； ⑤ 用抛光盘将镜面抛光剂均匀涂抹于漆面； ⑥ 开机后轻下慢放于操作表面，转速为 1 800～2 200 r/min，抛光一遍； ⑦ 最后用洗车液清洁车体，擦干后封釉或打蜡
深度氧化层：汽车使用时间在2～3年	① 首先将车漆表面清洁干净，无须擦干； ② 用湿润的研磨盘将深度（粗）研磨剂均匀涂抹于漆面； ③ 开机后轻下慢放于漆面，转速调为 1 000～1 400 r/min，研磨一遍，然后喷水再研磨一遍即可； ④ 深度研磨完后用清洁剂清洗漆面，清除残留的研磨剂； ⑤ 用湿润的抛光盘将抛光剂均匀涂抹于漆面； ⑥ 开机后轻下慢放于操作表面，转速为 1 800～2 200 r/min，抛光一遍，然后喷水再抛光一遍即可； ⑦ 中度抛光完用清水清洗漆面，清除残留的抛光剂； ⑧ 用抛光盘将镜面抛光剂均匀涂抹于漆面； ⑨ 开机后轻下慢放于操作表面，转速为 1 800～2 200 r/min，抛光一遍； ⑩ 最后用洗车液清洁车体，擦干后封釉或打蜡

2. 抛光的原理

漆面美容施工的第一步是将漆面整平，这样才能使漆面形成保护层，增加漆面亮度。用于研磨作业的研磨剂随着抛光机进行摩擦作业，由于摩擦起热，研磨剂中所含的溶剂成分减少，最后研磨剂变成干燥的粉状。研磨的初期，研磨剂起着润滑剂的作用，几乎没有研磨力，研磨剂薄薄地随着抛光机的转动向外涂抹，溶剂起到保护研磨粒子的作用，使研磨的时间比较长；之后，溶剂由于摩擦发热而蒸发，就不能保护研磨粒子了，失去保护的研磨粒子渐渐开始破碎，研磨力下降，但是光泽呈现出来了。如果用过大的力进行研磨就容易起热，研磨剂很快就会完全干燥，不仅使研磨剂失去作用，还因研磨剂颗粒而留下伤痕。抛光和研磨作业不是用力和快速进行的，而是为了有效地利用研磨剂的切削性。

3. 研磨剂与抛光剂

① 研磨剂：含有细小的颗粒，可以去除深度氧化层和轻微划痕及喷漆时出现的麻点和垂流。

② 还原抛光剂：比研磨剂的颗粒更细一些，能去除漆面的轻度划痕，所含的油分在漆面抛光时渗入漆内，补充油漆失去的油分，起到护理增亮的作用，也称中度抛光剂。

③ 快速抛光剂：比还原抛光剂更细一些，也称细度抛光剂，具有去除氧化层和上蜡双重功效，用于抛光的最后一道工序，可用手工来完成，弥补机器抛光不均产生的光环等现象，具有增艳效果，又称增艳剂。

4. 抛光操作的注意事项

（1）按动的压力。

以抛光机自身的重量为基础，不需要使用太大的压力。不要增加或减少压力，这样会导致因为压力不均匀而造成漆面的光圈或划痕不能完全清除。

（2）盘面与抛光的角度。

抛光时根据盘面的形状使用压力，避免在局部增加压力。过度抛光会造成研磨面不均匀、抛光分界线、抛光伤痕等，局部发热还会造成抛光烧结等。

（3）研磨范围。

一次研磨的范围不宜过大，通常以肩膀宽度为宜，小范围进行抛光操作。如果抛光操作时范围过宽，那么会因受力不均而造成抛光面不均匀。

（4）移动的速度。

抛光机应以合适的速度移动，如果抛光机的速度过快，那么就不能控制按动压力，还会使切削量达不到要求，造成漆面出现研磨不均匀的状况。

（5）重叠式移动抛光机。

移动抛光机时每次重叠盘面 1/4～1/3 的面积，而且以井字形，在纵、横方向移动。

5. 分辨哪些汽车漆面部位需要抛光的方法

（1）视觉分辨法。

用肉眼观看漆面，若可以看清自己的影像，则说明漆面的镜面效果良好，不必抛光；若看到自己的影像模糊一片，只能分辨出一个大概的轮廓，则说明汽车漆面需要抛光。若站在远离车身的位置，感觉车身很亮，而近在咫尺差别就十分明显，证明漆面有亮度但缺乏深度，则需要抛光。视觉分辨法适用于汽车漆面着色较深的汽车，如红色、黑色和深蓝色等。

（2）触觉分辨法。

对于汽车漆面着色较浅的汽车，可以采用触觉分辨法（如图 2-2-1 所示）。在手指上套上光滑的玻璃纸（如烟盒的玻璃膜），然后在漆面上轻轻滑过，若感到有明显的凹凸，说明漆面粗糙，则需要抛光。

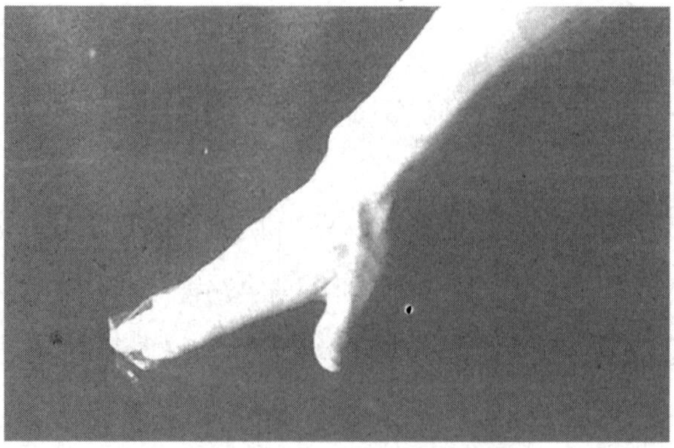

图 2-2-1　触觉分辨法

任务三 汽车漆面封釉与镀膜美容护理

知识目标

- 了解汽车漆面封釉、镀膜的意义

技能目标

- 能正确使用封釉机
- 能在教师的指导下完成小部分汽车漆面封釉、镀膜处理

情感目标

- 在汽车漆面封釉和镀膜过程中，体会相互协作的重要性

一、任务分析

新车投入使用后，会遇到来自各方面的侵害。紫外线、酸雨及各种酸性物质都会对漆面造成氧化腐蚀。汽车使用多年后，漆面容易变暗发灰，失去光泽。由于日光暴晒，天长日久，汽车也会出现俗称“鱼纹”的发丝状裂纹。另外，汽车被树枝、金属划伤留下的划痕也会严重损坏汽车形象。当汽车出现上述情况时，车主一般都会做全车抛光处理，但这并不能达到全车漆面焕然一新的效果。

随着汽车美容的发展，现在已经出现了封釉、镀膜等新型汽车美容技术。越来越多的车主开始接受汽车美容新理念，封釉、镀膜不仅可以使汽车焕然一新，还可以延长汽车的使用寿命。

二、知识准备

封釉就是用柔软的羊毛或海绵通过封釉机的高频振动和摩擦，利用釉特有的渗透性和黏附性，把釉分子强力渗透到车身表面油漆的缝隙中，使油漆也具备釉的特点，从而起到美观和保护车漆的作用。汽车经过封釉，漆面能够达到甚至超过原车漆效果，使旧车变新、新车更亮，同时具备抗高温、密封、抗氧化、增光、耐水洗、防酸雨、抗腐蚀等特点，为以后的汽车美容、烤漆、翻新打基础。

封釉设备有喷枪、封釉机、红外线烤灯、抛光机。

① 喷枪采用重力式或虹吸式喷枪，重力式喷枪具有节省材料的特点，所以作为首选。如果无条件，也可用虹吸式喷枪代替。喷枪的口径不应小于 2.0 mm，喷枪的质量直接影响喷涂效果，应采用高品质喷枪，主要喷涂漆面增艳的复原色蜡。

② 封釉机每分钟 7 000 次的高频振动可以在漆面形成高强度、高亮度、耐摩擦的网状保

护膜，并且可以让釉剂渗入漆面分子空隙里。

③ 红外线烤灯可以加快施工速度，穿透性的加热方法可以使漆面分子空隙扩张，更利于保护膜的渗透，增大保护膜的硬度、光亮度和附着力，延长保护膜的有效护理时间。

④ 通过抛光机在漆面上高速旋转产生的高温使专用药剂产生化学反应，可轻松去除漆面氧化层及浅划痕，达到彻底清洁车漆的目的，使保护膜更好地附着在车漆上，延长车漆的使用时间。

三、任务实施

图片示例	步　　骤
1．封釉施工工艺	
	第一步：清洗汽车。对车身表面进行彻底清洗，用脱蜡清洗液，擦去车漆表面的铁锈、飞漆、尘粒和残蜡等杂质，然后用清水冲洗干净
	第二步：黏土处理。长期积存的尘土、胶质、飞漆及静电污物等污垢单靠清洗是难以去除的，必须使用汽车美容专用去污黏土的打磨工序来完成清洗工作。
	第三步：遮蔽。清洗完毕擦干后，要用美纹纸将灯具、门饰条、橡胶条和门把手等部位遮蔽起来，防止抛光时使用的研磨剂溅到这些部位，难以清洗，影响美观。
	第四步：雾化。遮蔽完毕后，汽车要驶入专用美容操作间进行封釉。封釉前要进行漆面雾化，使用专用雾化喷壶加装降温纯净水，均匀地喷洒在漆面上为车体降温。否则在进行深度清理时，抛光机与车漆高速摩擦产生的热量会使漆面变软，造成所谓的漆面“皱斑”。

图片示例	步　　骤
	第五步：抛光处理。用较柔软的兔毛轮配用微晶研磨剂，去除汽车漆面附着的杂物和氧化层，将细微的伤痕拉平填满。
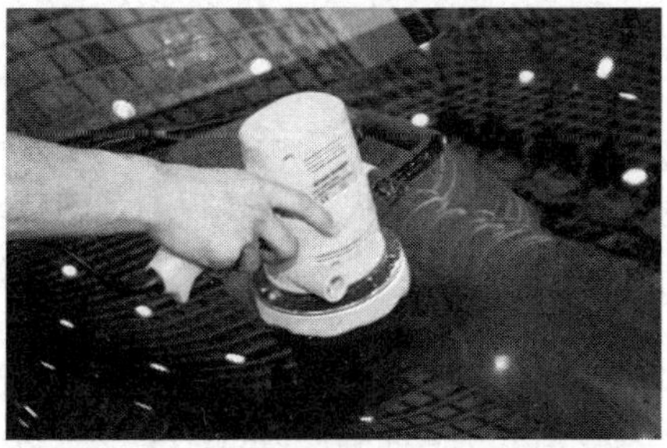	第六步：还原处理。使用静电抛光轮，配用增艳剂，在旋转的同时产生静电，将毛孔内的污物吸出。同时，增艳剂渗透到车漆内部，发生还原反应，可以达到车漆增艳如新的效果。抛磨的另外一个功效是可将车漆表面细小的划痕磨平。
	第七步：振动封釉。利用封釉机的快速旋转与振动，与漆面摩擦产生热量，使漆面产生一定程度的扩张，晶亮釉通过专用封釉机的振动挤压，进入漆孔内，形成经久耐用的牢固保护层，可大幅提高漆面防酸雨、抗氧化、防紫外线的能力。
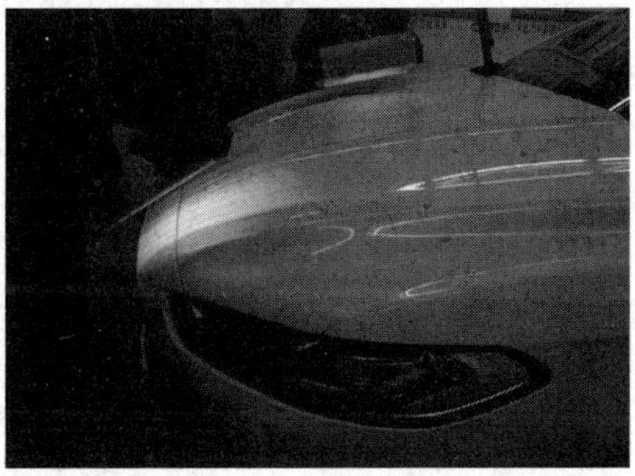	第八步：烘烤。上釉完毕将红外线烤灯打开，烘烤上完釉的漆面，使釉分子受热，更好地吸附渗透。
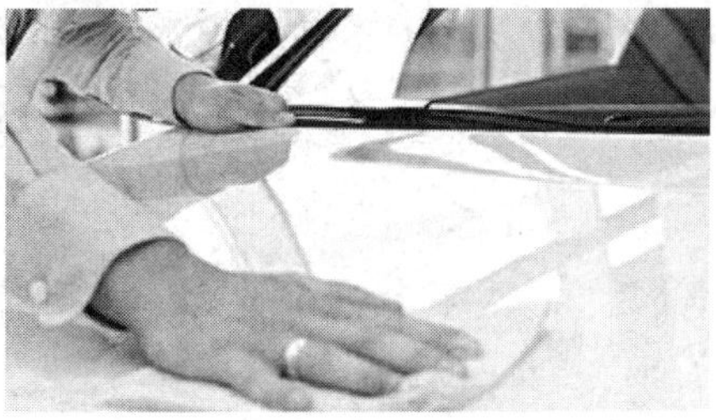	第九步：无尘打磨。用无尘纸和波浪棉轻抛漆面，即镜面处理，这样可以使漆面焕然一新、光亮照人。釉固化后，形成网状的牢固保护层，其内部富含抗紫外线成分，可以大大降低紫外线对车漆的损伤，并能防酸碱。

<table>
<tr><th>图片示例</th><th>步　　骤</th></tr>
<tr><td colspan="2">封釉的注意事项。
① 封釉后 8 h 内切记不要用水冲洗汽车，因为在这段时间内，釉层还未完全凝结并将继续渗透，冲洗将会冲掉未凝结的釉。
② 做完封釉美容后尽量避免洗车，因为釉层可防静电，一般灰尘用干净柔软的毛巾擦去即可。
③ 做了封釉美容后不要再打蜡，因为蜡层可能会黏附在釉层表面，再追加上釉时会因蜡层的隔离而影响封釉效果。
④ 由于釉的不同，再加上路况和环境的影响，一般是两个月到半年封一次釉效果最好。</td></tr>
<tr><td colspan="2">2. 纳米镀膜施工工艺</td></tr>
<tr><td></td><td>第一步：清洗车身。洗车可以把车身表面 85%以上的污垢和浮尘去除。在清洗时，按照从前到后、从上到下的顺序冲洗汽车，然后涂上中性洗车泡沫，用柔软的毛巾仔细擦拭车身，对汽车的前/后保险杠、装饰条以下部位、汽车轮廓等难以清洗到的地方要仔细清洗，发现车身上有沥青点和其他油污，可以喷洒柏油沥青清洁剂处理。清洗完汽车后，还要擦洗汽车，直到光亮无污垢，并冲洗干净。</td></tr>
<tr><td></td><td>第二步：黏土处理。黏土可以把车漆原来有氧化物的部位和吸附了铁粉的部位清理干净，并能淡化甚至消除洗车时留下的顽固污渍。这步工序对后面的漆面研磨很重要。处理时，要把黏土反复搓揉，放在掌心以水平的方向在漆面上来回移动。在移动时必须与清水配合，否则黏土会粘在漆面上。以 40 cm×40 cm 的范围进行操作，每做一块要检查漆面是否光滑、洁净。</td></tr>
<tr><td>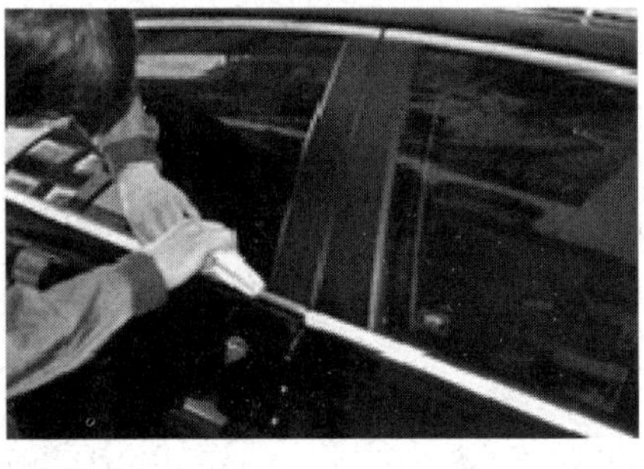</td><td>第三步：胶边保护。做全车抛光处理时可能损伤的塑料部件，如窗户的胶条、高于漆面的装饰条，以及金属字、车灯、漆面接缝处等部位应统统保护起来。这样可以有效地避免抛光机对上述部位的损坏和伤害。擦干车身水分后，要用风枪将全车边缝的水分吹干，再用洗车毛巾擦干。然后将美纹纸贴于易磨损的部位。美纹纸不能超出漆面太多，一般不能超出 0.5 mm，而且要粘牢和美观。</td></tr>
</table>

图片示例	步　　骤
	第四步：抛光处理。抛光的目的是去除漆面上的氧化层和划痕，并提高和恢复车漆原有的光泽度，使漆面达到如镜面般的效果。抛光一般分为粗研磨和精细研磨，有时还包括光泽复原。抛光时，抛光机先配合羊毛盘对漆面进行粗研磨。把粗研磨剂倒在车漆上，也是以 40 cm×40 cm 的范围进行操作。羊毛盘必须与漆面保持水平，抛光机要平稳、缓慢地在有效范围内移动，直到漆面达到镜面效果后才移动到下一个范围。在施工的过程中最好配合工作灯进行对照检查。粗研磨后接着做精细研磨处理。这时要把羊毛盘换下，换上专用的海绵盘，配合精细研磨剂按照和粗研磨一样的方法对车漆进行处理。最后用光泽复原剂来处理，方法同前面一样。
	第五步：清洗粉尘。抛光后，汽车边缝里、窗户上、漆面上有大量的研磨剂粉尘残留，所以必须清理干净。在清洗时先把全车冲洗一遍，用擦车毛巾蘸清水将边缝里、窗户上的粉尘轻轻地擦拭干净，但是不要擦拭漆面，最后要全部冲洗干净。
	第六步：脱脂处理。研磨剂中含有大量的石蜡成分。工作人员手上和水中含有油性物质，这些物质会影响玻璃纤维素在漆面的成形。为了使玻璃纤维素更好地与漆面结合，需要把车漆上的油脂成分脱除干净。首先要把汽车停放在无尘车间。擦干车身的水分后，要用风枪吹干边缝的水。清洗干净擦车毛巾并拧干，然后叠成块，把活性促进剂喷洒在毛巾表面，按水流的方向对漆面进行脱脂。在施工时要平稳，不要用很大的力，必须仔细，不能遗漏。每做一个范围需要改变毛巾的擦拭面，保持毛巾面的洁净。所有的毛巾面用完后就要将毛巾重新清洗干净，再做下一个范围。

<table>
<tr><th>图片示例</th><th>步　骤</th></tr>
<tr><td colspan="2">3. 电喷镀膜施工工艺</td></tr>
<tr><td></td><td>第一步：用洗车香波彻底清洁车身。微碱性的洗车香波可以轻易去除车身上长时间附着的污物。
第二步：用漆面修复剂和增艳剂对车身进行研磨和抛光，彻底清洁漆面，去除漆面氧化层，使保护膜能更好地附着在车漆上，延长保护膜的附着时间。</td></tr>
<tr><td>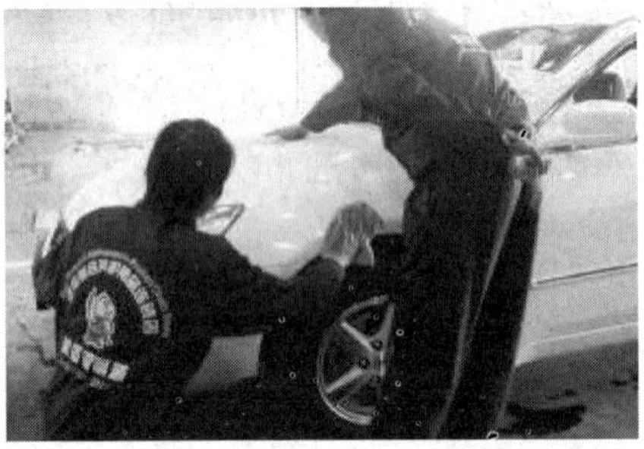</td><td>第三步：用洗车香波清洁车身，并保持车身干燥。
第四步：用无纺布蘸除油剂将全车擦拭一遍，待除油剂晾干后，用粘尘布轻抚一遍，粘掉表面灰尘。此工序可将研磨和抛光后留下的残污及研磨剂分解，用抗静电的粘尘布擦拭后可增强保护膜的附着力。切记要待除油剂晾干后再用粘尘布擦拭，否则除油剂会使粘尘布溶化成胶粘在车身表面上。</td></tr>
<tr><td></td><td>第五步：用报纸和胶带将车身不需要镀膜的地方全部遮盖。因镀膜需要喷涂含颜色的复原色蜡，若喷在不需要镀膜的地方，干后容易染色，难以去除，故必须加以保护。</td></tr>
<tr><td>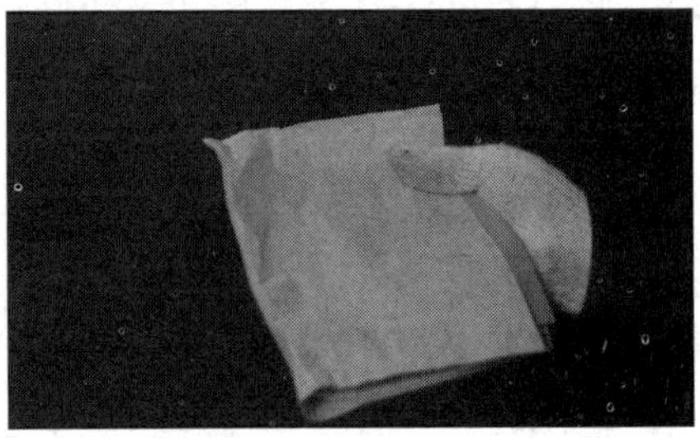</td><td>第六步：用无纺布蘸除油剂将全车再擦拭一遍，然后用粘尘布擦拭灰尘。因为在操作过程中不可避免地会接触到漆面，所以应重复第四步的清洁工作。
电喷镀膜比一般的打蜡、封釉保护时间更长，基本上可以达到两年的保护期。为延长镀膜的保护期，工艺要求在第 7 个月和第 14 个月分别做一次增亮处理，并要求在以后的洗车中使用清洗上光蜡进行清洗。因为一般的洗车产品会对保护膜有所伤害，破坏保护膜的结构，导致保护膜过早脱落。</td></tr>
</table>

图片示例	步　　骤
	第七步：将与车身颜色相近的复原色蜡装入喷枪，均匀地喷涂一遍。用喷枪喷涂，必须均匀，若喷涂厚薄不一，会导致干涸速度不同，影响施工进度及镀膜质量。喷枪使用完毕后必须用汽油清洗干净，待下次再用。严禁在复原色蜡内兑入任何添加剂，以免改变保护膜的分子结构，破坏保护膜的护理效果。
	第八步：用红外线烤灯，将复原色蜡烤干。用红外线烤灯烘烤可以使漆膜分子扩张，有利于保护膜的渗透。用红外线烤灯烘烤可以使保护膜更坚硬，并且可以加快施工速度。
	第九步：先用纳米毛巾或无纺布擦拭干净，保护膜干后发白，再用专用的纳米毛巾或无纺布擦拭干净，否则会影响下一步工序的效果。
	第十步：用封釉机封上密封剂（钻石镜面釉），用红外线烤灯烘烤，釉面干后用纳米毛巾或无纺布擦拭干净。用封釉机将密封剂填入漆面后，经红外线烤灯烘烤可形成玻璃般的保护膜，延长保护膜的使用寿命。切记烘烤时间不能过长，因为密封剂干后异常坚硬，难以擦拭。
	第十一步：收尾工作及外饰美容。施工完毕应检查施工质量，做到尽善尽美，然后对保护起来的部位进行上光护理，如用专用产品对玻璃、车灯、保险杠、装饰条、轮胎、轮辋等部位进行处理，达到整体的美容效果。

四、任务评价

汽车漆面封釉与镀膜美容护理任务评价表见表 2-3-1。

表 2-3-1　汽车漆面封釉与镀膜美容护理任务评价表

任务名称				
评价方式	自评□　　互评□　　师评□			
项　目	分值	评分标准	分值	得分
工作态度纪律素养	35	工作态度积极	10	
		遵守课堂纪律	5	
		操作现场按照“5S”管理标准进行整理	10	
		安全操作，无工具设备损坏	10	
团队合作	15	分工明确，人人有任务	7	
		团队合作意识强，工作量分配均匀	8	
任务实施完成情况	50	美容护理用品选用正确	10	
		美容护理工具选用正确	10	
		任务实施操作流程正确	15	
		任务完成达到预期效果	15	
合计				

五、知识与能力拓展

1. 漆面镀膜

简单地说，漆面镀膜，就是在车漆表面镀一层保护膜，使漆面在物理上得到一层隐形防护罩，从而达到保护漆面的目的。车漆的主要成分是树脂，分子间隙比较大，镀膜后膜液中的硅素、二氧化硅、纳米无机硅等小分子元素可以充分渗透到车漆分子间隙里和微孔中，在其表面形成一层类似于手机屏幕保护膜的透明结晶膜层，大大提高车漆表面的硬度和抗划痕能力，对车漆起到长期封闭保护作用，保持车漆长久光亮如新。

镀膜有如下作用。

（1）提高硬度。

纳米粒子的直径仅有头发丝直径的十万分之一，硬度可高达 2～3 HB，能使烤漆硬度提高 3 倍，耐磨性提高 1 倍。

（2）防水作用。

汽车经常暴露在空气中，免不了受风吹雨淋，如果有水滴存留在车身表面，在天气转晴、强烈阳光照射下，每个小水滴就是一个凸透镜，在它的聚焦作用下，焦点处温度可达 800～1 000℃，会造成漆面暗斑，极大地影响漆面的质量及使用寿命。另外，水滴易使暴露在外的金属表面产生锈蚀。

高档镀膜产品可使水滴附着减少 90%以上，这样就能大大降低车身遭受侵蚀的可能性，最大限度地保护漆面，增加车漆的硬度，使车漆少受伤害。

（3）抗高温作用。

镀膜的抗高温作用的原理是对来自不同方向的入射光产生有效反射，防止入射光使漆面或底色漆老化变色。

（4）防静电作用。

汽车静电主要有两个来源，一方面是纤维织物（如地毯、座椅、衣物等）的摩擦产生的；另一方面是汽车行驶过程中，空气中的尘埃与车身金属表面相互摩擦产生的。无论是哪种原因产生的静电，都会给驾乘人员带来诸多不便，甚至造成伤害。镀膜的防静电作用主要体现在车身表面静电防止上，其作用原理是阻挡尘埃与车身表面金属之间的摩擦。

（5）防紫外线作用。

镀膜的防紫外线作用与它的抗高温作用是并行的，日光中的紫外线较易于折射进入漆面，镀膜充分考虑了紫外线的特性，使其对车身表面的侵害得以最大限度地降低。

（6）泼水效果和上光作用。

泼水效果和上光作用是镀膜的最基本作用，经过镀膜的汽车，其表面的光亮程度都能得到改善，使全车身恢复亮丽本色，达到下雨时雨水不沾车漆的效果。

2. 漆面镀晶

漆面镀晶为车漆提供了可靠的漆面密封技术，可高效持久地保护车漆，防止环境对车漆的颜色带来影响。镀晶产品由一种结构紧密、性能稳定的高分子无机物组成，不会在温度剧烈变化的情况下发生物质的变化，使用后能迅速形成光滑透亮且持久坚硬的保护层，同时具备以下特性。

（1）镀晶产品能成功应用于任何颜色的漆面，在车漆表面形成 2 μm 左右的膜层，对车漆没有任何腐蚀作用。

（2）镀晶产品实现了硬度和柔韧度的完美结合，在提高漆面硬度和光泽度的同时，可有效提高汽车漆面耐酸、耐碱、耐盐、耐磨损、耐高温、耐腐蚀及抗紫外线等的综合能力，提升汽车保值能力。

（3）镀晶产品具有一定的防划防刮性，可以抵抗细微的刮划，有效地减少车漆受刮划损伤。

3. 汽车漆面打蜡、镀膜、封釉、镀晶之间的区别

（1）打蜡就是在车身表面涂上一层保护蜡，将蜡抛出光泽，是传统的第一代漆面美容方案。车蜡的主要成分来自石油，车蜡可将车漆与有害气体、有害灰尘有效隔离，防止静电，以免尘埃沾在车漆上，提高漆面亮度。打蜡的优点是价格较低，施工简单。

（2）封釉是第二代漆面美容项目，车釉的主要成分也来自石油，是亚纳米级漆面保养产品，分子结构一般小于气孔，很容易填充并渗透到车漆内表面。封釉就是通过专用的振动抛光机，把釉压入车漆内部，形成一层网状保护膜。它能够提高漆面硬度，增强漆面耐高温能

力、耐酸雨能力及抗紫外线能力。

（3）镀膜是第三代漆面美容工艺核心技术，使用了玻璃纤维素、硅素聚合物、氟素聚合物和高纯水等非石油环保材料，与车漆的结合更紧密持久，持续时间大约半年。镀膜就是在传统抛光工艺的基础上，使用喷枪将镀膜聚合物均匀地喷涂在汽车车漆上，在漆面形成一层保护膜。品质好的镀膜产品，可以显著提高漆面的光泽度，改善漆面的持久和抗衰老性能。

（4）镀晶是在车身表面形成多种强大保护晶体和紫外线过滤层，可以提高漆面亮度和硬度，防划痕、防紫外线和防腐蚀，完全隔绝灰尘、油污、霉菌、水分子等微粒子，具有抗紫外线、抗氧化、抗摩擦的作用，能使漆面长期保持其原有光亮艳丽的色泽。镀晶产品由一种结构紧密、性能稳定的高分子无机物组成，不会在温度剧烈变化的情况下发生物质的变化，是目前世界领先的汽车漆面养护技术。

任务四　汽车漆面划痕美容护理

知识目标

- 能区分汽车漆面划痕的种类

技能目标

- 通过学习可以独立完成中度以下划痕的修复
- 在教师的指导下可以完成深度划痕的处理

情感目标

- 在漆面划痕的修复过程中，初步养成爱劳动的习惯

一、任务分析

汽车在使用过程中不小心划伤或被人恶意破坏漆面是常有的事，有些伤及面漆层，甚至金属层，称之为深划痕，需要及时修补；而有些仅伤及透明漆，称之为浅划痕，可以结合漆面美容进行处理。

现代汽车漆面一般涂装 4～5 层，有的涂装 7～8 层，每个涂层均有不同的作用，这些基本涂层如下。

第一层是基涂层，用于防止镀锌钢板生锈，一般用电泳漆。

第二层是防石击层，用于防止飞石把漆面打漏。

第三层是中涂层。

第四层是色漆层。

第五层是清漆层，用于保护色漆层。

二、知识准备

汽车漆面划痕分为以下 5 种。

① 发丝划痕：洗车、擦车或轻微摩擦产生的细划痕，未穿透透明漆，一般用手感觉不出凹痕处。

② 微度划痕：比发丝划痕要深，但未穿透色漆层。

③ 中度划痕：可见底漆，但未划破底漆层。

④ 深度划痕：可见电解漆，但未见金属。

⑤ 创伤划痕：指金属受到严重伤害的划痕。

不同的划痕创伤有不同的处理方法，应掌握各自的特点，采取相应的护理措施。

三、任务实施

图片示例	步　　骤
1．发丝划痕的处理	
	第一步：用超能开蜡剂配制成的洗车液将汽车漆面洗净、晾干。
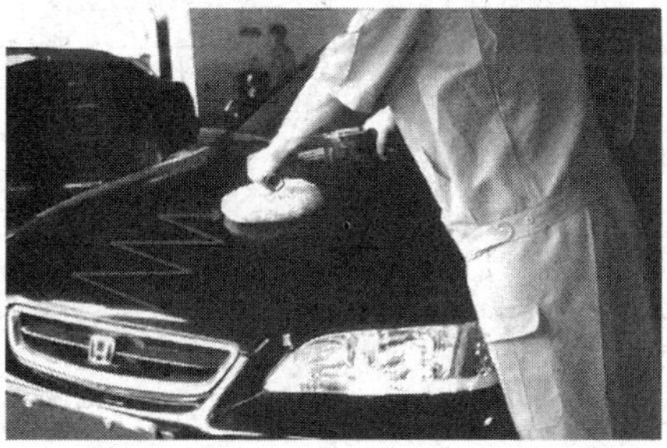	第二步：电动高速抛光机配用海绵材质抛光盘或纯羊毛抛光盘，使用 1 200～1 500 r/min 的转速抛光。 第三步：将高级镜面抛光剂以画圈的方式倒在抛光盘上，以慢速或中速按，与划痕垂直的方向左右移动并逐渐向前推进。 每次工作面积为 0.5 m^2，研磨、抛光一遍后若无效果，可进行第二遍或第三遍，直至抛光剂呈干粉末状。
	第四步：研磨后将汽车漆面的研磨剂洗掉、擦净、晾干。 第五步：使用万能还原抛光剂或魔彩抛光剂做最后抛光，方法同第三步。 第六步：使用防静电海绵清理掉所有残留物（不要用水冲洗）。 第七步：涂上保护性超豪华纯釉。

<table>
<tr><th>图片示例</th><th>步　骤</th></tr>
<tr><td>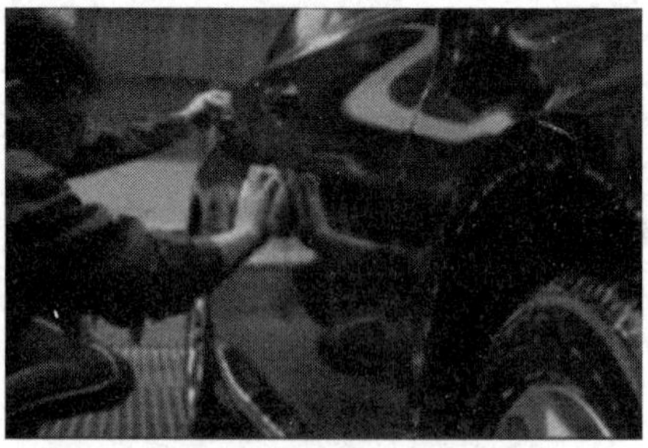</td><td>第八步：打蜡和抛光。
第九步：用强灯微烤后再抛光一次，效果更佳。</td></tr>
<tr><td colspan="2">2．微度划痕的处理</td></tr>
<tr><td colspan="2">（1）研磨法。</td></tr>
<tr><td>
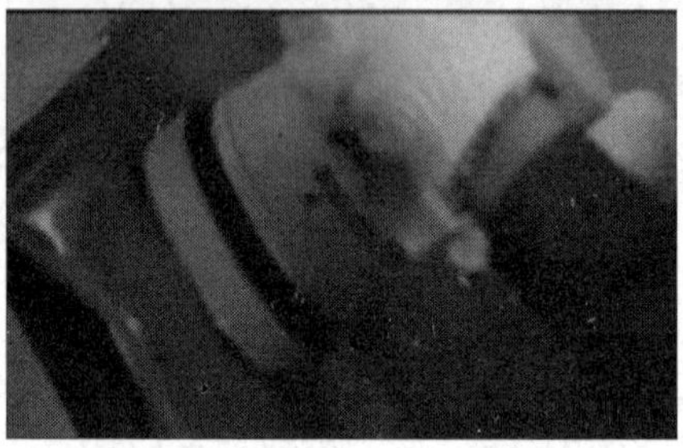</td><td>第一步：用超能开蜡剂配制成的洗车液去除车身污垢、残蜡。
第二步：电动高速抛光机配用海绵材质抛光盘，使用 1 200 r/min 的转速抛光。
第三步：使用透明漆微切研磨剂或普通漆微切研磨剂，以 1 200 r/min 的转速打磨 1～2 遍，或使用 15 000#～2 000#砂纸进行人工水磨，直到划痕消失为止。
第四步：重复一遍发丝划痕处理的所有步骤。</td></tr>
<tr><td colspan="2">（2）喷涂法。</td></tr>
<tr><td></td><td>第一步：用超能开蜡剂配制成的洗车液去除划痕处与周围的污垢、残蜡（务必彻底除蜡）。</td></tr>
<tr><td></td><td>第二步：抄下车身漆号，以燃油箱盖的漆色作为对照色，采用电子配漆或相应的小瓶装划痕漆，一般是 30 ml 左右。</td></tr>
</table>

<table>
<tr><th>图片示例</th><th>步　骤</th></tr>
<tr><td>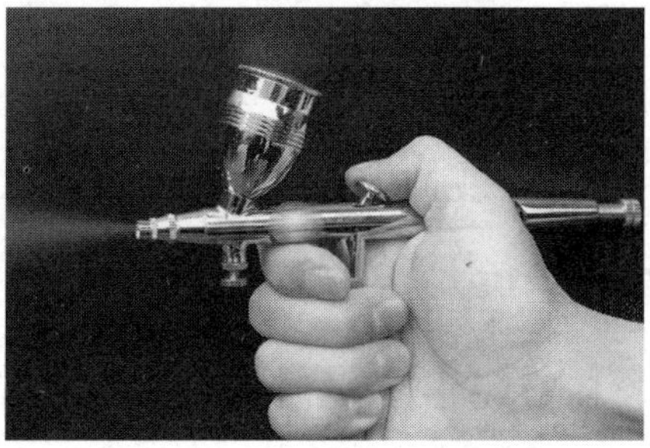</td><td>第三步：将配制好的漆倒入微型喷枪。
第四步：先用喷枪在试纸上试喷，直到喷射均匀为止，其标准是试纸上的面漆以同样的漆量与速度下流并终止。</td></tr>
<tr><td>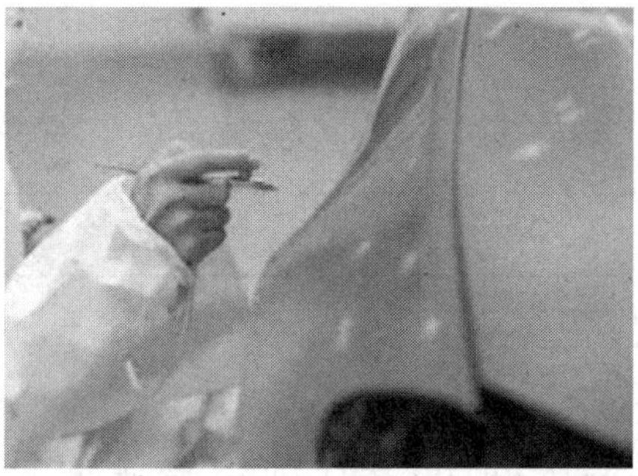</td><td>第五步：把喷枪口置于距划痕约 50 mm 处，以常速沿划痕做覆盖式喷涂。通常是盖两层，隔 2～3 min 覆盖一遍，直到把划痕全部覆盖住为止，注意不宜过厚。
第六步：将溅在划痕周围的漆，用蘸过稀料的布或液体砂纸擦掉。
第七步：如果车身是透明漆的，在完成“发丝划痕的处理”中的第五步后，应将喷枪的漆瓶换上透明漆，至少喷覆两层。
第八步：清理、保存好喷枪。
第九步：晴天情况下自然干燥约需 8～10 h，灯烤干燥约需 40 min。
第十步：用普通漆微切研磨剂或 2 000#～2 500#砂纸将新喷的漆面磨平。
第十一步：最后重复一遍发丝划痕处理的所有步骤。</td></tr>
<tr><td colspan="2">3．中度划痕的处理</td></tr>
<tr><td></td><td>第一步：用超能开蜡剂配制成的洗车液去除划痕处的污垢、残蜡（务必彻底除蜡）。</td></tr>
<tr><td>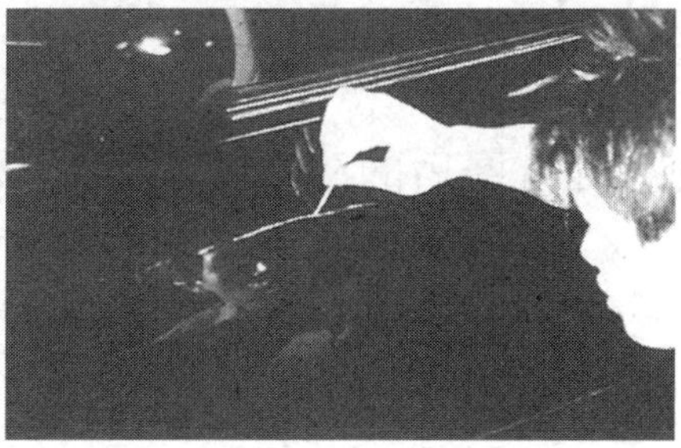</td><td>第二步：划痕最深的部分，若不好去除脏污、灰尘，可用牙签细端将其剔除。</td></tr>
</table>

图片示例	步　　骤
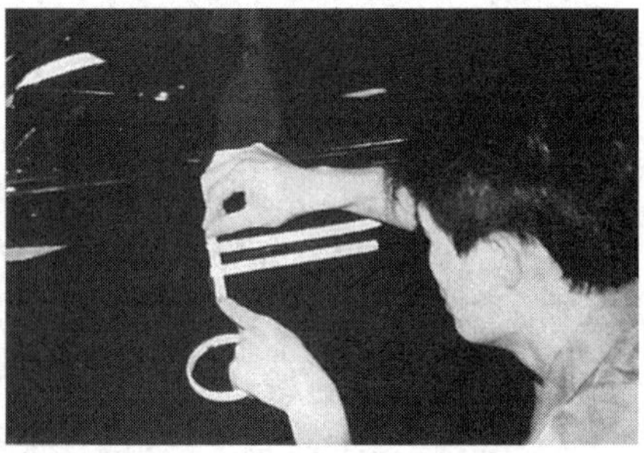	第三步：仔细地将美纹纸贴在划痕周围，目的是防止误将无关的部分涂上或喷上油漆。
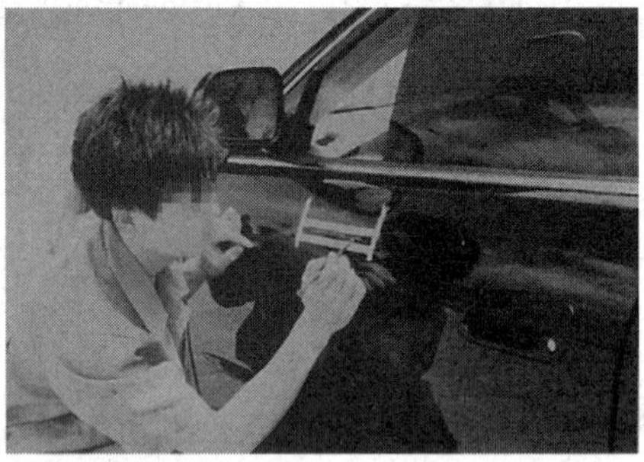	第四步：整理好毛笔尖，涂上相同车身漆号的底漆（或用喷罐喷涂）。隔 2～3 min 涂覆一遍，至少覆盖 3 层，可让漆面稍微突出一些。如有专用漆笔，就更方便了，用专用漆笔直接涂上即可。
4．深度、创伤划痕的处理	
	第一步：用泡沫清洗剂清洗创伤划痕区域，去除尘土、污物并用软布擦净。
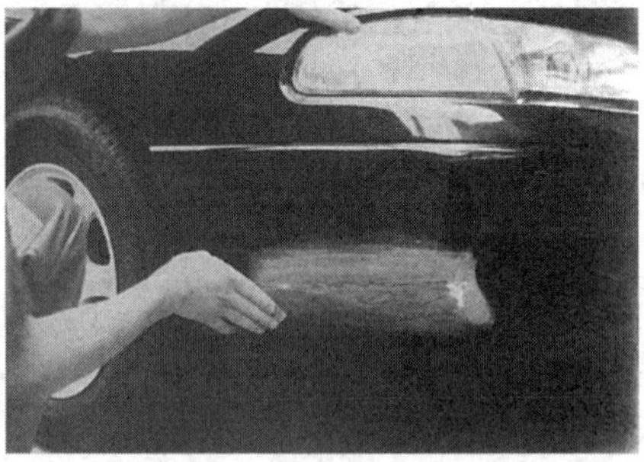	第二步：用 320#砂纸打磨损坏的漆面，直至打磨到划痕的破坏层，打磨的宽度、长度以创伤划痕向四周扩展 6～8 mm 为宜。
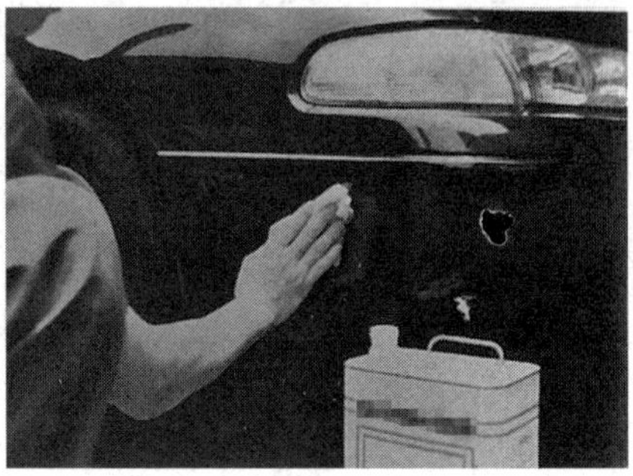	第三步：用专用清洁剂清洗打磨后的漆面区，并晾干。

图片示例	步　　骤
	第四步：在调漆刮板上，按一定比例配制彩色油灰（原子灰和固化剂），要求比例合适，调配均匀。
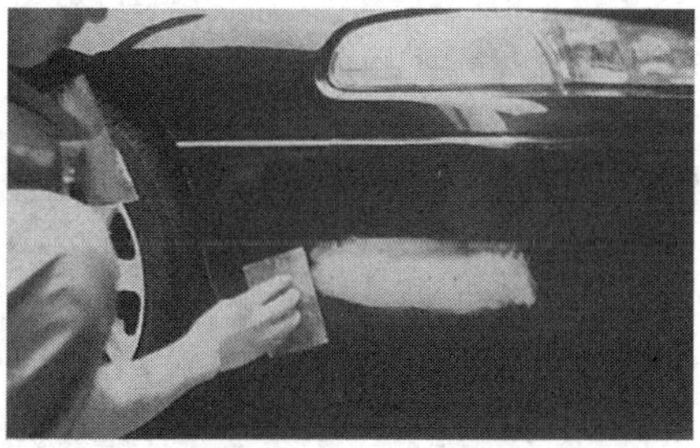	第五步：用调漆刮板将彩色油灰填充在划痕处。 **提示：**填充时，宜从四周边缘向中间依次仔细填充，不能让空气夹在填充层内。 第六步：彩色油灰一次不宜填充过厚。需要填充第二遍时，须自然晾干 30 min 后进行。 **提示：**彩色油灰不可用灯烘烤。
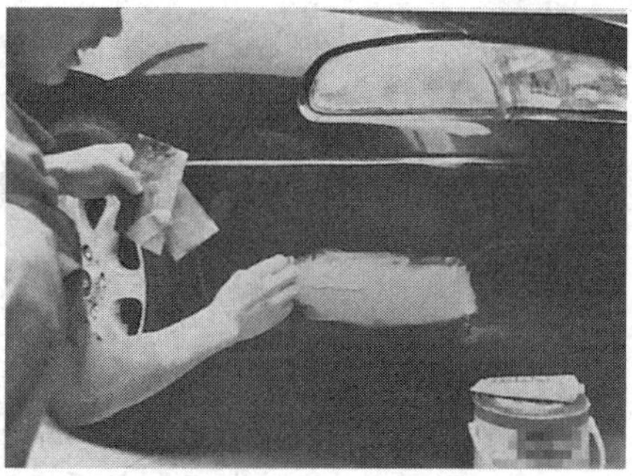	第七步：待填充彩色油灰层自然干透 5 min 后，用橡胶刮刀对彩色油灰层进行造型整理，然后自然干透 20 min。
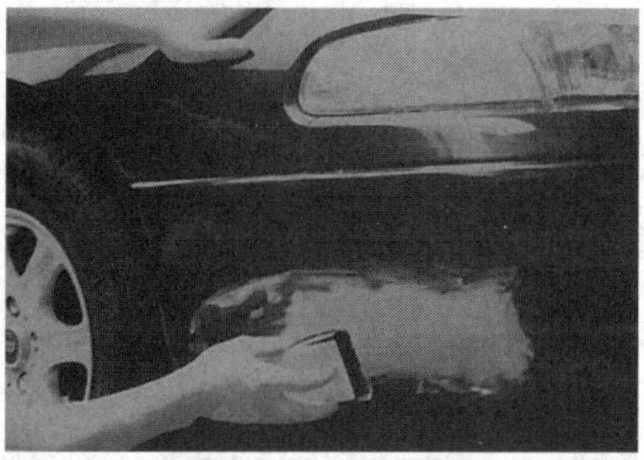	第八步：用 180#、320#砂纸包裹橡胶软块并配用清水反复打磨油灰层。 第九步：用专用清洁剂清洗打磨后的漆面区并晾干。
	第十步：用调漆刮板将填眼灰层修补到油灰层，使之更精细、无孔眼，然后自然干透 10 min。

图片示例	步　　骤
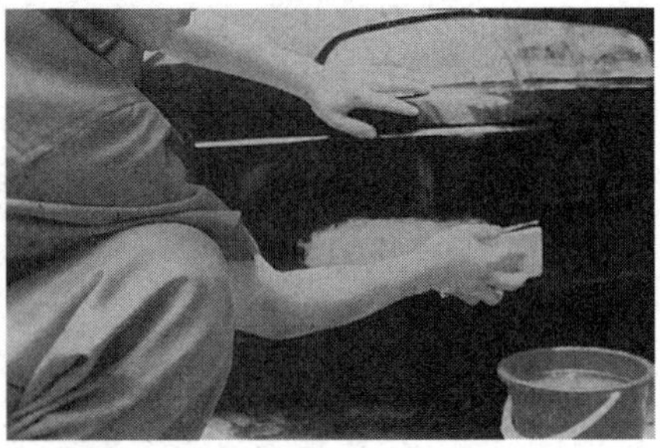	第十一步：用 800#砂纸，配用清水、橡胶软块仔细打磨填眼灰层，使之造型良好、无孔眼、光滑。
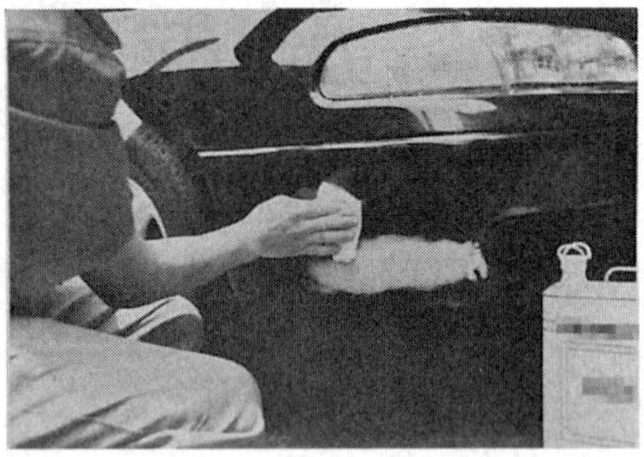	第十二步：清洁填眼灰层，先用清水清洗，然后用清洁剂清洗。
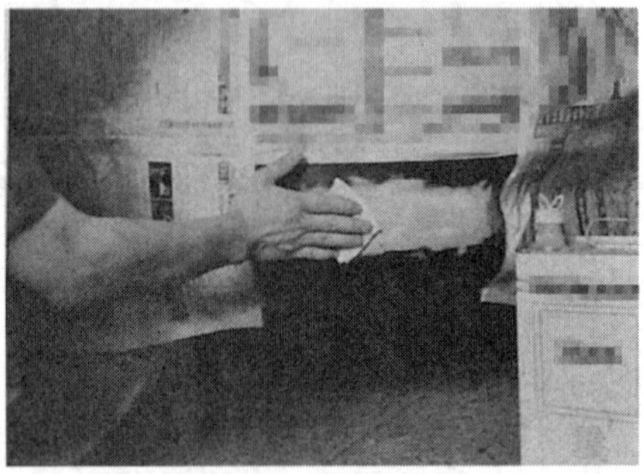	第十三步：粘贴报纸进行防护，再次用清洁剂清洁打磨区域。
	第十四步：用专用油漆喷枪喷射底漆，喷射 2～3 遍，要求均匀覆盖，然后自然干透 30 min。
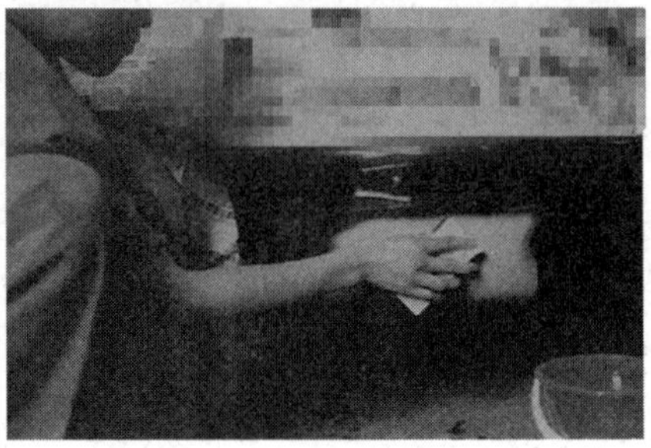	第十五步：用 1 500#～2 000#砂纸将喷涂上的底漆进行打磨、清洗，要求底漆光滑、无交接面感并洁净。

图片示例	步　　骤
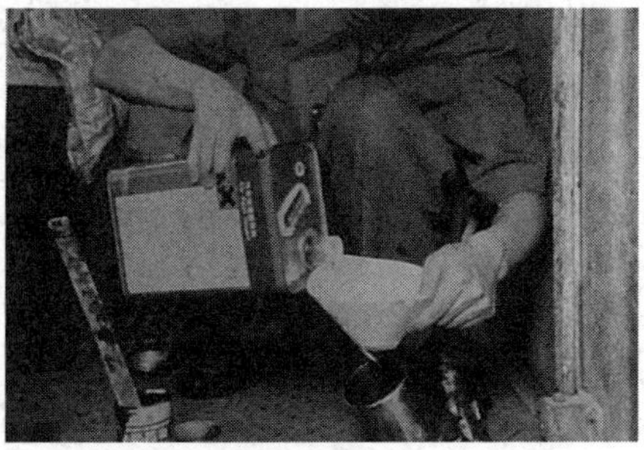	第十六步：根据车身漆号与燃油箱盖的漆色，配制（手工或电脑）标准的车身面漆，要求无任何杂质，无油漆渣、皮，浓度合适，然后对面漆进行过滤与稀释。
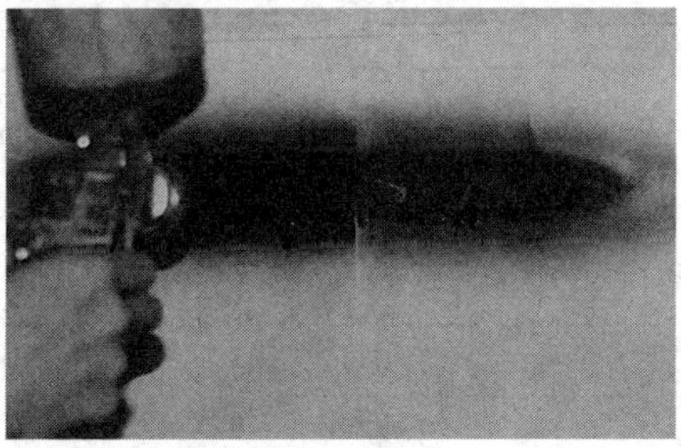	第十七步：用喷枪在试纸上试喷，直到喷射均匀，其标准是试纸上的面漆以同样的油漆量与速度下流并终止。
	第十八步：喷涂面漆，要求喷涂均匀，喷涂 2～3 层，隔 2～3 min 覆盖一遍，然后自然干透 10 min。
	第十九步：撕开保护纸，检查喷涂的面漆并进行光面漆（清漆）的喷涂，达到光亮、均匀过渡的效果。
	第二十步：喷驳口水。

图片示例	步　　骤
	第二十一步：将汽车驶入烘干房进行 40 min 左右的烘烤，要求面漆完全干透，再进行抛光、上蜡处理。

四、任务评价

汽车漆面划痕美容护理任务评价表见表 2-4-1。

表 2-4-1　汽车漆面划痕美容护理任务评价表

任务名称				
评价方式	自评□　　互评□　　师评□			
项目	分值	评分标准	分值	得分
工作态度 纪律素养	35	工作态度积极	10	
		遵守课堂纪律	5	
		操作现场按照“5S”管理标准进行整理	10	
		安全操作，无工具设备损坏	10	
团队合作	15	分工明确，人人有任务	7	
		团队合作意识强，工作量分配均匀	8	
任务实施 完成情况	50	美容护理用品选用正确	10	
		美容护理工具选用正确	10	
		任务实施操作流程正确	15	
		任务完成达到预期效果	15	
合计				

五、知识与能力拓展

1. 漆膜划痕产生的原因

（1）打磨、抛光不当留下的打磨划痕。

在喷涂施工或维修喷涂施工中，由于选择的打磨砂纸或打磨盘颗粒较大，打磨用力较重，或打磨失手划伤，因此在漆膜表面留下了不同程度的划痕，而抛光时又未能除掉。

（2）运行中擦伤划痕。

原车身漆膜本身无划痕，但在行驶过程中会车时发生擦伤，路边树枝刮伤造成划痕，交通事故撞伤出现划痕，风雹、沙尘气候下“飞沙走石”撞击造成裂纹、划痕等。

（3）金属漆的龟裂痕纹。

金属漆在使用过程中，容易产生一种非常细微的裂纹，它不断渗透发展，甚至“击穿”整个色漆层，这种现象称为龟裂。龟裂初期，一般肉眼很难发现。当肉眼能发现的时候，往往已经是非常严重的时期了。在打蜡抛光时，漆膜可能出现条纹状的裂纹，这是车蜡渗透所致，说明此时漆膜损伤已经到达较严重的状态了。

2. 漆膜划痕修复的注意事项

（1）在进行漆膜浅划痕修复前，待处理表面必须进行清洁和开蜡。

（2）抛光剂不可涂在抛光轮上，应用小块毛巾均匀涂抹于漆膜待处理部位。

（3）抛光剂涂抹面积要适当，既要便于抛光操作，又要避免未及时抛光出现干燥现象。

（4）抛光时要掌握好轻重缓急，漆膜瑕疵多的地方要重、要缓慢，用力要去时重、回时轻，棱角边处抛光要轻，来回抛光速度要快。

（5）抛光时要及时洒水，最好呈雾状喷洒，防止因水流过大，冲去抛光剂。

（6）欧美汽车的面漆涂层一般较厚，而日本、韩国及国产汽车的面漆涂层一般较薄，在抛光时要注意把握好分寸，千万别抛漏面漆。

（7）抛光作业时可以手工完成，在手工抛光时应注意不可胡乱刮擦和环形运动，应该以车身纵向为准往复运动。

3. 塑料件漆膜划痕的修复

（1）塑料件漆膜划痕的修复特点。

塑料件漆膜划伤后，若直接喷涂面漆进行修复，刚开始一段时间还很好，但不久后便会出现漆膜断裂、脱落现象，漆膜的使用寿命很短。

（2）塑料件漆膜划痕的修复措施。

塑料件因外界环境温度变化影响而自然伸展或弯曲时，由于修补漆的硬度和弹性与原塑料件的硬度和弹性不一致，会出现漆膜断裂和脱落。其正确的修复工艺如下。

① 打磨划痕部位，可用 600#砂纸打磨漆膜划痕部位，并清洗擦拭干净，然后晾干或吹干。

② 先在打磨部位喷涂一层塑料底漆，并使之干燥。

③ 在面漆修补漆中，加入专用塑料柔软剂，并调和均匀，然后喷涂在塑料底漆上。

④ 待塑料修补漆干燥后，进行打磨抛光，并清洗干燥。

⑤ 涂面漆美容护理蜡，并抛光处理，即可使漆膜色泽光亮如新。

采用正确的修补工艺后，可延长漆膜的使用寿命，减少断裂和脱落现象，并提高塑料件的漆面装饰效果。

任务五 章节测验

一、选择题

1．影响汽车修补漆调色的因素有（　　）。

A．光线　　B．物体　　C．人眼　　D．车身

2．属于漆面处理的美容项目有（　　）。

A．上蜡增艳　　B．漆面划痕处理　　C．全车喷涂　　D．氧化膜处理

二、填空题

1．打蜡的程序一般分为________、________、________、________、________ 5 步。

2．车蜡的作用有________、________、________、________、________、________、防静电作用。

3．新车车漆表面上涂有保护蜡，购车后一段时间要将运输保护蜡清除掉，并涂上新车保护蜡，清除新车封蜡称为________。一般情况下车蜡停留于车漆表面上时间不应超过________。

三、判断题

1．新车打蜡时间越早越好。（　　）

2．夏季开蜡效果比冬季要好。（　　）

3．汽车打蜡越频繁越好，因为打蜡可以保护汽车漆面不受损。（　　）

4．所有的新车涂面都要上一层保护蜡，对汽车进行美容护理时，在清洗阶段必须将车身残蜡去除干净，因为新买的车要开蜡。（　　）

5．在粗抛漆面时，抛光机采用低速抛光。（　　）

四、简答题

简述汽车封釉的主要步骤。

模块三

汽车玻璃护理

本模块通过学习汽车玻璃日常美容护理中常见的汽车玻璃美容护理及汽车防爆膜装贴等项目，了解并掌握汽车玻璃护理的基本知识与操作技能，并在实际工作中予以应用。

思政小课堂

汽车玻璃护理模块通过对汽车玻璃由内而外的清洁护理和装贴防爆膜，培养学生严谨求实的学习精神和职业素养。

通过对汽车玻璃美容护理与贴膜流程，以及在贴膜过程中需要具备的敬业精神和职业要素的学习，逐步提高学生对汽车玻璃美容护理的综合处理能力，培养学生做事精益求精的爱岗敬业精神，体现新时代青年在职业生涯中的改革创新精神。

任务实践

学习本模块后，每位同学完成一项以玻璃为题材的社会实践活动，如擦拭班级玻璃窗、收集不同玻璃并进行区分等。

任务一　汽车玻璃美容护理

知识目标

- 会正确使用玻璃清洁设备

技能目标

- 能够完成玻璃的清洁维护

情感目标

- 在实践中体验玻璃美容的乐趣

一、任务分析

图 3-1-1　清洁汽车玻璃

汽车玻璃就像人的眼镜一样不能有灰尘，应经常保持其干净透亮，尤其是前风挡玻璃的清洁，这不仅仅是外观的问题，从安全方面来讲也十分重要。若玻璃上残留油膜，在雨天特别是雨夜行驶时，雨刷擦过，油膜晃眼，会使驾驶员的视线模糊不清、眩晕，增加驾驶员的疲劳程度。这种情况是安全行驶的大敌，必须想办法彻底杜绝（清洁汽车玻璃如图 3-1-1 所示）。

清洁汽车玻璃的好处

汽车玻璃不但是汽车的窗口，而且在汽车的整体安全上扮演着重要的角色。因此，经常清洁汽车玻璃会带来如下好处。

① 车窗更加明亮。

② 能够给驾驶员带来安全的行车保障。

③ 能够保障驾驶员的视野足够清晰。

④ 冬天可防止由于温差在玻璃上结冰霜。

⑤ 夏天可减少玻璃上的虫胶等污物。

二、知识准备

图片示例	解释说明
1．汽车玻璃清洁装置	
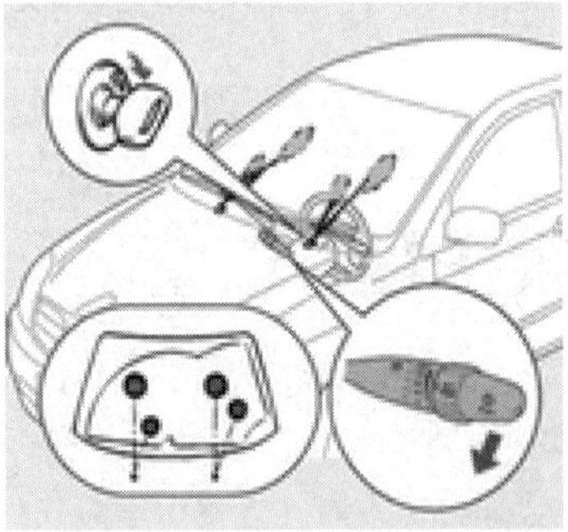 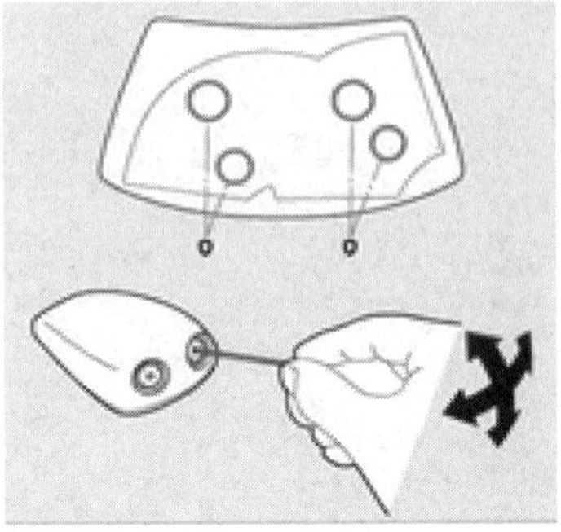	检查喷水器。 喷水位置：喷水位置应在刮水片中央偏上的位置。如果喷水位置不合适，那么应先检查雨刮电机、管路和喷嘴状况，无误后，按照左图所示，用大头针调整喷嘴。 喷水形状：水流经喷嘴应直线喷出，略呈雾状。 喷射力状况：起动发动机，检查喷水器喷射力状况，应呈直线，有力地打在玻璃上。若无力，则应检查清洗液是否盛满、雨刮电机是否有故障、管路和喷嘴是否堵塞。

<table>
<tr><th>图片示例</th><th>解释说明</th></tr>
<tr><td>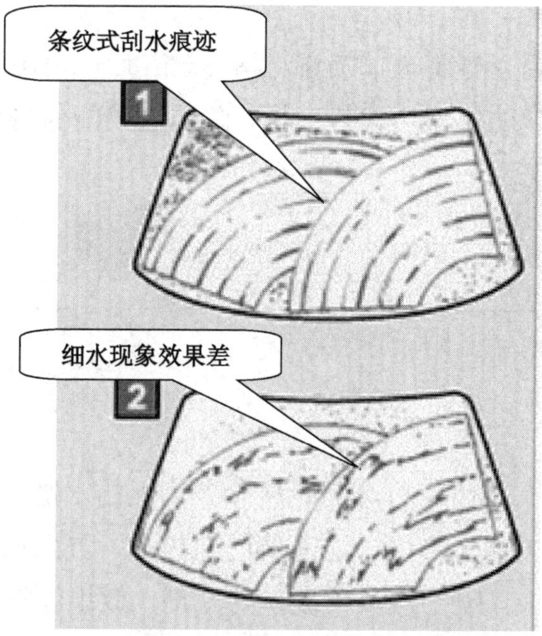
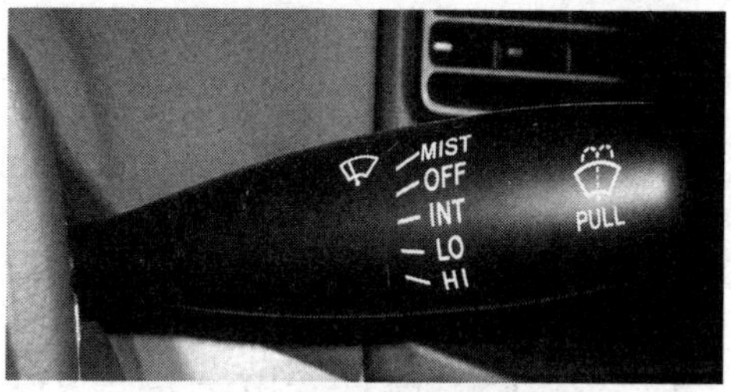
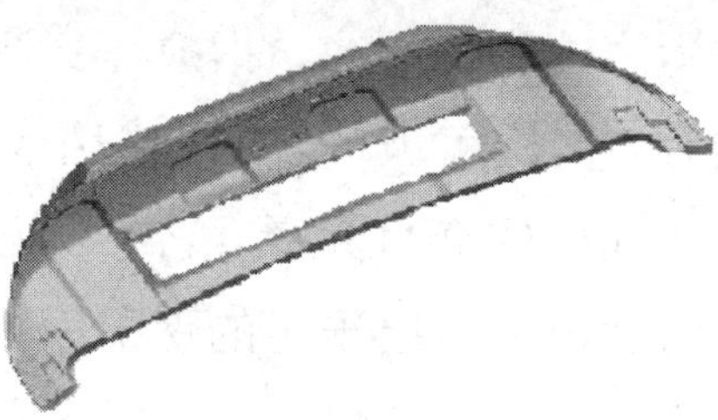</td><td>刮水状况：刮水后，如果玻璃上呈现条纹状、细水现象等，那么效果不好，须更换雨刮胶片。
开关操作：
PULL——向转向盘方向扳动操作开关，检查喷水器喷射状况；
MIST——手动挡，只要手不松开，雨刮就一直低速工作；
OFF——关闭挡；
INT——间歇挡，每间隔一段时间刮一次；
LO——低速挡，雨刮臂低速刮水；
HI——高速挡，雨刮臂高速刮水。
常见问题：刮水电机不工作，喷嘴堵塞，喷出的清洗液形状或位置不正确，管路老化堵塞、刮水胶片老化开裂等。
提示：寒冷季节，使用前须检查一下雨刮片是否被冻结在风挡玻璃上。如果雨刮片被冻结在风挡玻璃上，那么必须将其化冻后才能使用，否则将造成雨刮电机损坏。风挡玻璃上有障碍物，如积雪时，操作前应先清除障碍物。
不要在干燥的风挡玻璃上操作雨刮器，否则会刮伤玻璃并对雨刮片造成永久性损伤。
喷水开关操作喷水的时间一次不得超过10 s，储液罐无清洗液时绝不可操作，否则会损坏喷水电机。</td></tr>
<tr><td colspan="2">2．玻璃清洁防护用品</td></tr>
<tr><td>汽车玻璃清洗剂
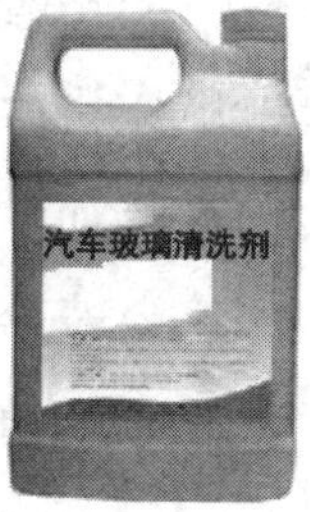</td><td>汽车玻璃清洗剂是汽车风挡玻璃专用清洗剂，具有高效去污能力，有抗静电及防雾、防冻、除冰霜功能，最低使用温度可达零下25℃，可防止玻璃光芒现象，保护玻璃免受大气侵蚀。</td></tr>
</table>

图片示例	解释说明
汽车玻璃防雾湿巾 	用喷壶将玻璃喷湿，等 1 min 后，再用汽车玻璃防雾湿巾轻轻一擦，防雾效果能保持一星期左右。
汽车玻璃防雾剂 	汽车玻璃防雾剂能清除玻璃上的水雾，还能在玻璃上形成一层薄薄的保护膜，防止水雾的形成。喷一次汽车玻璃防雾剂，效果能持续5～10 天。
汽车玻璃抛光剂 	汽车玻璃抛光剂具有深度清洁能力，可轻易清除灰尘、油脂、烟油、指痕、交通膜、虫尸和鸟粪等，能覆盖玻璃表面的细小划痕，使玻璃产生水晶般的夺目光泽。它不含硅和蜡的成分，使用后留下一层平滑的保护膜，能减少雨刷的磨损和跳动。
汽车玻璃防雨剂 	汽车玻璃防雨剂利用纳米材料的疏水原理，让雨水在汽车玻璃表面无法形成水膜，提高了雨刷的使用效率，大大增强了大暴雨时的行车安全。汽车玻璃防雨剂形成的膜覆盖在玻璃表面，厚度只有几纳米到十几纳米，并与玻璃牢牢结合，完全不影响玻璃的光学性能，而且十分耐磨，能承受雨刷的摩擦而不脱落。

三、任务实施

图片示例	步　骤
1．汽车玻璃清洁	
	第一步：用汽车清洗液清洗玻璃上附着的沙粒、尘土等污物。 **提示：**玻璃上黏附的鸟粪、昆虫和沥青等，可用塑料或橡胶刮刀去除。
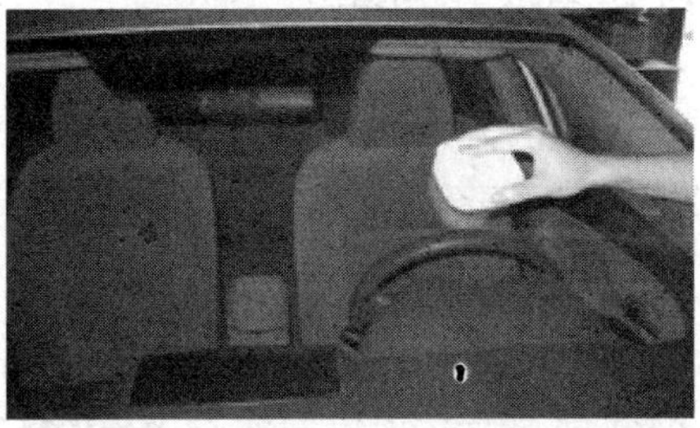	第二步：用海绵蘸取汽车玻璃清洗液均匀地擦拭玻璃内外两侧。待玻璃表面变白后，再用软毛巾擦干。 **提示：**擦拭后车窗时，应横向擦拭，以免弄断除雾加热丝。
	第三步：如果车窗存在顽固污渍，那么可用温水泡软的洗车泥清洁车窗玻璃。取出洗车泥放于清洗部位，用手压平，轻轻擦拭，一边喷水一边擦，反复搓拭。 **提示：**擦拭后洗干净洗车泥，捏团放入塑料袋密封。
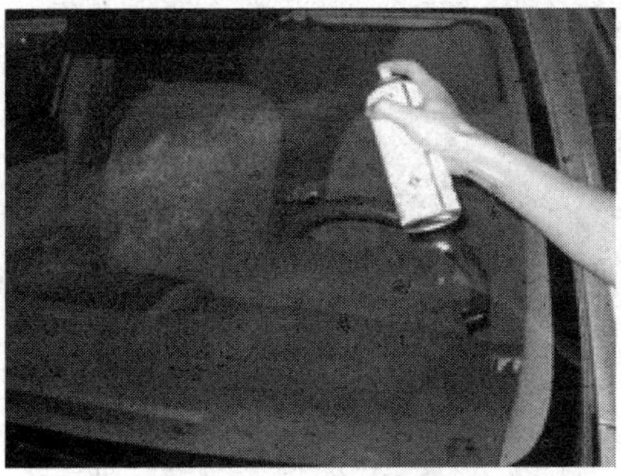	第四步：喷涂汽车玻璃保护剂。 **提示：**前风挡玻璃不要使用含硅酮的玻璃保护剂，以防止雨刷摩擦划伤玻璃。

图片示例	步　骤
2．汽车玻璃抛光	
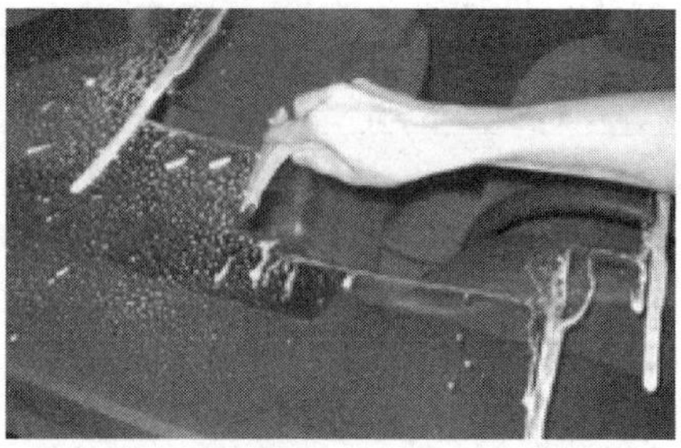	第一步：在玻璃上喷洒清洗剂，先用橡胶刮刀或塑料刮刀去除玻璃上的黏附物，再用汽车玻璃清洁剂预处理前风挡玻璃和后视镜的尘污。
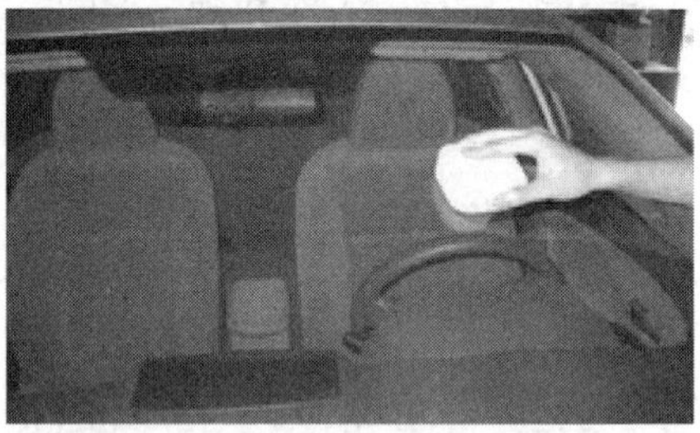	第二步：用海绵在玻璃上涂满汽车玻璃抛光剂。用逆时针打圈的方式将其均匀地涂在玻璃表面，3～5 min 干燥，待其表面变白，再用干净软毛巾做直线擦拭。 **提示**：后风挡玻璃内侧不能使用抛光剂处理。
3．汽车玻璃镀膜	
	第一步：使用汽车玻璃清洗剂彻底清洗风挡玻璃外侧。
	第二步：用毛巾擦拭干净。
	第三步：用高压清水清洗残留的汽车玻璃清洗剂，然后用干净毛巾擦拭干净。

图片示例	步　　骤
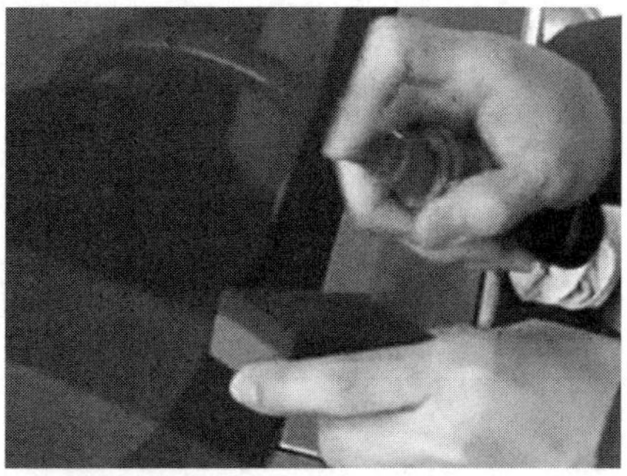	第四步：将汽车玻璃镀膜剂涂抹在海绵上。
	第五步：按照“横—纵—横”的顺序涂抹三遍。
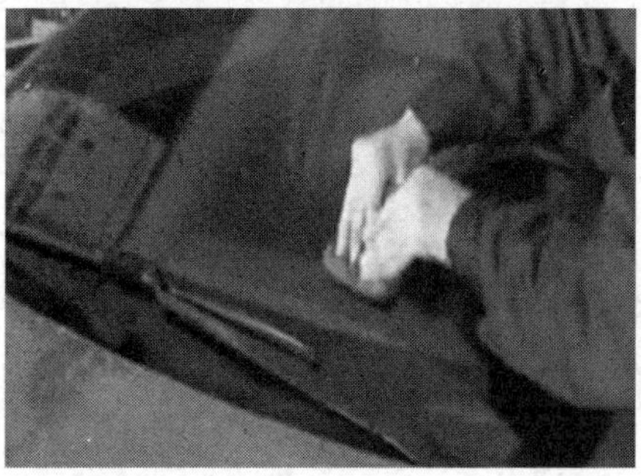	第六步：等待 10～15 min 后，用干毛巾擦拭，直至光亮为止。

四、任务评价

汽车玻璃美容护理任务评价表见表 3-1-1。

表 3-1-1　汽车玻璃美容护理任务评价表

任务名称				
评价方式	自评□　互评□　师评□			
项目	分值	评分标准	分值	得分
工作态度纪律素养	35	工作态度积极	10	
		遵守课堂纪律	5	
		操作现场按照“5S”管理标准进行整理	10	
		安全操作，无工具设备损坏	10	
团队合作	15	分工明确，人人有任务	7	
		团队合作意识强，工作量分配均匀	8	

续表

项目	分值	评分标准	分值	得分
任务实施完成情况	50	美容护理用品选用正确	10	
		美容护理工具选用正确	10	
		任务实施操作流程正确	15	
		任务完成达到预期效果	15	
合计				

五、知识与能力拓展

1. 玻璃的种类

在国家有关标准中规定，机动车门窗必须使用安全玻璃，目前用于民用汽车的玻璃主要有夹层玻璃、钢化玻璃和区域钢化玻璃等。

夹层玻璃是在两层或三层之间夹有一种透明的、黏合性很强的塑料薄膜。钢化玻璃是将普通玻璃淬火，使内部组织形成一定的内应力，从而使玻璃的强度得到提高，在受到冲击破碎时，玻璃会分裂成带钝边的小碎块，不易对驾乘人员造成伤害。区域钢化玻璃是钢化玻璃的一种新品种，它经过特殊处理，在受到冲击破裂时，其裂纹仍可保持一定的清晰度，从而保证驾驶员视野区域不受影响。

新型玻璃主要有隔热玻璃、防紫外线玻璃、低反射玻璃和自动调光玻璃等。现在汽车上的玻璃都采用陶瓷釉，阻挡从风挡玻璃观察附属设施，并保护在阳光下暴晒可能引起老化的黏结剂，即所谓的“黑边框”。它是用氧化物着色剂，如氧化铬、氧化钴和氧化镍，使涂料呈黑色，将涂料涂装于玻璃的外围边缘表面形成不透明的框。

有许多汽车风挡玻璃还通过镀膜、采用反射涂层工艺或改善玻璃的成分，只让太阳可见光进入车厢内，而挡住紫外线和红外线，在很大程度上减轻了驾乘人员受到的炎热之苦。这种被称为“绿色玻璃”的现代汽车玻璃，已经得到广泛使用。

2. 后视镜的防雾与防水

后视镜的防雾与防水可采用与风挡玻璃相同的工艺，即先喷涂汽车玻璃清洁剂，然后用干净的软布轻轻擦拭，最后喷涂一层汽车玻璃防雾剂，即可保持后视镜在很长的一段时间内具有防雾、防水的功能。

后视镜的防雾与防水也可采用驱水防雾防尘胶片进行处理。驱水防雾防尘胶片能吸收阳光中的紫外线，使空气中的水分在后视镜表面形成一层水分保护层，消除水珠雾气的集聚，并具有防尘功能。它特别适合在亚热带气候地区使用。安装方法如下：先将镜面擦拭干净，然后在玻璃镜面及胶片上喷洒清水，把胶片贴在镜面上，再将保护胶片放在驱水防雾防尘胶片的表面，最后用蓝色水泡清洁器将胶片与镜面之间的水泡刮走。

3. 风挡玻璃防雨剂的作用

风挡玻璃防雨剂是利用特殊的化学手段，在汽车玻璃、陶瓷表面镀上一层厚度只有几纳米到十几纳米的防护膜，使玻璃、陶瓷表面具有强烈的疏水特征，使水滴无法形成干扰人视线的不规则水膜，同时使落在玻璃表面的灰尘、油污、虫浆很容易被清洗掉。它填充了玻璃表面的细微裂纹，可去除油膜、污垢，让玻璃更加光洁透亮。

汽车风挡玻璃防雨剂具有以下显著功能。

（1）防水功能。

落在处理过的汽车玻璃上的雨水会在防护层的作用下，迅速形成一个个小水珠，体积大到一定程度时就会在重力的作用下，顺着玻璃滑落下来，同时带走玻璃上的灰尘，对玻璃进行清洁。当车速达到 50～60 km/h 时，在风力的吹拂下，玻璃上的水珠会自动向上方滚动，直至滑落车外。雨水滑落后的玻璃表面仍旧是干燥的，极大地保证了行车的安全（涂刷玻璃防雨剂前后效果对比图如图 3-1-2 所示）。

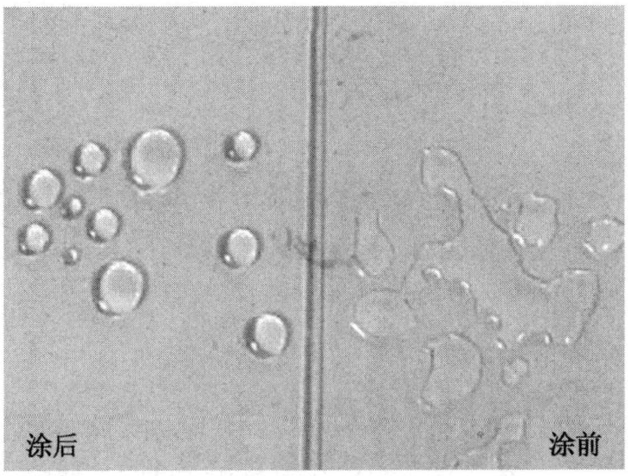

图 3-1-2 涂刷玻璃防雨剂前后效果对比图

（2）防冻功能。

处理过的玻璃有了一层保护层，冬季落在玻璃上的雪水或雾水不能在玻璃上冻实，玻璃上落的积雪能很容易地去除，省去了麻烦的清除过程和等待的时间。

（3）防油功能。

大气中飘浮着很多排气排放物中排出的汽油分子，落在玻璃上会形成一层油膜，夜间行车时会产生眩光，影响行车安全。处理过的玻璃具有防油功能，不易形成油膜，时间长了产生的油膜稍加一些洗涤剂就能清洗干净。

（4）清洁功能。

处理过的玻璃极为光滑，灰尘不易积聚，而且是浮在玻璃上面的，用清水冲洗就会洁净如新。

（5）耐磨功能。

基于物理和化学的复合原理，防护剂和玻璃结合得极为紧密，理论上其效果是永久的，具体情况因为使用和摩擦的不同会有不同，但能保持 10 万千米和一年以上的时间。

（6）保护功能。

处理过的玻璃大大降低了雨刷的使用频率，减少了雨刷的磨损，还减少了雨刷对玻璃的磨损，使风挡玻璃更透明光亮。

4. 雨刷器的清洁与护理

（1）用清洗剂冲洗雨刷器，去除雨刷器上的尘土、污物，如图 3-1-3 所示。

（2）用软布擦净雨刷器上的灰尘，如图 3-1-4 所示。

（3）将雨刷精喷洒在雨刷器的橡胶上，如图 3-1-5 所示。

（4）用软布细心地擦净雨刷器，如图 3-1-6 所示。

图 3-1-3　冲洗雨刷器

图 3-1-4　擦净雨刷器上的灰尘

图 3-1-5　喷洒雨刷精

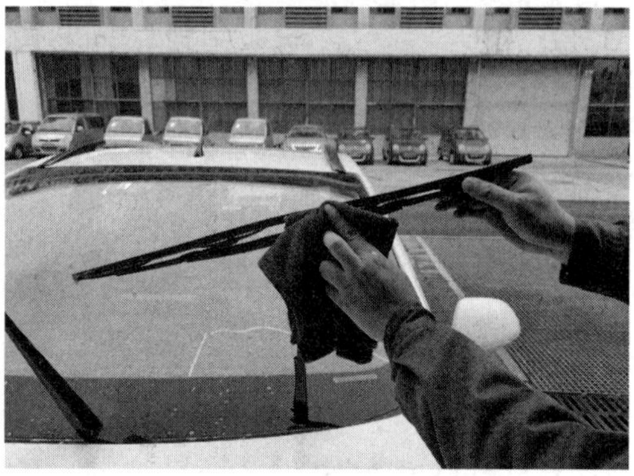

图 3-1-6　擦净雨刷器

任务二　汽车防爆膜装贴

知识目标

- 掌握汽车装贴防爆膜的工艺

技能目标

- 可以独立完成装贴汽车防爆膜

情感目标

- 在实践中体验装贴汽车防爆膜的乐趣

一、任务分析

汽车装贴防爆膜真的有必要吗？汽车防爆膜不仅仅是外观的问题，主要还是用来应对夏季那灼人的太阳光的，而且从安全方面来讲也十分重要。

汽车安装防爆膜的益处

汽车玻璃洁净明亮，透光性好，能保证驾驶员有良好的视野，保证行车安全，但是太阳光中的有害射线也会照射进来。红外线热能高，会提高驾驶区的温度，增加空调的使用频率，从而增加油耗。紫外线具有破坏性，皮肤长期受紫外线侵害会加速老化，严重的可引发皮肤癌和眼部疾病；同时紫外线还可能烧伤汽车内饰，使一些皮件老化。汽车装贴防爆膜会给汽车带来如下几个方面的好处（安装汽车防爆膜如图 3-2-1 所示）。

图 3-2-1　安装汽车防爆膜

① 隔热。它能将太阳光中大部分的热力源红外线反射阻隔在外。

② 防紫外线。高品质的防爆膜均能隔绝 98%以上的紫外线。

③ 防爆。它具有很强的吸附力和柔韧性，能防止因玻璃破碎而造成的意外伤害。

④ 单向透视。车内的人可以透过防爆膜清晰地看到车外的景观，但车外的人却看不见车内的情况，因此它具有绝妙的个人隐私保护功能。

⑤ 防眩目。在夜间会车和强光时，能有效降低对方汽车远光灯的眩目光，提高行车安全性。

二、知识准备

<table>
<tr><th>图片示例</th><th>解释说明</th></tr>
<tr><td colspan="2">1. 贴膜工具</td></tr>
<tr><td>毛巾
</td><td>毛巾用来保护仪表板、座椅等内饰，垫放工具，防止工具划伤和吸收流淌下来的清洗液和安装液。</td></tr>
</table>

图片示例	解释说明
水壶 	水壶用来盛放玻璃清洗液和安装液，使用时能产生一定的压力将液体喷出，还可以调节喷雾形状。
铲刀 	铲刀用来清除玻璃上的顽固污渍和残留的粘贴物。
裁切剪刀 	裁切剪刀用来裁剪窗膜，修饰形状，分离保护膜。窗膜的裁切是在车窗玻璃上直接进行的。为了精确地裁出窗膜，同时又不划伤玻璃，必须掌握正确的持刀方法。
测量尺 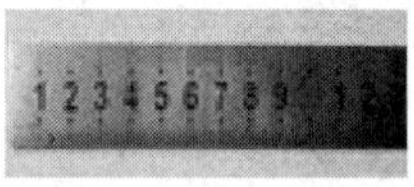	测量尺用来测量车窗和窗膜的尺寸，便于粗裁。
裁膜工作台 	裁膜工作台用来摆放窗膜，是窗膜粗裁时的操作台，要求平滑且不能过硬。
热风枪 	热风枪用来加热窗膜，使其收缩变形，达到与玻璃一致的形状，还可以对玻璃上有用的粘贴物进行加热，便于取下。

图片示例	解释说明
大号塑料刮板 	大号塑料刮板用来刮平窗膜，窗膜加热收缩后辅助成形，窗膜排水，清洁玻璃。
橡胶刮水刀 	橡胶刮水刀用来刮平窗膜，可以在成形时使用，也可以在贴膜时排水使用。
橡胶刮板 	橡胶刮板用来排水，排水彻底。
小号塑料刮板 	小号塑料刮板用来贴膜时辅助窗膜插入密封胶内，彻底排水。
2. 清洁剂和安装液	
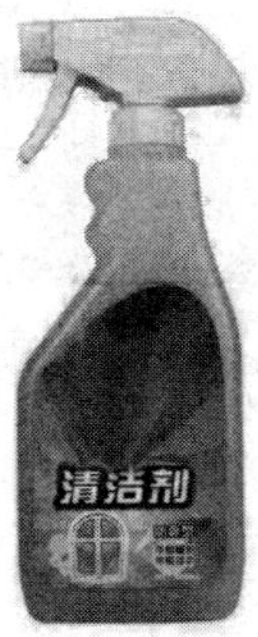	清洁剂和安装液用于玻璃的清洗和膜的安装，专用的清洁剂和安装液能保证窗膜的安装质量。 清洁剂可以分解玻璃上的油污、污渍等。 安装液用于窗膜的滑动定位，为窗膜的准确定位和安装做铺垫。 **提示：**旧的清洁剂和安装液的沉淀物和小颗粒会造成窗膜和玻璃之间的斑纹和畸变点，因此应每天清洗容器瓶并更换溶液。

三、任务实施

图片示例	步　骤
1．装贴汽车防爆膜的工艺	
	第一步：贴膜工作室除尘、降尘处理。贴膜工作室是无尘贴膜室，先用喷壶对贴膜工作室进行除尘、降尘处理。
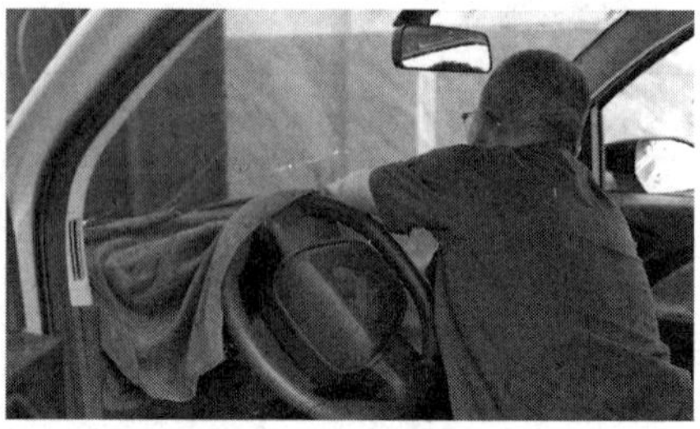	第二步：贴膜前内部和外部保护。使用专用的内饰保护套和大块毛巾进行汽车内外部保护，防止清洗液弄脏内饰或渗漏到汽车内的电气电控系统，造成短路，还可以保护漆面、放置工具等。 **提示：**保护部位有仪表板、后盖板、内饰板、转向盘、座椅、地板及外部漆面。
 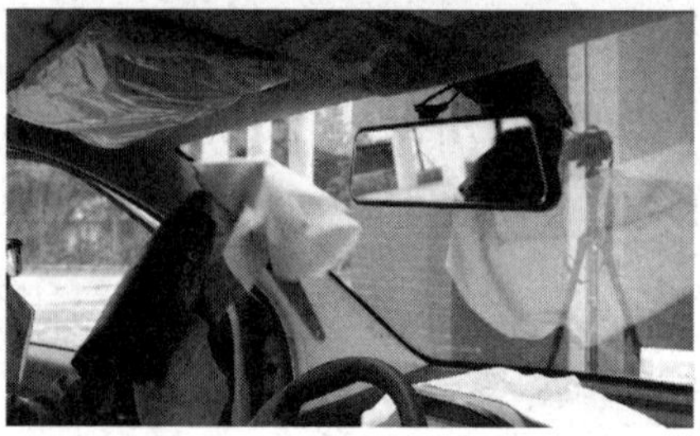	第三步：玻璃外侧清洁。 ① 玻璃外侧清洁。用汽车玻璃清洗液清洗玻璃表面，配合橡胶刮板去除表面的黏附物。 ② 胶边清洁。向密封胶条内喷洒适量的清水，用塑料刮板包覆一层擦蜡纸或无纺布直接清理内槽。 **提示：**每擦一次要变换一次擦蜡纸的清洁面，且不可来回擦拭。 ③ 毛边清洁。使用 2 cm 宽的美纹纸贴住密封槽边上的内毡毛，或者将喷壶嘴调至最小水量，喷洒少量清水在毡毛上，粘住毛体。

<table>
<tr><th>图片示例</th><th>步　骤</th></tr>
<tr><td>

</td><td>第四步：下料。
① 粗裁剪。根据玻璃测量尺寸裁剪合适的窗膜，裁剪的尺寸应稍大些。裁剪时，窗膜顶部要大于车窗玻璃边缘 5 cm，左右两边要大于车窗玻璃边缘 1 cm，底部预留 1～2 cm。
提示：烤膜时，裁膜一定要竖裁。
② 定型剪裁。侧窗：在干净的玻璃外侧喷洒安装液，将窗膜贴覆在玻璃外表面（除个别车型，通常不需要加热定型），移动到合适位置。用裁膜刀尖角沿着底边边框切割，平行向下滑动窗膜 3～6 mm，向窗膜表面喷洒安装液，并用硬刮板固定整个窗膜。小心地将膜从底部揭起，降下车窗玻璃，露出车窗玻璃顶部，用裁膜刀沿着玻璃上边缘裁切，最后在案板上修边处理。
提示：贴覆在玻璃外侧的窗膜，保护层朝外。
前/后风挡玻璃：前/后风挡玻璃的贴膜工艺流程与侧窗一样，只是下料粗剪裁和定型剪裁上略有不同。下料粗剪裁一定要竖裁（就是玻璃的横向与膜的卷曲方向一致）。定型剪裁需要用热风枪对膜加热，使膜与玻璃曲面吻合。再用裁膜刀大致切出膜的周边，切齐边缘，要求比风挡玻璃的周边陶瓷小黑点宽 1 cm 左右。
使用方法：一边加热，一边用塑料刮板挤压玻璃上的气泡和水分。需要经过几次烘烤，直至窗膜与玻璃贴合。
提示：裁膜方向与褶皱调整方向要正确，否则窗膜不会收缩；禁止集中高温加热，否则会造成膜的变形和玻璃开裂。</td></tr>
<tr><td></td><td>第五步：驾驶区降尘处理。贴膜前，在车内喷洒雾状清水，使浮尘降落。</td></tr>
</table>

图片示例	步　骤
	第六步：玻璃内侧清洁。玻璃内侧清洁是贴膜的关键，如有灰尘、杂质等物，会使整个窗膜报废。 清洁方法：将喷壶内的清洗液，均匀地喷在玻璃的内侧。用硬刮板清洁玻璃，从中间往两边刮，刮到离窗框 5 cm 处停住，用无纺布或麂皮（绒面革）擦下刮板，从上到下，再刮底边。反复进行，直至玻璃完全洁净。 **提示：**清洁前要用大块毛巾保护仪表板和后盖板，用防护罩或塑料膜纸保护内饰。
	第七步：剥离保护膜。玻璃内表面清洁后，将窗膜保护层撕开，用安装液喷洒暴露的安装胶。这样既可以去掉黏性，保证窗膜平稳滑动，又可以消除膜的静电引起的吸附物。 **提示：**喷洒完安装液后，再将保护层贴到窗膜上，防止沾染灰尘和杂质。
	第八步：装贴窗膜。在玻璃内表面均匀地喷洒安装液，撕掉保护层，将膜贴到玻璃内侧，移动到合适位置，正确定位。 **提示：**膜的上边缘距离玻璃的上边缘 5～10 mm；对于防水玻璃，粘贴时，由下向上粘贴。
	第九步：挤排水。往膜上喷洒安装液，用橡胶软刮刀由中间向两边刮压，排出水分和气泡。再往膜上喷洒安装液，把保护层粘贴到窗膜的背面，用硬刮板彻底排出水分和气泡，撕掉保护层。 **提示：**粘贴保护层能有效防止硬刮板排出水分时刮伤窗膜。

图片示例	步　骤
	第十步：清洁检查。最后用无纺布或干毛巾进行清洁检查。
2．汽车玻璃贴防爆膜后的注意事项	
	① 侧窗在贴防爆膜后 24 h 内（冬季则需要 48 h）不要开车窗，两天内不能将空调的风直接往风挡玻璃上吹。 ② 不要用指甲或尖锐物将防爆膜边缘拨开，以免污物进入。 ③ 如有气泡，要在 24 h 内到专业的汽车美容养护店进行处理。 ④ 不要把粘贴性标签直接贴到防爆膜上，不能将装饰物黏附在防爆膜上或者通过吸盘吸附在防爆膜上。 ⑤ 贴防爆膜 2～3 周后可以清洗，要使用不起毛的布等柔软物品蘸有洗洁精的水擦拭，注意不要夹入沙粒或尖锐颗粒物，以免划伤防爆膜表面。 ⑥ 贴防爆膜后，防爆膜与玻璃之间如果有水雾，不必担心，2～3 周内会自然干透消失。

四、任务评价

汽车防爆膜装贴任务评价表见表 3-2-1。

表 3-2-1　汽车防爆膜装贴任务评价表

任务名称				
评价方式	自评□	互评□	师评□	
项目	分值	评分标准	分值	得分
工作态度纪律素养	35	工作态度积极	10	
		遵守课堂纪律	5	
		操作现场按照“5S”管理标准进行整理	10	
		安全操作，无工具设备损坏	10	

续表

项目	分值	评分标准	分值	得分
团队合作	15	分工明确，人人有任务	7	
		团队合作意识强，工作量分配均匀	8	
任务实施完成情况	50	美容护理用品选用正确	10	
		美容护理工具选用正确	10	
		任务实施操作流程正确	15	
		任务完成达到预期效果	15	
合计				

五、知识与能力拓展

1. 防爆膜的鉴别与选用

（1）防爆膜的鉴别。

市面上的防爆膜种类很多，质量不一，有的防爆膜装贴后导致夜间行车视线变差，有的不到一年就发生质量问题，或褪色，或产生划痕。

防爆膜的鉴别方法如下。

① 看。

看防爆膜的透光性：透光性是防爆膜最重要的性能，它直接关系到驾驶员的安全。不论防爆膜颜色深浅，优质防爆膜的透光率均可达 90%，非常清晰，没有雾蒙蒙的感觉，夜间可视距离在 60 m 以上；而劣质防爆膜拿起来看时，会有雾蒙蒙的感觉。

看颜色：优质防爆膜的颜料渗透在膜片层中，不易变色，在粘贴过程中经刮板作用不会发生脱色；而劣质防爆膜的颜料在黏胶层中，这种膜一年以后就会褪色。鉴别的方法是撕开防爆膜的内衬，用指甲刮一下，若发现掉色，被刮过的地方变成透明的，则说明是劣质防爆膜。

看是否有气泡：优质防爆膜的表面都有一层防划伤层，在正常使用情况下能有效保护膜面不易划伤；而劣质防爆膜无防划伤层，在贴膜时容易被刮伤。优质防爆膜的胶层很薄，透光性好。当撕开防爆膜的塑料内衬后，再重新合上时，劣质防爆膜会起泡，而优质防爆膜则完好如初。

② 摸。

把握“摸”的技巧：优质防爆膜摸起来有厚实平滑感，而劣质防爆膜则薄而脆。

③ 试。

对于防爆膜的隔热性只凭肉眼看和手摸是很难鉴别的，可以通过一个简单的测试方法来做比较：将贴着防爆膜的玻璃放在碘钨灯上，用手感觉不到热的是优质防爆膜，而立即有烫手感觉的则是隔热性差的劣质防爆膜。

（2）防爆膜的选用。

防爆膜应根据以下原则选用。

适用性原则：根据对私密性的要求，选择不同颜色深度的防爆膜。一般透光率较高者，其颜色较浅，反之较深。

美观性原则：所谓美观，即注重防爆膜与汽车漆面颜色的合理搭配。

经济性原则：由于防爆膜选用的材质及制造工艺不同，因此其价格差异很大。普通防爆膜选用混合铝，价位较低，防爆能力较弱；优质防爆膜采用镍、钛、铬等金属经特殊工艺贴合处理而成，价位较高，防爆性、夜视性和耐磨性均较优良。

2. 防爆膜的结构、类型与功能

（1）防爆膜的结构。

不同的防爆膜结构差异较大，优质防爆膜主要由透明保护层、“易施工”胶膜层、感压式粘贴层、隔热膜层（金属层）、安全基层及耐磨外层组成（防爆膜的结构如图 3-2-2 所示）。

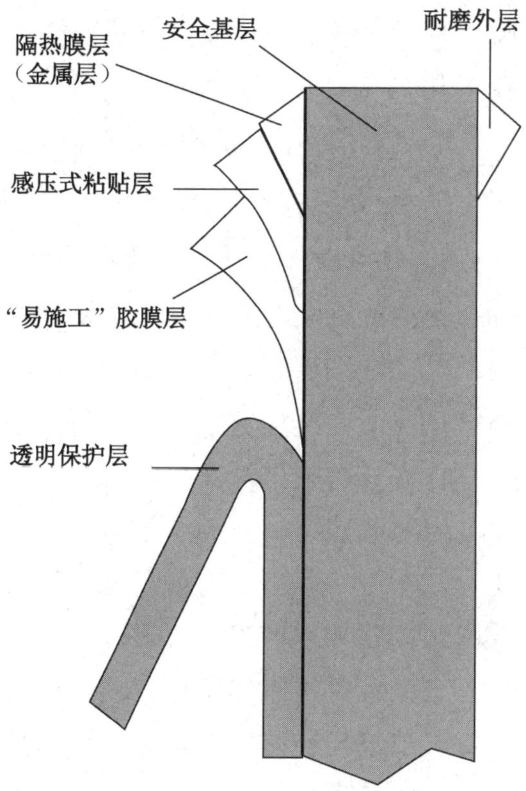

图 3-2-2 防爆膜的结构

（2）防爆膜的类型。

从发展过程看，防爆膜分四种，从最早的染色胶膜发展到耐摩擦膜，再进步到单向高透光膜，直至今天的高科技防爆膜。

染色胶膜：又称黑膜或塑胶纸，它的品质粗糙，透视性极差，夜晚几乎看不见车外事物，强阳光下隔热效果也不理想，使用不到一年的时间就会褪色、脱胶起泡，玻璃升降次数多了还容易被刮伤。这种黑膜外观不够高档，容易破坏玻璃和汽车的整体美观。

耐摩擦膜：它比染色胶膜多了耐摩擦功能，玻璃升降时不易将膜刮伤。

单向高透光膜：具有单向高透光、高隔热、耐摩擦和不褪色功能，是防爆膜科技的一大进步。它摒弃了染色胶膜的所有缺点，其夜间透视性极佳，车外视线不受影响，强阳光下隔热效果特别好。由于单向高透光膜生产技术的进步，每张膜和玻璃贴合在一起时都会让人觉得是原装玻璃原有的颜色，能充分提高玻璃和汽车的档次。

高科技防爆膜：具有防爆、单向高透光、高隔热、耐摩擦和不褪色功能，这是目前最好的防爆膜。它保持了单向高透光膜的一切优点，并增加了玻璃防爆特性，可增强玻璃的抗爆裂能力。即使玻璃爆裂，飞散的玻璃碎片也不易伤害车内人员。

（3）防爆膜的功能。

防爆功能：防爆膜具有良好的韧性和极强的黏附力，粘贴于车窗玻璃内侧后，可增强玻璃抗爆裂能力，防止玻璃意外伤人，最大限度地降低意外事故对人体的伤害。

隔紫外线功能：长时间的紫外线辐射，可对人体皮肤造成伤害，诱发皮肤癌。防爆膜中极薄的金属镀层能有效过滤 90%以上的紫外线，降低皮肤癌的发病率，防止物品褪色老化。

隔热功能：防爆膜可阻隔 80%左右的红外线和 50%左右的太阳辐射。

遮光功能：防爆膜具有单向透光性，既可以遮光，又具有良好的透视性。

3. 衡量防爆膜质量的重要指标

优质的汽车防爆膜具有防腐蚀的金属氧化层，能有效阻挡太阳热量和刺目眩光，防止车内饰件和皮肤受到紫外线的伤害；同时具有特有的防爆工艺，能有效防止外力撞击造成的车窗玻璃飞溅，避免造成驾乘人员受到伤害。所以在选择汽车防爆膜时，可以将以下四项重要指标作为参考依据。

（1）隔热率。

汽车防爆膜通过反射可见光和吸收红外线的热能达到阻隔热量的作用，一般优质的防爆膜隔热率在 40%～70%之间。

（2）紫外线阻隔率。

一般汽车防爆膜的紫外线阻隔率只有 40%，而优质的汽车防爆膜因为其深层加注紫外线吸收剂，该项指标不低于 98%，最高可达 99%。

（3）可见光透射率。

一般汽车防爆膜的可见光透射率在 5%～75%之间，过低的可见光透射率会妨碍驾驶员的视线，尤其前风挡玻璃的可见光透射率必须达到公安部交通安全法规要求的 70%，否则会严重影响行车安全。

（4）可见光反射率。

汽车防爆膜在反射可见光的同时还能反射部分热量。但是过高的可见光反射率会产生光污染，因此法律规定汽车膜的可见光反射率不得超过 10%。

任务三 章节测验

一、选择题

1. 优质防爆膜的使用期限在（　　）。

A. 两年左右　　B. 三年左右

C. 四年左右　　D. 五年以上

2. 前风挡玻璃必须选择（　　）的汽车防爆膜。

A. 反光度较高、色系较浅　　B. 反光度较高、色系较深

C．反光度较低、色系较浅　　D．反光度较低、色系较深

3．前风挡玻璃的透光率应（　　）。

A．在 40%左右　　B．在 50%左右

C．在 60%左右　　D．大于 70%

4．汽车防爆膜（　　）具有反射和阻挡红外线，实现隔热、隔紫外线的功能。

A．透明保护层　　B．“易施工”胶膜层

C．感压式粘贴层　　D．隔热膜层

二、填空题

1．贴膜________周后可以清洗。

2．贴膜后，如果有气泡要在____________小时内到专业的汽车美容养护店进行处理。

三、简答题

汽车防爆膜有什么作用？如何选择和安装？

模块四

汽车内饰护理装饰

本模块通过学习汽车内饰护理装饰中常见的内饰特殊物的清洁护理和汽车座椅装饰等项目，了解并掌握汽车内饰护理装饰的基本知识与操作技能，并在实际工作中予以应用。

思政小课堂

汽车内饰护理装饰模块通过对汽车内饰特殊物的清洁护理和汽车座椅装饰，引导学生加强对细节的观察分析，提升学生处理问题的能力，培养学生具体问题具体分析的唯物辩证思维。

具体问题具体分析，是要求人们在做事情、想问题时，根据事情的不同情况采取不同措施，不能一概而论。

任务实践

学习本模块后，每位同学制作一张以“内饰特殊物清洁护理技巧”为题材的思维导图。

任务一　内饰特殊物的清洁护理

知识目标

- 掌握内饰特殊物清洁护理的技巧

技能目标

- 能正确选用清洁护理用品进行内饰特殊物的处理

情感目标

- 在内饰特殊物清洁护理中体验工作的规范性

一、任务分析

一般汽车的座椅和地毯多是化纤制品，除了容易藏污纳垢，还很容易被一些外来物所污染而留下难以去除的渍痕，如儿童尿液、呕吐物等。一旦有污物洒落或喷溅到车内，应及时处理。

汽车车内污渍主要有水溶性污渍，如糖浆、墨汁、血液及黏附性的液体、口香糖残渣等；非水溶性污渍，如泥、沙、金属粉末、铁锈、霉菌等；油脂性污渍，如矿物油、涂料、油彩、沥青及动植物油等。

针对不同污渍，应选择不同的专用清洗剂。这些清洗剂不仅具有清洗美容功效，还具有防尘、防水、杀菌、除臭等功效。

二、任务实施

汽车内饰特殊物的护理技巧如下。

① 霉变物的清除。当内饰件受污染未及时清洁时会导致霉变，因此应及时用温热肥皂水清洗霉点；当霉变严重而该内饰件又能较容易地拆下时，可将其卸下后用冷水漂洗干净，再浸泡在盐水中，然后使用专用清洁剂清洗并擦干。

② 饮料的清除。如果将可乐、牛奶或咖啡等饮料洒在车内，可先用冷水浸湿的布擦拭，再使用专用清洁剂喷敷，然后用海绵或毛刷轻轻刷洗，随后用湿布擦拭，最后用纸巾或干毛巾擦干。

提示：千万不可用肥皂水或热水来清理，以免使印痕根深蒂固。

③ 糖果汁的清除。糖果汁造成的污点，除了含有巧克力成分，通常可用干净抹布蘸温水擦除。如果污点不能完全被清除，应等污渍表面干了以后，用抹布蘸专用清洁剂擦拭。如果污渍是由于沾到巧克力而造成的，那么可用抹布蘸温热的肥皂水，包在钝的刀片上轻轻擦拭，然后再用抹布蘸冷水擦洗干净。

④ 呕吐物的清除。先用手巾纸把呕吐物擦掉，在擦去呕吐物的同时也把水分吸干，随后用湿布擦几遍，接着用温热的肥皂水将抹布浸泡后清洗有污垢的座椅和地毯。如果气味还是很重，可用温热的苏打水（比例是 1 L 水加 1 匙小苏打）擦洗污垢处，然后用湿布擦拭干净，再用干抹布擦干。

⑤ 口香糖的清除。口香糖的清除应采用冷处理，先用冰块按于口香糖上使之冷却硬化，然后把它拧下来。如果还不能全部清除口香糖，可使用专用清洁剂将其润湿，趁口香糖仍是潮湿状态用钝刀片将它轻轻刮离纺织品表面。

⑥ 尿液的清除。座椅或地毯上的尿液，可用温热的肥皂水浸泡抹布后擦拭，然后用湿抹布来回擦几遍，再用干净抹布浸泡于医用氨水和冷水的混合液中（1∶5），将布覆盖在尿液处约几分钟后拿掉，用湿布擦拭干净，最后用干抹布擦干。

⑦ 血迹的清除。对于血迹污点，应用冷水浸湿的抹布擦拭，再用干抹布擦干。如果无法清除所有的血迹污点，可以用刷子或抹布蘸上少许氨水涂在血迹污点上，稍待片刻后，再用干净的软布浸清水擦拭干净。

提示：千万不能用肥皂水或热水清除血迹，因为血液一碰到肥皂或热水就会凝固。

⑧ 润滑脂及机油的清除。如果染上润滑脂，可先用钝刀或刮刀尽量将润滑脂积垢刮除，

剩下的润滑脂油渍及机油油渍，可以用抹布蘸少量专用清洁剂轻轻地擦洗。

提示：擦拭时应注意从油渍外缘擦向中心位置，否则可能会使油渍越擦越大。

三、任务评价

内饰特殊物的清洁护理任务评价表见表 4-1-1。

表 4-1-1 内饰特殊物的清洁护理任务评价表

任务名称				
评价方式	自评□ 互评□ 师评□			
项目	分值	评分标准	分值	得分
工作态度纪律素养	35	工作态度积极	10	
		遵守课堂纪律	5	
		操作现场按照“5S”管理标准进行整理	10	
		安全操作，无工具设备损坏	10	
团队合作	15	分工明确，人人有任务	7	
		团队合作意识强，工作量分配均匀	8	
任务实施完成情况	50	美容护理用品选用正确	10	
		美容护理工具选用正确	10	
		任务实施操作流程正确	15	
		任务完成达到预期效果	15	
合计				

四、知识与能力拓展

1. 车内异味的处理

（1）污染源分析。

① 新车的皮革、内饰等散发出的有害气体。

② 车内的霉菌产生的异味。例如，不小心掉落在车厢角落的水果、甜品腐烂发霉；洒落的饮料或因漏雨而被淋湿的座椅、地毯等也会成为霉菌滋生的温床；还有后备箱内久置不用的鞋子、衣服等，都会散发出难闻的异味。而当空调打开时，这些异味会随着气流在车厢内循环流动、蔓延，寻找新的可供霉菌生长的场所。

特别是仪表板里面，空调蒸发器周围阴暗潮湿，很难有干燥的时候，于是这里便成为霉菌的积聚地。时间长了以后，只要一开空调，便有源源不断的霉味冲出，让人误以为是空调内出了问题。

③ 烟灰盒的焦油味也是污染源之一，混杂在车厢和蒸发器内，时间长了味道会变得更难闻。

④ 需要注意的是，大多数车主都喜欢柠檬味的香水座，而这类香水多数呈酸性，散发出来后聚集在空调蒸发器上，易发霉变质，产生异味。若车内有了异味，再使用这些香水座，则会适得其反，加重异味。如果很喜欢香水，最好选用中性的、味道较淡的产品。

（2）清除车内异味的方法。

清除车内异味的方法见表 4-1-2。

表 4-1-2 清除车内异味的方法

步　骤	具体措施
第一步：清理	对车厢和后备箱进行收拾、规整，尽量不要把鞋、衣服、脏抹布等长期放在车内。杂物箱、烟灰盒等要经常清洁，在车厢内吸烟时要关闭空调而打开车窗。如果将汽车停放在太阳底下，车厢内的温度将高达 60℃，所以食物、水果要及时带走。养成清理的好习惯，就会远离异味
第二步：清洗	地毯或绒布座椅面罩沾有泥水、饮料或雨水时必须及时清洗干净，因为这类材质很难干燥，容易滋生霉菌而扩散，等到它们变得干燥没有霉味时，异味已经传到了空调蒸发器，这样空调系统就会出现异味。如果汽车空调出现异味，可将除臭剂喷入车厢内进风口处，除臭剂便会随气流进入蒸发器周围进行清洗，打开空调内循环，用循环气流冲洗蒸发器，这样就可达到清洗空调的目的。因此清洗可以消灭异味传染源，如果缺少了潮湿环境，霉菌就会无处藏身
第三步：烘干	烘干可以预防异味产生，又可以清除已有的异味。对于已经清洗的地毯、座椅面罩等，晒干或烘干后方可使用。对于清洗过的空调系统，可以利用汽车空调的制热功能，一边利用空调的循环气流冲洗空调蒸发器，一边利用空调热风烘干，这样就能在不拆卸仪表板和空调系统的情况下，达到清除异味的目的

2. 新车异味的处理

新车异味主要来自在生产过程中使用的黏合剂和皮革、塑料、橡胶等制品本身的味道，所产生的有害气体包括甲醛、苯、氨、TVOC（总挥发性有机物）等。其中，氨存在的量较少，危害小。甲醛有强烈刺激性气味，是可疑致癌物。苯有芳香味，已明确是强烈致癌物。住房内有害气体可释放 3～15 年，车内可释放 1～2 年。一般新车甲醛、苯超标是比较严重的，一般超标 10 多倍，最高的能到 100 多倍。

新车异味的常用处理方法见表 4-1-3。

表 4-1-3 新车异味的常用处理方法

方　法	实施效果
开窗通风	开窗通风是较为有效、便宜的方法。开车时一定要多通风换气，宁可脏一些，也比呼吸有害气体强
用负离子空气净化机	负离子空气净化机可以去除车内烟、霉、人体等异味，让驾驶员呼吸到清新空气，保证其头脑清醒，反应敏捷，同时消除乘客携带的呼吸道传染病菌，保证健康
用甲醛清除剂、苯清除剂	对车内、后备箱内织物、皮革等表面进行甲醛清除剂、苯清除剂喷洒处理，仪表板不用。车下部和后备箱那些毛茸茸的织物可以多处理几遍，直到把鼻子凑上去，几乎闻不到异味为止
用光触媒	对车的仪表板等露在外面的地方进行甲醛清除剂＼苯清除光触媒喷涂。光触媒的特性就是可以长期氧化分解有害气体。做了光触媒喷涂的汽车最好在 1～2 个月内不要贴膜
放置活性炭包	活性炭吸附车内释放出来的甲醛及光触媒未分解的少量有害气体
利用热带水果	很多车主利用热带水果去除异味，效果好，成本低，方法简便。很多车主把这类水果当作天然实用的“空气清新剂”

任务二 汽车座椅装饰

知识目标

- 了解汽车座椅面料的种类
- 了解真皮座椅的优缺点

技能目标

- 能按操作规范给汽车座椅包装真皮
- 能够给汽车座椅安装布座套

情感目标

- 在操作中体会为座椅包装真皮及安装布套的过程

一、任务分析

图 4-2-1 汽车座椅装饰

汽车进入家庭，成为人们的代步工具，人们也开始像家庭装饰一样装修自己的爱车，汽车座椅装饰是必不可少的装饰环节（汽车座椅装饰如图 4-2-1 所示）。汽车座椅装饰的项目很多，包括座椅真皮装饰、座椅布艺装饰、保健坐垫、枕垫等。

二、知识准备

1. 座椅上的装饰材料

座椅是车内装饰的主体，尤其是汽车座椅的面料，既是汽车制造商借以提高汽车档次，以较低成本获得较高评价的卖点，又是用户评价汽车豪华感、舒适性和实用性的重要内容。

座椅的装饰主要集中在座椅的表皮层。座椅表皮层使用的材料主要有纺织布料、人造革材料、真皮材料等，其中以真皮材料最为豪华。不管采用哪种表皮层，都要有一定的弹性和延伸性。

2. 汽车座椅布套种类

纯棉座套：全棉质地的座套沉稳大方、结实耐用、不易磨损，最重要的是拆装都非常方便，在洗涤上也没有特别的要求，适合干洗和水洗，可以随时清洗，时刻保持干燥整洁的车内空间。纯棉座套又有不同的风格，可以满足不同车主的喜好。

混纺座套：混纺座套是市售座套中较便宜的一种，有棉料加莱卡或棉料加莱卡和涤纶的混纺。混纺座套结实易清洗，但手感较粗硬，水洗后不会缩水和变形，能更持久地使用。混纺座套大大增加了座套的艺术性，为汽车增添了审美情趣。

3. 真皮座椅

真皮座椅的优缺点见表 4-2-1。

表 4-2-1 真皮座椅的优缺点

优点	① 提高汽车配备档次，让汽车能够在视觉上、触觉上，甚至在味觉上都给人以舒服的心理感觉，而且可使汽车增色不少 ② 真皮座椅不像绒布座椅那么容易藏污纳垢，会有灰尘落在座椅的表面，不会堆积在座椅的较深处而不易清理
缺点	① 真皮座椅受热后会出现老化现象，如果不及时护理，易过早失去光泽 ② 真皮座椅在乘坐上要比绒布座椅滑，虽然厂家在座椅表面做了褶皱或反皮处理，以降低滑感，但是与绒布座椅相比，同一椅型真皮座椅的乘坐感还是要滑一些

三、任务实施

图片示例	步　　骤
1. 座椅包装真皮的步骤	
	第一步：安全地把车上的座椅拆卸下来。这个步骤不需要很高的技巧，但针对某些车型需要注意安全。例如，带安全气囊的车，遇到这样的车型，首先要清楚气囊的位置，然后动作尽量放轻，避免出现对气囊的撞击。
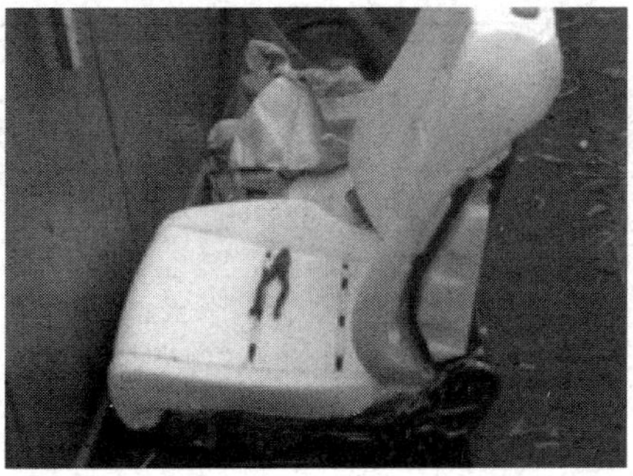	第二步：座椅拆下以后，将原来的绒布套一一拆下，露出座椅内部的海绵。

图片示例	步　骤
	第三步：制版。真皮座椅是否好看、合适，制版是最为关键的一步。技师会根据原车的绒布套、座椅的形状及座椅海绵的形状，进行详细的分析和比较，一步步制作出大小不一的“板”。这些“板”制作成形后，以后同样型号的座椅就不需要再进行制版了。
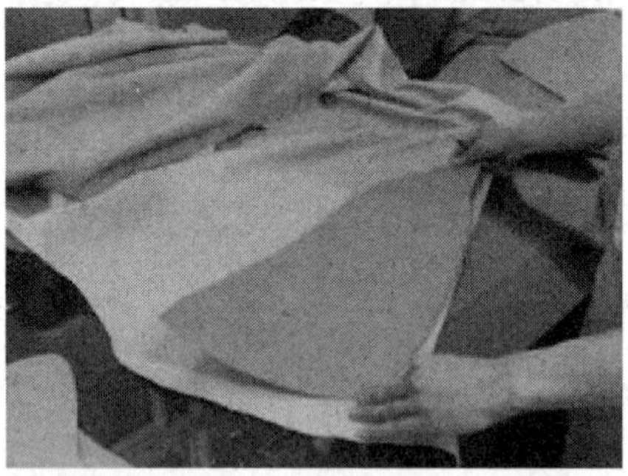	第四步：裁皮。把一整张真皮，按照版型裁成大小不一的小块。裁皮的方式有三种：刀裁、剪裁和机器裁。一般以刀裁为主。
 	第五步：皮子裁好以后，要在皮子里面加一层海绵，海绵要先用机器固定在皮子上，行业内称之为“跑片儿”。
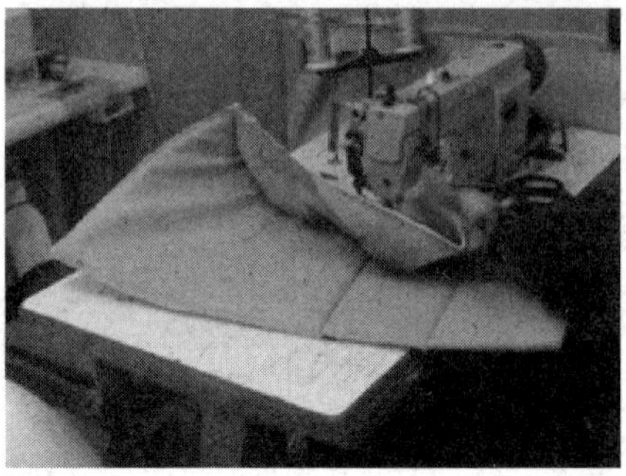	第六步：缝合。把一块一块带有海绵的皮子，按照固定的位置用机器缝合到一起。这是所有程序里最考验技术的一项，一般客户首先看的都是皮椅明线是否平直、匀称。要保证皮椅外露的明线绝对平直。

图片示例	步　　骤
 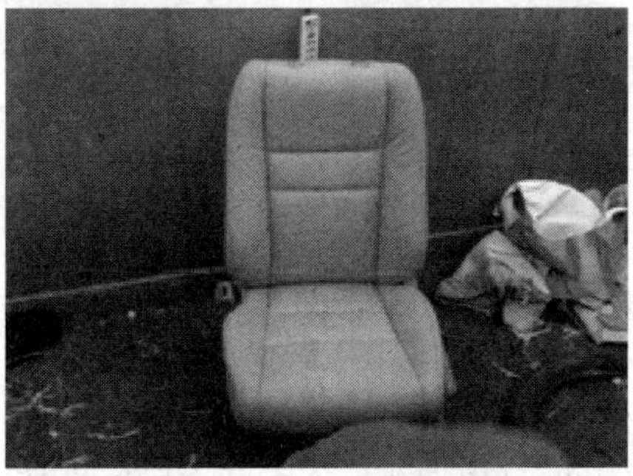	第七步：包真皮座椅。真皮座椅表面是不能有褶皱的，这和版型是否合适有关系，但如果真皮很厚很硬，再合适的版型也不可能做到一点褶皱也不出。先把已经缝合好的各个部位的真皮套在座椅上，然后通过卡钉、卡条、钢筋、铁丝和座椅进行固定，之后再用手进行拍打、抚平等初步整形工作。这个过程完成以后，整个真皮座椅就初具形状了。
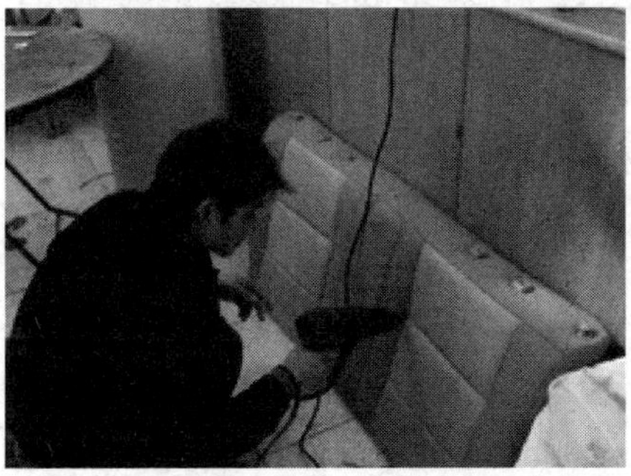	第八步：修整。真皮座椅做好后还有一些褶皱，特别是一些形状复杂的座椅，虽然看上去已经非常漂亮，但仍需要进行最后的修饰工作。修饰的工具是烤枪，用烤枪在座椅上的一些死角处进行吹烤。烤完之后还要用专用的清洗剂清洗一次。
 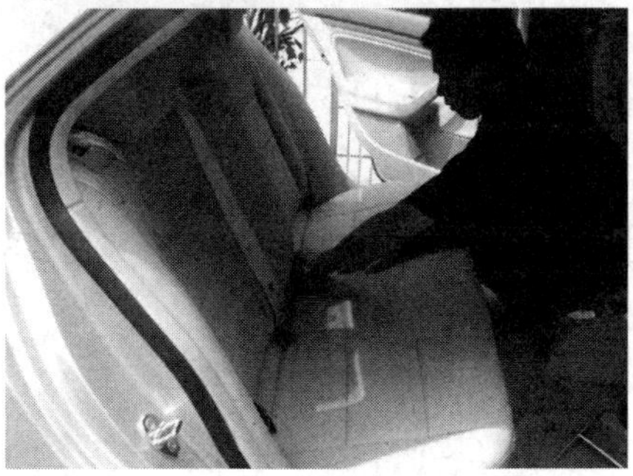	第九步：复装好座椅。

<table>
<tr><th>图片示例</th><th>步　骤</th></tr>
<tr><td colspan="2">2．座椅安装布套的步骤</td></tr>
<tr><td colspan="2">（1）独立座椅布座套的安装。</td></tr>
<tr><td></td><td>第一步：先从副驾驶侧前座开始，把靠枕拉出来，从头靠部位开始慢慢往下拉，确保座位端正。靠近座位上的下摆布用力往座位里塞，穿到后边。</td></tr>
<tr><td></td><td>第二步：在座与靠背的交接处有小弯头，将小弯头塞在座与靠背之间的缝隙中，把座套后方的硬衬往下翻，这个硬衬带粘贴布，把它和前面穿过来的黑布粘在一起。这样固定，座套就不容易移位。</td></tr>
<tr><td></td><td>第三步：把座位上的座套套上，同样把座套的后面部分，包括两边各一个带扣和一条系绳，尽量往座位里塞，穿到后边。</td></tr>
<tr><td>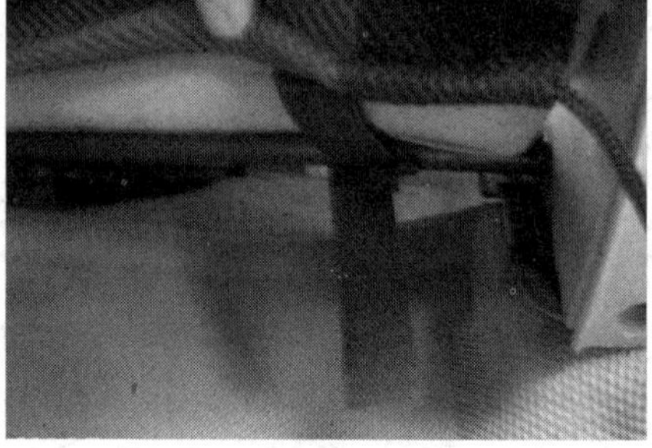</td><td>第四步：把座套前端的两条拉带仔细地穿过整个座位底部，再从后座位置拉出来，穿到前面塞过来的带扣里，再反转扣牢。另一边拉带同样处理。</td></tr>
</table>

图片示例	步　　骤
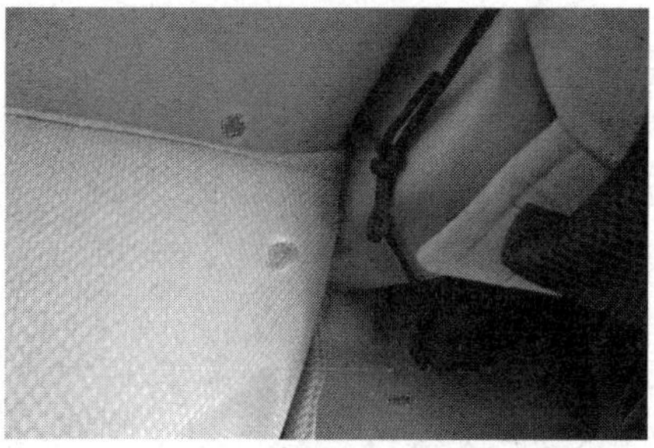	第五步：把座套左边的系绳拉到座位后下部位，和前方塞过来的系绳绑在一起。右边的系绳同样处理。
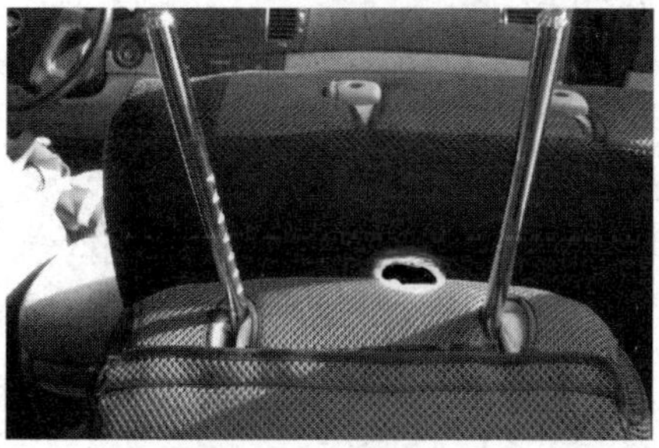	第六步：给头枕也套上套子。
	第七步：装上头枕，完成一个独立座位的安装。
（2）后座椅布座套的安装。	
	第一步：拆卸后座。后座前部两端各有一个卡扣，在卡扣位置上提，很容易把整个座位拉出来。
	第二步：拆卸后座上的靠背。先从最左边的靠背开始，这里需要拆卸一个螺钉，用套筒拆卸。

图片示例	步　骤
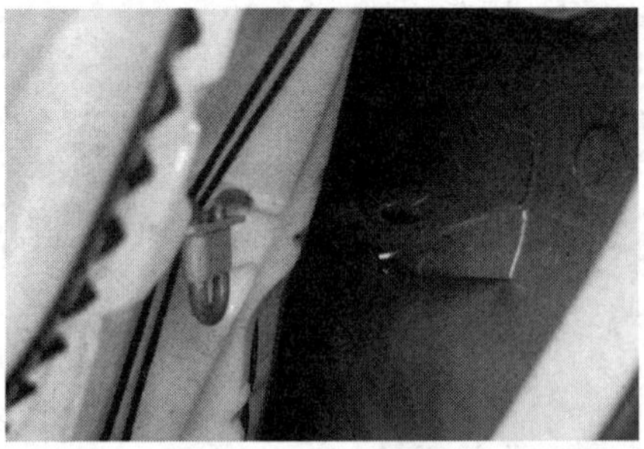	第三步：拆好螺钉，把整个靠背用力往上抬，就可以把靠背从卡扣中拆出来。
	第四步：把靠背对应的座套装上，拉好拉链。
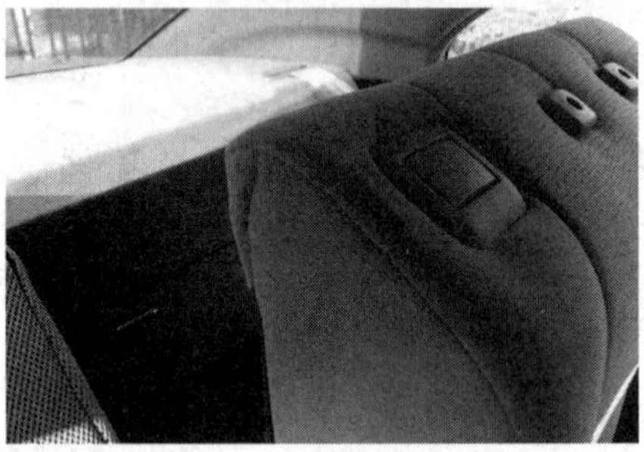	第五步：拆卸里面一点的靠背。这个很简单，只要把头枕拿掉，按下靠背上方的按钮，就可以轻松地把靠背拉出来。
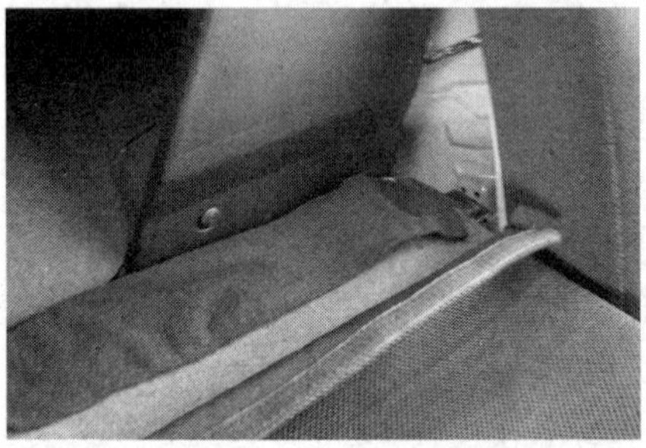	第六步：把对应的座套装上去，和前座一样，需要把前方的黑布往里塞，再从反面拉出来，然后和座套后方的硬衬粘在一起。
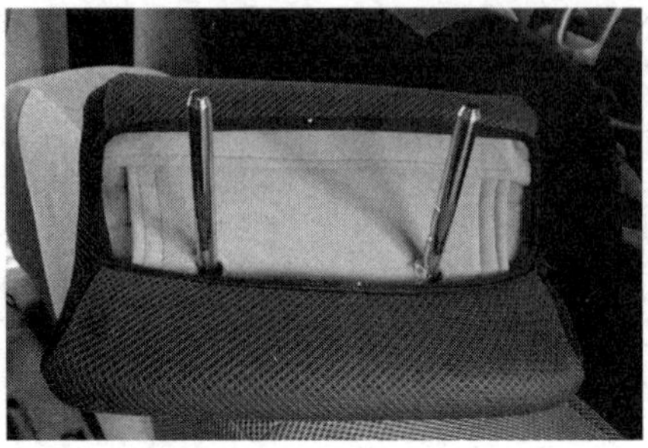	第七步：后靠背的头枕同样也有套子，套上即可。

图片示例	步　　骤
	第八步：把两个靠背按原样复原。
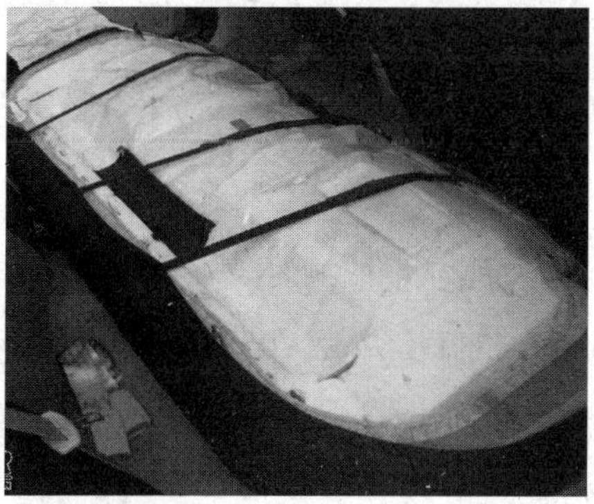	第九步：接下来开始安装后座位的布套。套上布套，把三条拉带分别穿过对应的带扣，反扣粘上，再把两端的系绳系好即可。
	第十步：套好后，再把座位复原。复原时需要先把座位往里塞，再把前端的两个卡扣往下压卡好。记得要先把几个安全带扣拉出来。至此，全部安装步骤完成。

四、任务评价

汽车座椅装饰任务评价表见表 4-2-2。

表 4-2-2　汽车座椅装饰任务评价表

任务名称				
评价方式	自评□　互评□　师评□			
项目	分值	评分标准	分值	得分
工作态度纪律素养	35	工作态度积极	10	
		遵守课堂纪律	5	
		操作现场按照“5S”管理标准进行整理	10	
		安全操作，无工具设备损坏	10	

续表

项目	分值	评分标准	分值	得分
团队合作	15	分工明确，人人有任务	7	
		团队合作意识强，工作量分配均匀	8	
任务实施完成情况	50	美容护理用品选用正确	10	
		美容护理工具选用正确	10	
		任务实施操作流程正确	15	
		任务完成达到预期效果	15	
合计				

五、知识与能力拓展

1. 汽车座椅的分类

（1）驾驶员座椅。

驾驶员开车时，要求注意力集中，以方便观察路面，灵活地处理各种复杂的交通路况。因此，驾驶员座椅对舒适性要求相对较高。普通座椅要求能够调整座椅在驾驶区的前后位置和椅背的倾角，高级座椅还要求能够调整座椅的高低、座凳的倾角。这种调整分手动调整和电动调整。总之，驾驶员座椅要求性能可靠，调整灵活方便。

（2）乘员座椅。

乘员座椅要求乘坐舒适，对调整无过多的要求。一些汽车的乘员座椅，其椅背和座凳同样具有角度调整机构，以增加其舒适性。

（3）儿童安全座椅。

随着私家车的增多，儿童乘坐汽车的安全状况越来越令人担忧。目前，国内汽车使用儿童安全座椅的家庭比例很低。而大部分发达国家都制定了强制使用儿童安全座椅的法律法规，甚至对儿童使用安全座椅的年龄都有明确限制。德国、荷兰和日本将强制使用儿童安全座椅的要求提高到 12 岁以下；瑞典要求 7 岁以下的儿童乘车时，车上应备有保护儿童安全的装置；在美国，法律规定的年龄为 4 岁以下。

图 4-2-2　儿童安全座椅

儿童安全座椅是专门针对不同年龄段、不同身高和体重的儿童设计的保护儿童乘车安全的装置，它完全不同于车内装饰。对于不同年龄和身高的婴幼儿和儿童，儿童安全座椅的选择和安装也有不同的标准，应根据儿童不同的生长阶段使用不同的安全座椅（儿童安全座椅如图 4-2-2 所示）。

① 0～1 周岁的婴儿（体重不超过 9 kg）。适用座椅类型：婴儿专用座椅或者面朝后折叠式婴幼儿两用型座椅。

年龄不超过 1 周岁和体重不超过 9 kg 的婴儿乘员应使用面

朝后的座椅，如果可能，年龄和体重范围还可以扩大。座椅的倾斜度应为 30°～45°，以防止孩子的头部朝前方下垂。座椅也不能过度后仰，否则一旦发生撞车事故，很可能使孩子从座椅中滑出。

② 1～4 周岁的幼儿（体重 9～18 kg）。适用座椅类型：折叠式婴幼儿两用型座椅或者面朝前专用安全座椅。

年龄超过 1 周岁并且体重超过 9 kg 的儿童可以面朝前乘车，座椅应处于垂直状态或者生产厂家推荐的其他位置。

③ 4～8 周岁的儿童（体重 18 kg 以上）。适用座椅类型：无背式可固定安全带的加高座椅或高背式可固定安全带的加高座椅。

2. 汽车坐垫的分类

汽车坐垫的分类见表 4-2-3。

表 4-2-3 汽车坐垫的分类

种　类	优　点
柔式坐垫	该坐垫主要由棉、麻、毛及化纤等材料制成，具有透气性能优良、韧性强、易于日常清洁护理等特点。棉毛混纺坐垫具有柔软、舒适和透气性能好等特点；化纤混纺坐垫具有透气性好、价格低等特点，但易产生静电
人造毛坐垫	该坐垫具有价格低、清洗简便的特点
纯羊毛坐垫	该坐垫适合中高档汽车使用，这种坐垫手感好，不易掉毛，摸上去毛茸茸的，给人温暖舒适的感觉
帘式坐垫	该坐垫主要由竹、石和硬塑料等制成小块单元体，然后将单元体串接成帘状制成坐垫。该坐垫具有极好的透气性，是高温季节防暑降温的佳品
保健坐垫	该坐垫是根据大众保健需求制成的高科技产品，当乘员随汽车颠簸震动时可起到自动按摩效果，另外该坐垫的磁场效应对人体保健也大有益处
电热坐垫	该坐垫利用电能把电热丝加热，起到坐垫升温的效果，很实用也很安全

3. 汽车枕垫

一项研究认为，驾驶员比乘客更容易发生颈部损伤。因为当驾驶员开车和观察周围交通状况时，他身体前倾，离开了座椅后背，而乘客通常放松，头部紧靠着头枕，所以坐在后边的乘客比前边的驾驶员发生颈部损伤的概率要小。

为了减少撞击中头颈发生受伤的情况，颈部扭曲必须控制在最小幅度内，设计优良并且正确安装的头枕对此至关重要。头枕应该安装在至少与耳朵上沿平行的地方或者乘员头下约 8.89 cm 的地方。后脑与头枕之间的距离越小越好，最好不要超过 10.16 cm。由于乘员身高各异，因此头枕的调节范围也不同。研究表明：

① 车速在 100 km/h 左右发生碰撞时，汽车加速与减速的力量全部挤压在人脆弱的颈部，如果得不到汽车头枕的保护，车内驾乘人员的颈部很容易受伤。

② 26%的追尾事故中，驾乘人员的头部或颈部会受伤。

③ 在同等条件下，使用优质头枕的驾乘人员比使用劣质头枕的驾乘人员在追尾事故中颈

部损伤概率降低 24%。

④ 在汽车碰撞事故中，女性比男性发生头部和颈部受伤的概率高出 1.8～2.2 倍。

任务三 章节测验

一、选择题

1．一般汽车的座椅和地毯，多是（　　）。

A．化纤制品　　B．棉制品　　C．橡胶制品　　D．塑料制品

2．以下属于油脂性污渍的有（　　）。

A．油彩　　B．沥青　　C．润滑脂　　D．食用油

3．铁锈属于（　　）。

A．水溶性污渍　　B．非水溶性污渍　　C．油脂性污渍

二、判断题

1．口香糖污渍的清除，应采用冷处理，先用冰块将其冷却硬化，再把它拧下来。（　　）

2．车内牛奶、咖啡等饮料污渍，可以用肥皂水或热水来清理。（　　）

3．汽车座椅有血迹需要清除时，千万不能用肥皂水或热水。（　　）

模块五

汽车底盘护理装饰

本模块通过学习汽车底盘护理装饰中常见的汽车车轮美容护理、汽车底盘美容护理及汽车底盘装甲与喷塑装饰等项目，了解并掌握汽车底盘护理装饰的基本知识与操作技能，并在实际工作中予以应用。

思政小课堂

汽车底盘护理装饰模块通过对汽车显性到隐性部位的清洁护理，引导学生诚实做事，加强学生的环保意识和安全行驶意识。

任务实践

学习本模块后，每位同学收集并整理一份日常生活中有关安全意识的案例。

任务一 汽车车轮美容护理

知识目标

- 了解汽车轮胎保养操作的意义

技能目标

- 可以独立完成汽车轮胎的养护

情感目标

- 在汽车轮胎美容护理过程中感受工作认真细致的重要性

一、任务分析

在汽车制动过程中，制动片与制动器相互摩擦产生的炭粉覆盖在铝合金轮辋表面，铝合

图 5-1-1　轮胎

金轮辋运行过程所散发的热量会使炭粉在铝合金轮辋表面结焦，时间一久，就变成了一层深咖啡色的坚硬物质。这会腐蚀轮辋，导致车轮不美观。

据不完全统计，在高速公路的交通事故中，爆胎占 70%以上，给人们的生命安全和财产安全造成了严重的损失。轮胎（如图 5-1-1 所示）是汽车的易损件，在一辆汽车的使用过程中，更换轮胎的费用占保养护理费用的 20%左右。为了确保行车安全，延长汽车的使用寿命，对轮胎进行美容护理不可忽视。

二、知识准备

车轮美容产品的特点、使用方法及注意事项见表 5-1-1。

表 5-1-1　车轮美容产品的特点、使用方法及注意事项

产　品	特　点	使用方法	注意事项
轮胎泡沫清洁剂  	该产品能迅速、彻底地清除轮胎表面的污垢，并能有效防止轮胎老化、龟裂或褪色，令轮胎即刻恢复光洁亮丽，保持长久，无损轮圈和轮胎盖等轮胎部件	① 使用该产品前充分摇晃容器； ② 距离轮胎外侧 5～15 cm，均匀喷射； ③ 无须擦拭，待干燥后再起动汽车行驶； ④ 不要用于轮胎的着地面	① 如不慎触及眼睛，应立即用大量清水冲洗并就医诊治； ② 喷射时，应保持气雾罐正立且水平夹角不得小于 45°； ③ 应在低于 40℃的地方存放，远离热源与明火。严禁暴晒、刺破或焚烧罐子。远离儿童存放
轮胎泡沫光亮剂 	① 该产品能迅速清除轮胎表面的尘垢； ② 该产品在数分钟内可以清洁轮胎侧面，变得有光泽； ③ 该产品使褪色的轮胎侧面得到保护； ④ 该产品不损害车轮和轮胎； ⑤ 干燥或潮湿的轮胎均适用该产品	① 使用该产品前充分摇匀； ② 在距离轮胎侧面约 15 cm 处，按压喷嘴阀，并平稳地移动，使泡沫均匀地喷洒至整个轮胎的侧面； ③ 对于特别脏的轮胎，为了得到最佳的清洁上光效果，应首先将其洗擦干净，然后再使用该产品	① 使用该产品后，须立即将滴落在地面的液滴用水冲洗干净，避免弄脏地面； ② 不得靠近热源或火种，不得将喷雾罐刺穿或焚烧，以免发生危险事故；贮存温度不得高于 50℃； ③ 该产品适用于汽车（或各种机动车）橡胶轮胎侧面的清洁上光，不能用于地板或楼梯踏板； ④ 避免儿童接触

续表

产　品	特　点	使 用 方 法	注 意 事 项
轮胎保护剂 	① 该产品采用了特殊的硅酮树脂高分子聚合物，一旦喷于轮胎，马上呈现出一种“水晶般”的光泽，同时迅速“渗透”至橡胶表层，形成持久保护膜，但绝不“油腻”； ② 该产品含有一种含氟聚合物，能使光泽的保持时间达到普通轮胎清洁产品的3～4倍； ③ 该产品含有一种特殊的保护剂成分，以增加该产品的渗透能力，帮助轮胎抵御紫外线的侵害	① 先将轮胎用清水清洁干净，然后将该产品直接喷在轮胎侧面，自然风干即可； ② 其他部位，包括密封条、保险杠等橡胶、塑料件均可使用该产品	① 远离火源、儿童，不可入口； ② 如不慎入眼，应立刻用清水冲洗并及时就医； ③ 应在 0℃以上的环境存放该产品，避免阳光直射
轮胎养护增黑剂 	该产品采用先进技术配方及纯天然原料精制而成，具有去污、增黑，阻止紫外线侵蚀，防止橡胶硬化、龟裂、褪色等功效。长期使用该产品可保持轮胎的清洁，延缓老化，延长轮胎的使用寿命	先将轮胎用清水冲洗干净，并用毛巾擦干水渍，然后用喷雾器或轮胎毛刷手工将该产品均匀地喷涂于轮胎表面部位，自然干燥即可	不可饮用，避免阳光直射
轮胎笔 	该产品采用特殊的颜料配制而成，会牢固地吸附在轮胎的表层上，不易老化、脱落	① 使用前须摇晃 30 s 以上； ② 垂直使用效果最好； ③ 首次使用前应在废纸上向下压几下笔头，直到看到笔头流出颜料为止，压笔头的时候不要用力过猛，否则可能会流出大量颜料	① 使用过程中不要摇晃该产品，若十分必要，则应在远离车体的地方摇晃，以免颜料溅出； ② 使用该产品后应立即盖好笔套密封保存； ③ 如在轮胎上涂错了或者颜料溅在车身其他部位，应立即用汽油清洗； ④ 长时间使用该产品后，如沾有灰土油泥，用湿布擦一下即光亮如新

三、任务实施

图片示例	步　　骤
1．汽车轮辋的美容护理	
	第一步：用高压水枪冲洗车轮，冲掉大的泥沙颗粒。 **提示：**车轮温度很高时，不可清洗，否则易使车轮受损。
	第二步：用海绵蘸清洁剂擦拭轮辋，去除黏附的灰尘、油污，然后用清水将污物冲洗干净。
	第三步：喷洒轮辋清洁剂，溶解结焦物。 **提示：**使用前应充分摇晃容器；距离轮胎外侧5～15 cm，均匀喷射。
	第四步：等待5 min，待轮辋清洁剂软化结焦物后，用海绵或粗布擦掉。 **提示：**轮辋和辐条间的缝隙不要遗漏；不可以用硬毛刷子刷，以免损坏轮辋漆面。

图片示例	步　　骤
	第五步：用清水冲洗后复查，若结焦严重，则可多次重复清洁。 **提示：** 建议每个星期洗刷一次轮辋。
	第六步：进行打蜡上光护理。
2．汽车轮胎的美容护理	
	第一步：用高压水枪冲洗轮胎。采用高压水枪冲洗法，洗去轮胎上的淤泥、污物等；同时，边冲洗、边用刷子刷，可去除深嵌在轮胎花纹中的淤泥、沙石等。
	第二步：用柏油沥青清洁剂清洁轮胎。将柏油沥青清洁剂喷涂在轮胎表面，等待 20 s 左右，用软刷子对轮胎进行刷洗，并用清水将污物冲洗干净，这样可洗去轮胎表面上的焦油、蜡膜、油脂和硅化物等。

<table>
<tr><th>图片示例</th><th>步　　骤</th></tr>
<tr><td></td><td>第三步：再清洗。将万能清洁剂喷涂在轮胎表面上，用软刷子进行刷洗并用清水冲去污物，可达到彻底清洗、去除污物的目的。</td></tr>
<tr><td></td><td>第四步：干燥。将清洗后的轮胎擦干或自然风干，也可用压缩空气吹干。</td></tr>
<tr><td></td><td>第五步：喷洒一层轮胎光亮保护剂。将轮胎光亮保护剂均匀地喷涂在轮胎表面，几分钟后自然风干，可延缓轮胎的进一步龟裂和老化；同时，可使轮胎表面快速生成一层乌黑闪亮的保护膜且能防水，不易被水洗掉。</td></tr>
<tr><td colspan="2">3．汽车轮胎的个性化装饰</td></tr>
<tr><td></td><td>（1）轮胎装饰盖。
汽车的车轮就像人的鞋子一样重要。一辆汽车无论车身多么漂亮，如果没有好看的车轮，就像一个人身穿一套高级西服却穿了一双草鞋一样，不可思议。现在的车轮上有许多装饰性的物品，可以使车主按照自己的个性，对车轮进行外观改造。在街上行驶的汽车，有许多是铝合金轮圈。这类轮圈都设计有闪亮的金属光泽和奇异的外形，但价格也很高。如果想拥有合金轮圈的外表又追求经济节约，那么塑料电镀的轮胎装饰盖就是最好的选择。</td></tr>
</table>

图片示例	步　　骤
	普通的汽车轮胎钢圈在使用中经常由于被剐蹭而显得很难看，更换又不值得，轮胎装饰盖可以将普通钢圈表面彻底遮盖。外形各异的装饰盖安装简单，彰显个性，是汽车外形装饰理想的选择，具体实例可参见左图。
	（2）轮胎装饰灯。 目前，市场上有许多轮胎装饰灯，外形各异，制造精美。该灯直接装在轮胎的气门嘴上，随轮胎的转速加快，会发出一闪一闪的光，既能彰显个性，又能在夜晚行车时起到安全提示作用。 灯体由塑料镀铬制成，电池仓由橡胶圈子密封，起到防水作用。当汽车起动的时候，该灯开始闪亮，停车后会继续闪亮 30 s 左右。
	（3）轮胎美容笔。 轮胎美容笔可以实现现代人个性化的追求，既可以涂抹在轮胎突出的字体上，又可以自己设计图案描在轮胎上。它可产生光彩夺目的装饰效果，令汽车个性张扬，气度非凡。轮胎美容笔色泽纯白，具有优异的附着力，保持期在 60 天以上，洗车的时候不会像修正液那样一冲就掉了。涂装方法参见左图。

四、任务评价

汽车车轮美容护理任务评价表见表 5-1-2。

表 5-1-2　汽车车轮美容护理任务评价表

任务名称				
评价方式	自评□　　互评□　　师评□			
项目	分值	评分标准	分值	得分
工作态度纪律素养	35	工作态度积极	10	
		遵守课堂纪律	5	
		操作现场按照“5S”管理标准进行整理	10	
		安全操作，无工具设备损坏	10	
团队合作	15	分工明确，人人有任务	7	
		团队合作意识强，工作量分配均匀	8	

续表

评价方式	自评□　　互评□　　师评□			
任务实施完成情况	50	美容护理用品选用正确	10	
		美容护理工具选用正确	10	
		任务实施操作流程正确	15	
		任务完成达到预期效果	15	
合计				

五、知识与能力拓展

1．轮胎的结构

轮胎的结构如图 5-1-2 和图 5-1-3 所示。

图 5-1-2　轮胎的结构（一）

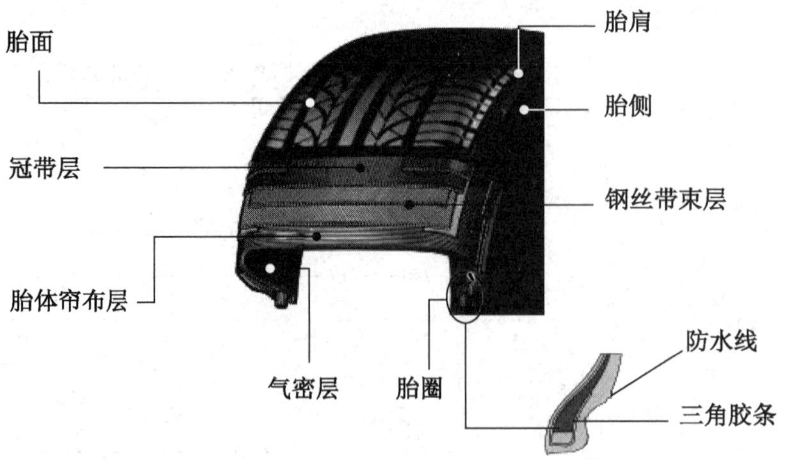

图 5-1-3　轮胎的结构（二）

轮胎有以下四大功能。

① 承载功能（承受汽车负荷）。

② 牵引、制动功能（向路面传递驱动力和制动力）。

③ 减震功能（吸收路面震动）。

④ 机动、稳定功能（改变和保持汽车行驶方向）。

2. 轮胎的分类

（1）按轮胎结构分类。

① 子午线轮胎（Radial）：胎体帘线与钢丝带束层帘线之间所形成的角度，就像地球的子午线一样，所以称为子午线轮胎。

② 斜交轮胎（Bias）：胎体帘线按斜线交叉排列，所以称为斜交轮胎。

③ 带束斜交胎（Belted Bias）：胎体构造为斜交胎结构，另具有钢丝带束层，所以称为带束斜交胎。

（2）按有无内胎分类。

① 有内胎轮胎（Tube）。

② 无内胎轮胎（Tubeless）。

（3）按花纹类型分类。

轮胎按花纹类型分类见表 5-1-3。

表 5-1-3 轮胎按花纹类型分类

类　型	花 纹 形 状	花 纹 特 性	适 用 条 件
条形花纹	花纹沿圆周连接在一起 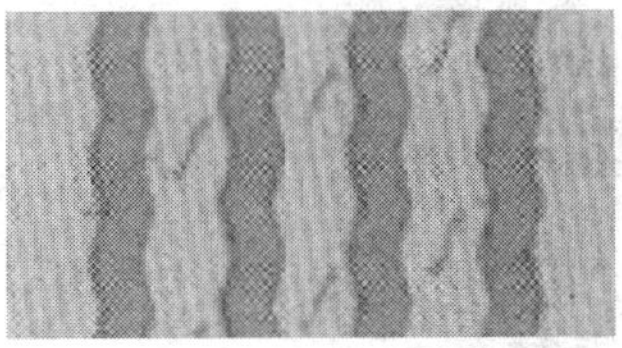	① 低滚动阻力； ② 优良的乘坐舒适性； ③ 防侧滑，转向稳定性优异； ④ 噪声低	铺装路面 高速
横向花纹	横向切割的花纹 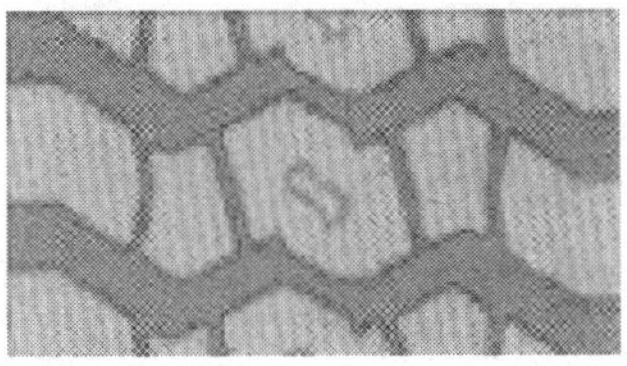	① 出色的驱动力和制动力； ② 强大的牵引力	普通路面 非铺装路面
混合花纹	横纹和纵纹相结合的花纹 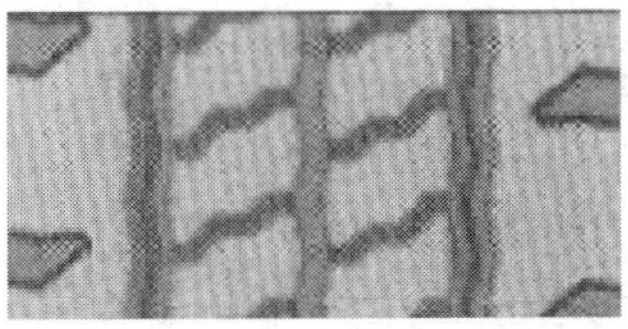	① 纵纹提供转向稳定性并有助于防止侧滑； ② 横纹改善驱动力、制动力及牵引力	普通路面 非铺装路面

续表

类　型	花纹形状	花纹特性	适用条件
越野花纹	由独立的块组成的花纹 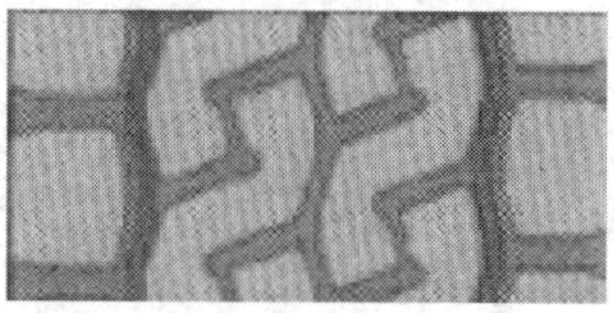	① 出色的驱动力和制动力； ② 在雪地和泥泞路面上具有良好的转向稳定性	普通路面 非铺装路面

3．轮胎规格表示法

（1）轿车子午胎。

215/70R15　97H

215——轮胎的公称断面宽为 215 mm；

70——轮胎断面的高宽比为 0.7（扁平比）；

R——子午胎；

15——轮辋名义直径为 15 英寸；

97——载重指数；

H——速度级别，表示 210 km/h。

轿车子午胎规格示例如图 5-1-4 所示。

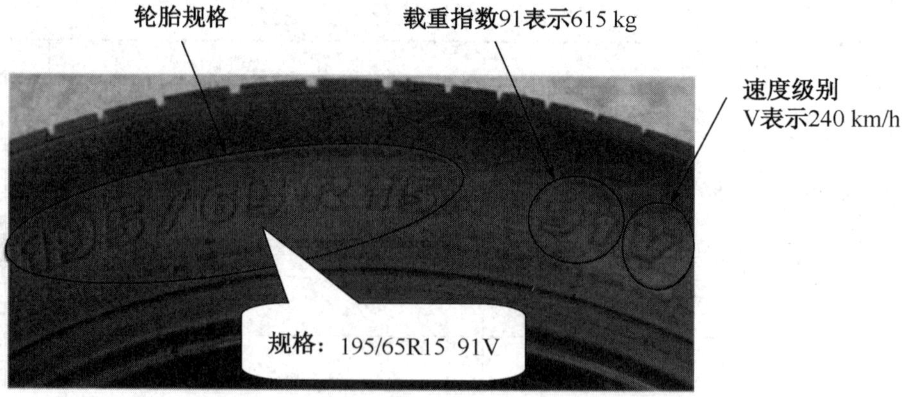

图 5-1-4　轿车子午胎规格示例

（2）轻载子午胎。

31×10.5R15LT

31——轮胎外直径为 31 英寸；

10.5——轮胎公称断面宽为 10.5 英寸；

R——子午胎；

15——轮辋名义直径为 15 英寸；

LT——表示轻载轮胎。

（3）斜交轮胎。

6.00-12

6.00——轮胎的公称断面宽为 6 英寸；

12——轮辋的名义直径为 12 英寸。

4. 轮胎使用与保养的基本常识

（1）轮胎常见的磨损及原因。

轮胎常见的磨损及原因见表 5-1-4。

表 5-1-4　轮胎常见的磨损及原因

	边缘两侧磨损	中间磨损	羽边磨损	单侧磨损	胎趾和胎踵磨损
胎面状况					旋转方向 
原　因	空气压力太低	空气压力太高	前束或后束问题	外倾问题	任意的正常磨损（实心花纹轮胎）

（2）轮胎的气压。

轮胎在使用中严格遵守轮胎标准中规定的气压，是保证轮胎各项使用性能的基本前提。轮胎气压不符合标准将带来的各种危害如图 5-1-5 所示。

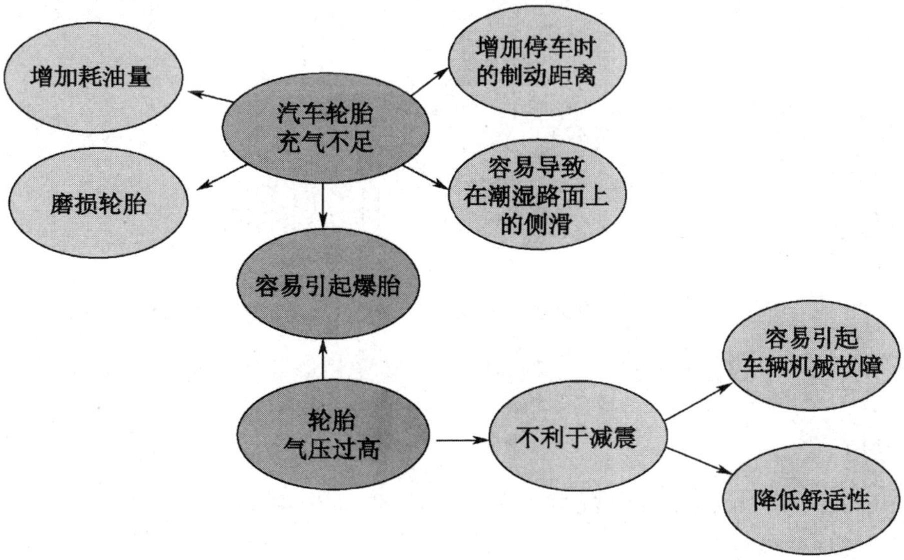

图 5-1-5　轮胎气压不符合标准带来的各种危害

① 测量气压一定要在轮胎冷却的状态下进行。

② 高档汽车在路况良好时可采用汽车厂家推荐的压力，为保证轮胎性能，压力可提高 10%。

③ 在路况较差时，建议充气压力为胎侧标明最大压力的 80%～100%。

④ 根据胎体结构和环境温度进行适当调整。

⑤ 汽车高速行驶前应提高气压 0.02～0.03 MPa。

（3）轮胎的速度。

① 轮胎都有其设计的临界速度，当高速行驶达到这一速度时，轮胎就会出现“驻波”现象，很快就会发生爆炸。为了安全，汽车在使用时是不允许超过轮胎设计速度的。

② 轮胎的设计速度通常标在胎侧，见表 5-1-5。

表 5-1-5　轮胎的设计速度

速度符号	M	N	P	Q	R	S	T	U	H	V	W	Y
速度（km/h）	130	140	150	160	170	180	190	200	210	240	270	300

（4）轮胎的换位与紧固。

为了使轮胎均匀磨损，延长其使用寿命，参照汽车自带的保养手册，通常每行驶 5 000～10 000 km（轿车及轻载车胎），轮胎要换位一次。单导向花纹轮胎只适用于平行换位。轮胎螺栓颗数不同，其紧固的顺序也有所不同，轮胎换位方式与轮胎螺栓紧固顺序如图 5-1-6 所示。

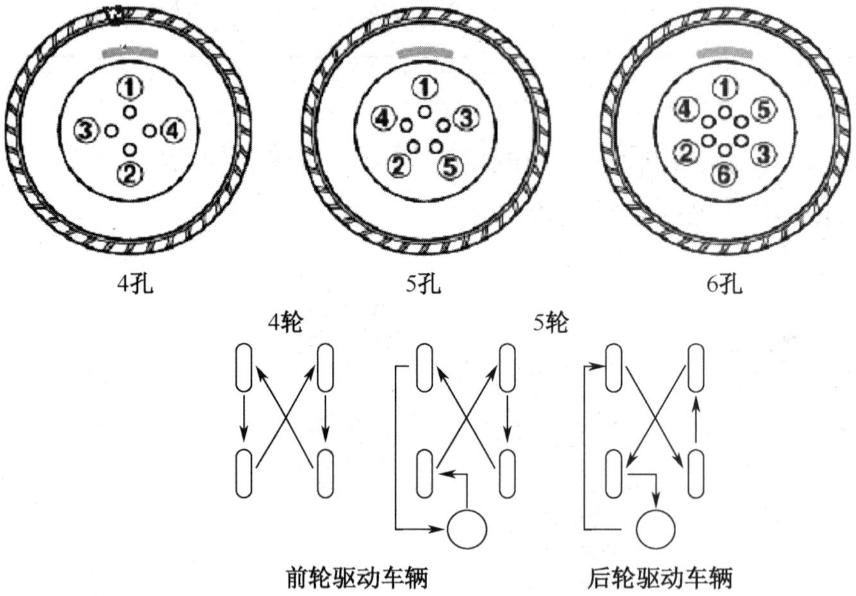

图 5-1-6　轮胎换位方式与轮胎螺栓紧固顺序

（5）汽车定位。

更换新轮胎、汽车跑偏、轮胎出现异常磨损、汽车碰撞修理后、汽车行驶半年或 10 000 km 后，应进行四轮定位。

5. 轮胎充氮

轮胎充氮原本是用于航天飞机、航空轮胎和一级方程式赛车轮胎的高新技术，近年来，由于该技术的种种优势，一些国家逐渐将轮胎充氮应用于民用汽车领域（轮胎充氮如图 5-1-7 所示）。

氮气在常温常压环境下，化学性质不活跃，不与其他物质发生反应，即使在高温状态下，其热膨胀系数低、热传导性低、升温慢，从而降低了轮胎聚热的速度，减少了爆胎概率；另外，氮气音频传导性低，能降低噪声。具体来讲，轮胎充氮的好处有以下几点。

图 5-1-7 轮胎充氮

（1）提高轮胎行驶的稳定性。

氮气的化学性质极不活泼，且氮气分子比氧气分子大，不易热胀冷缩，不易变形。因此，在汽车轮胎内充入氮气，能有效保持轮胎胎压，从而提高轮胎行驶的稳定性。

（2）防止爆胎。

在汽车行驶过程中，轮胎温度会随其与地面的摩擦而逐渐升高，尤其是在高速行驶和紧急制动时，轮胎温度会急速上升，当温度升高到一定程度时，就会出现爆胎事故，而在轮胎中充入氮气，由于该气体膨胀系数低，因此会降低轮胎的聚热速度，从而避免爆胎事故的发生。

（3）降低油耗。

汽车在胎压不足的状态下行驶，就会增加轮胎的滚动阻力，势必增加油耗，但如果在轮胎内充入氮气，汽车在行驶过程中就会始终保持稳定的胎压，从而降低油耗。实验证明，充氮气的轮胎与充空气的轮胎相比，节油率为 2%～10%。

（4）延长轮胎使用寿命。

在轮胎内充入氮气，使汽车在胎压正常的情况下行驶，就会降低轮胎与地面间的不规则摩擦，从而保护轮胎。另外，轮胎老化是由氧气分子氧化所致的，而氮气具有排除空气中氧气、水分、硫、油等物质的特性，能大大降低轮胎内衬层被氧化的程度，从而延缓轮胎老化，保持轮胎的强度和弹性。

（5）环保。

氮气的音频传导性低，大概是空气的 1/5，能降低胎噪，减少噪声污染。另外，轮胎内充入氮气，汽车使用时就会降低油耗，从而减少燃油污染物的排放。

总之，轮胎充氮不仅能延长汽车轮胎的使用寿命，提高驾车的稳定性和舒适性，还具有环保效应，是一项经济效益与社会效益并重的好技术。

6. 汽车轮胎改装

汽车轮胎改装最容易见效的办法是加大轮毂。可以在轮胎外径不变的情况下加大轮毂以配合宽而扁的轮胎。采用加大的铝合金轮毂是改善性能和外观很好的办法，赛车上使用的轮毂还使用了镁铝合金材料（轮毂如图 5-1-8 所示）。

图 5-1-8 轮毂

（1）铝轮毂相比钢轮毂而言的四大优点。

① 降低了非载荷重量，从而提高抓地性。由于转向力和路面震动对非载荷重量非常敏感，因此铝轮毂还表现出更为精确的转向动作和更好的入弯性能。

② 改善了加速性和制动效果，这归因于车轮等旋转部分的惯性减小。

③ 增加了刚性。铝轮毂的高硬度明显地减小了过弯时轮胎/轮毂的倾斜，这对于安装了高性能轮胎的汽车尤为重要。

④ 提高了制动系统的冷却效果。铝轮毂的合金中有些金属本身就是良好的热导体，所以铝轮毂有利于将制动产生的热量迅速释放，从而减少由于高热导致的制动失灵。而且铝合金轮毂可以较自由地造型，因此能以某些有利于将气流导入制动系统的造型有效降温。

（2）轮胎升级的好处。

① 改善汽车的高速性能。速度级别高的轮胎具有很好的高速性能，在高速行驶时胎面升温较慢，使得轮胎的气压变化较小，降低了爆胎的可能性。

② 安全性能有所提高。适当增加胎面的宽度会增大轮胎对地面的附着力，汽车起步和制动时不容易打滑。而且胎面较宽的轮胎制动时方向稳定性更好，制动距离会稍有缩短。

③ 更加时尚。扁平轮胎和造型前卫的轮辋配合使用，会使汽车外观更加时尚。

（3）轮胎升级的注意事项。

① 首先应该明确轮胎升级的目的。需要通过升级轮胎提高轮胎品质，还是提高外观的时尚性，这是选择轮胎升级方式的决定因素。

② 要考虑汽车的主要用途，也就是轮胎的用途。如果汽车每天都要使用，那么轮胎的耐磨性是最应该考虑的问题。运动型宽胎有很好的地面附着力，但磨损也很快，同时为了追求速度，胎面花纹也会尽量减少，因此轮胎在湿地上的表现不会很理想。如果汽车经常在多雨潮湿的地区使用，那么以湿地附着力见长的湿地轮胎是不错的选择。

③ 认识到轮胎升级可能带来的问题。胎面宽度大的轮胎固然能够提高汽车的行驶稳定性，但并不是轮胎越宽就越好。宽胎与地面之间的摩擦力更大，随之而来的是油耗上升的问题，而且在胎面变宽之后，转向时沉重感会增加。轮胎的高宽比降低以后，轮胎的胎侧就会变薄，舒适性就会有一定的损失，而且这样的轮胎制造难度大，售价也会增加。因此，适当的轮胎升级应该是在各项性能都得到提升的同时，将轮胎升级带来的一些负面作用降到最低。

任务二 汽车底盘美容护理

知识目标

- 了解汽车底盘清洗的意义
- 掌握汽车底盘的常见损伤和检查

技能目标

- 能利用工具对汽车底盘进行美容护理

情感目标

- 在汽车底盘美容护理过程中感受任务准备工作的重要性

一、任务分析

俗话说"车烂先烂底",这是因为汽车在使用的过程中要经历各种气候条件和复杂的路况。

① 春季多风沙，细小沙石对汽车底盘的撞击造成汽车底盘受损。

② 夏季雨后，地表蒸汽烘烤、酸雨的侵蚀造成汽车底盘受损。

③ 冬季雪后，除雪剂的腐蚀造成汽车底盘受损。

④ 不平路况，对汽车底盘的划伤引起锈蚀造成汽车底盘受损。

⑤ 长时间的油污造成车体腐蚀，汽车底盘受损。

⑥ 车体凹槽部分积聚水分或泥土，加剧锈蚀，造成汽车底盘受损。

车身表面经常美容护理，而汽车底盘往往被忽略，可能早已锈迹斑斑。

二、知识准备

汽车底盘的作用是提供支撑、安装汽车发动机及其各部件的总成，形成汽车的整体造型，并接受发动机的动力，使汽车能够产生运动，保证正常行驶。汽车底盘是由传动系统、行驶系统、转向系统、制动系统组成的。

图片示例	解释说明
汽车底盘的系统组成	
传动系统 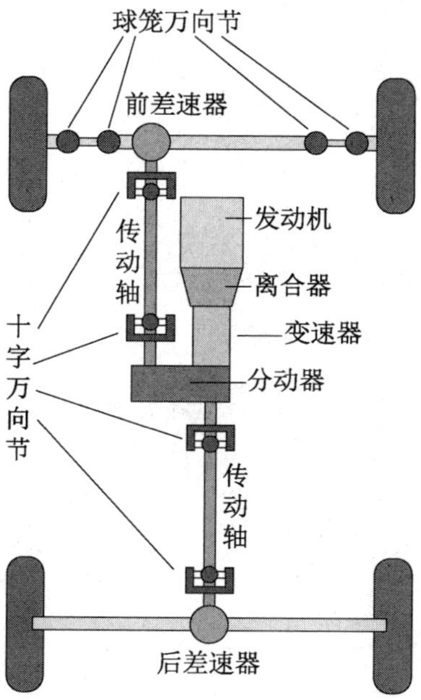	组成：离合器、变速器、分动器、前差速器、后差速器、发动机、球笼万向节、十字万向节、传动轴等。 功用：将发动机输出的动力传给驱动轮，并使之适合汽车行驶的需要。

图片示例	解释说明
行驶系统 	组成：车架、车桥、车轮和悬架。 功用：接收传动系统的动力，通过驱动轮与路面的作用产生牵引力，使汽车正常行驶。
转向系统 	组成：转向操纵机构、转向器和转向传动机构。 功用：在驾驶员的操纵下改变或保持汽车稳定的行驶方向。
制动系统 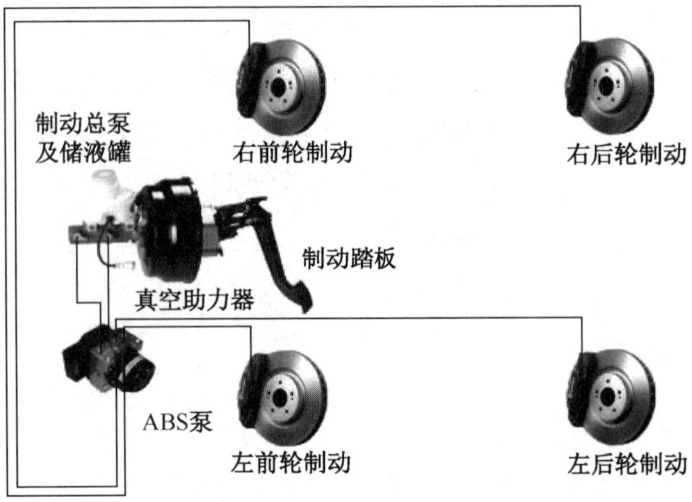	组成：制动器和制动操纵机构。 功用：使汽车以适当的减速度降速行驶直至停车；在下坡行驶时使汽车保持适当的稳定车速；使汽车可靠地停放在原地或坡道上。

三、任务实施

图片示例	步　　骤
1．汽车底盘的检查	
	第一步：检查汽车底盘剐蹭情况，查看是否有严重变形。
	第二步：检查减振器。检查减振器是否漏油、损坏，特别是在路况不佳的路面上行驶时会加重减振器的损坏。 **提示：**如果有损坏，那么应及时进行维修或更换。
	第三步：检查防尘罩。万向节防尘套的功能主要是防尘，同时还能防止万向节周围的润滑油脂流失。 检查万向节防尘罩、方向机防尘罩是否损坏。 **提示：**如果发现损坏，那么应及时更换新的防尘罩。润滑油如果有流失，那么应清洗润滑部位并更换新的润滑油。检查驱动轴防尘罩须同时转动轮胎。
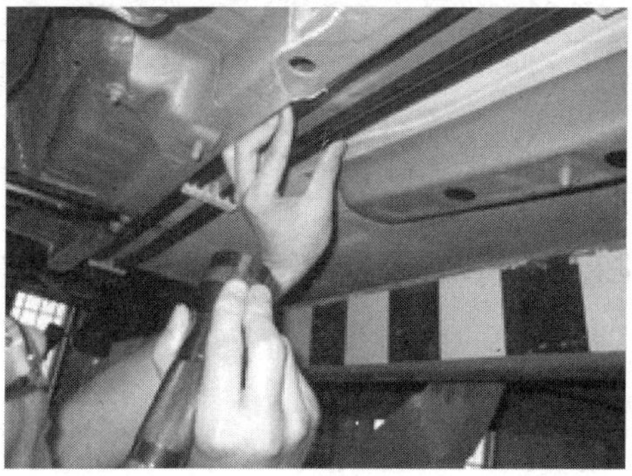	第四步：检查管路。检查燃油管路、制动管路是否有漏油、渗油现象。尤其要注意接头位置。

<table>
<tr><th>图片示例</th><th>步　　骤</th></tr>
<tr><td></td><td>第五步：检查转向拉杆。
① 检查时，握着拉杆用力上下左右摇晃，无松动为正常。
② 检查球头防尘胶套是否损坏。
③ 检查球头锁止螺母是否松动。
④ 检查开口销是否锁止有效。
⑤ 如果有松动，那么应更换球头或拉杆总成。</td></tr>
<tr><td></td><td>第六步：检查排气系统。
① 检查排气管和消声器是否有排气泄漏现象。
② 检查密封垫是否烧蚀损坏。
③ 检查吊挂是否脱落损坏。
④ 检查消声器是否损坏。
⑤ 检查排水口是否堵塞。</td></tr>
<tr><td>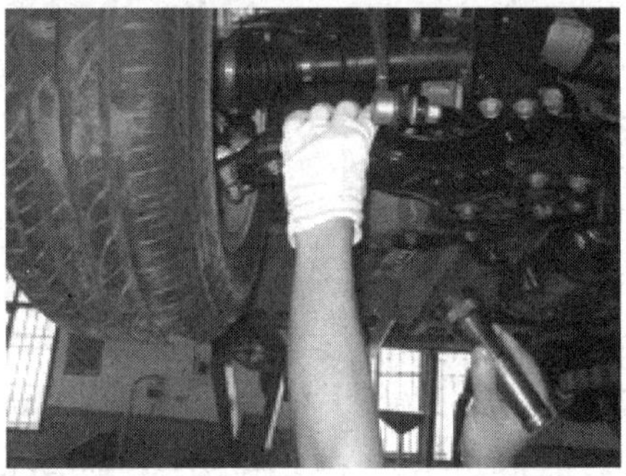</td><td>第七步：检查悬架系统。悬架控制臂胶套损坏后，汽车会出现跑偏、摆动等故障，检查悬架控制臂胶套是否损坏。</td></tr>
<tr><td colspan="2">2. 汽车底盘的清洗</td></tr>
<tr><td></td><td>第一步：将汽车举升一定高度。</td></tr>
<tr><td></td><td>第二步：拆卸汽车车轮及底盘防护板等附属件。</td></tr>
</table>

图片示例	步　　骤
	第三步：调整高压水枪水流至柱状，冲洗汽车底盘。 **提示：**要特别注意弯曲部位、凹槽部位和挡泥板位置。
	第四步：用去油清洗剂进行局部清洗，去除油污，局部可以用铲刀清除污泥。
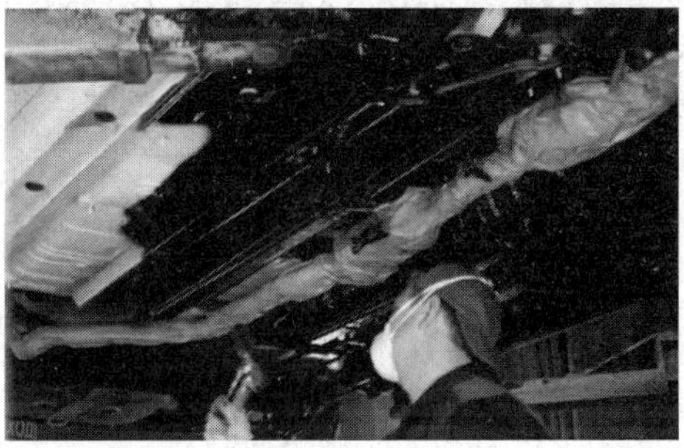	第五步：擦干汽车底盘上的水，并在汽车底盘刷涂一层防锈剂，形成持久保护膜。
3．实施喷塑工艺	
喷塑工艺参考本模块任务三。	

四、任务评价

汽车底盘美容护理任务评价表见表 5-2-1。

表 5-2-1　汽车底盘美容护理任务评价表

任务名称				
评价方式	自评□　　互评□　　师评□			
项　　目	分值	评分标准	分值	得分
工作态度纪律素养	35	工作态度积极	10	
		遵守课堂纪律	5	
		操作现场按照“5S”管理标准进行整理	10	
		安全操作，无工具设备损坏	10	
团队合作	15	分工明确，人人有任务	7	
		团队合作意识强，工作量分配均匀	8	

续表

项　目	分值	评分标准	分值	得分
任务实施完成情况	50	美容护理用品选用正确	10	
		美容护理工具选用正确	10	
		任务实施操作流程正确	15	
		任务完成达到预期效果	15	
合计				

五、知识与能力拓展

汽车底盘因位置特殊而容易被忽视，但清洁护理比较简单。汽车底盘上除了沾有灰尘、泥土、沥青、油渍等，还有锈迹、锈斑等污物。可先用发动机清洗剂或强力除油剂清洁，再将多功能防锈剂喷涂于汽车底盘上，达到清洁、除锈、防锈的目的。

汽车排气管长期经受高温又有积碳，可用排气管清洁剂配合毛刷刷洗，使其恢复光亮，同时达到保护的目的。

汽车传动系统的主要总成如变速器、传动轴、主减速器壳体、半轴导管等很容易沾上泥土和灰尘，如果长时间不清洗也会生锈，一般使用多功能清洗剂进行清洗。

汽车转向系统的主要部件如转向横拉杆、齿条壳、转向节臂等位于车身底部，比较容易脏污。如果不及时清洁，那么时间长了便会生锈，一般可用多功能清洗剂进行清洗，如果有锈斑，便需要用除锈剂进行擦洗，清洗完毕，可用多功能防锈剂进行护理。另外，还可在转向助力储液罐中加转向助力调节密封剂，以恢复老化橡胶油封的密封性，防止转向液渗漏，消除因漏液造成的转向沉重、迟钝等现象，还能清洁和润滑助力转向系统的内部零件，防止胶质、油泥产生，减少机件磨损，延长其使用寿命。

汽车制动系统在工作时，制动蹄片可能会沾上油泥、制动液、烧蚀物、胶质等污物，容易产生制动噪声，影响制动性能，因此，必须对汽车制动系统定期进行清洁护理。可选用制动系统清洁剂进行喷洒清洁、风干（可重复喷洒），这能有效地清除制动蹄片上的污物，改善制动效能，消除制动噪声。

汽车轮毂的主要问题是氧化锈蚀，它是由空气和水分对金属的化学作用而引起的。汽车轮毂主要有铝合金轮毂和钢制轮辋加铝合金轮毂两类。前者为一个整体，清洗起来比较方便，直接把轮胎钢圈清洁剂喷到汽车轮毂上，保持几分钟后用清水冲洗即可，特别厚的油污可用毛刷刷除；而后者必须用毛刷刷洗，因为钢制轮辋极易沾染尘埃和油污。

任务三　汽车底盘装甲与喷塑装饰

知识目标

- 了解加装汽车底盘装甲或喷塑保护的必要性

- 会选择正确的汽车底盘装甲或喷塑产品
- 掌握正确的汽车底盘装甲或喷塑施工流程
- 能现场讲解汽车底盘装甲或喷塑的用料

技能目标

- 会正确使用汽车底盘装甲或喷塑设备
- 掌握汽车底盘装甲或喷塑的规范操作步骤和注意事项

情感目标

- 在操作中体会汽车底盘装甲或喷塑的过程

一、任务分析

俗话说“烂车先烂底”，汽车在使用过程中，汽车底盘（如图 5-3-1 所示）会受到多方面的侵害，具体见表 5-3-1。

图 5-3-1　汽车底盘

表 5-3-1　汽车底盘受到的侵害

侵　害　源	造成的后果
路面污水或盐分、融雪剂	腐蚀汽车底盘金属漆面，加速汽车底盘锈蚀
路面上的沙石	划破底盘金属漆面，加速汽车底盘锈蚀
污泥	加速汽车底盘缝隙处的锈蚀

二、知识准备

1. 汽车底盘装甲或喷塑材料的选择

目前，市面上用于汽车底盘装甲或喷塑的产品通常可分成三类：沥青材质类、橡胶材质油性类及高分子弹性材质水性类。

沥青材质类：由于富含沥青成分，且沥青漆不耐高温，在夏天车底温度高时易流淌滴落。因此，沥青材质类防撞漆已渐渐在市场上消失。

橡胶材质油性类：通常由合成橡胶、石蜡类增塑剂及二甲苯等溶剂制成。其优点是具有良好的弹性及附着力。缺点是因加入了大量的石蜡类增塑剂，导致耐汽油性能极差；在老化过程中随着增塑剂的挥发，漆膜会逐渐变硬、变脆而失去弹性。

高分子弹性材质水性类：通常由高分子弹性树脂、助剂及水组成，属于比较环保的产品。这类产品为适应环保的要求而使用昂贵的材料，是市场上三类产品中价格最高的。市场上畅销的水性商品中，不论品牌，其配方大同小异，优点为具有优异的防锈、防腐性能、弹性好、不易燃及施工方便等。

目前，橡胶材质油性类产品及高分子弹性材质水性类产品已经成为汽车底盘装甲用料的主流。

2. 喷涂的注意事项

① 喷涂材料和稀释剂有一定的刺激性，含易燃物质，喷涂场地必须通风，施工现场禁止烟火。

② 施工人员必须穿戴必要的防护用具，包括工作服、眼罩、面罩、手套等。

③ 在喷涂翼子板内侧部位时，需要先将翼子板内衬塑料防护板拆下。

④ 喷涂时严格按照产品说明，按配方中的顺序将各产品依次均匀喷涂在各个部位。

⑤ 对举升机支撑汽车底盘的部位，降下后用手工补喷。

⑥ 不小心将产品喷涂到其他部位，可用清洁剂去除。

三、任务实施

图片示例	步　骤
汽车底盘装甲或喷塑的施工步骤	
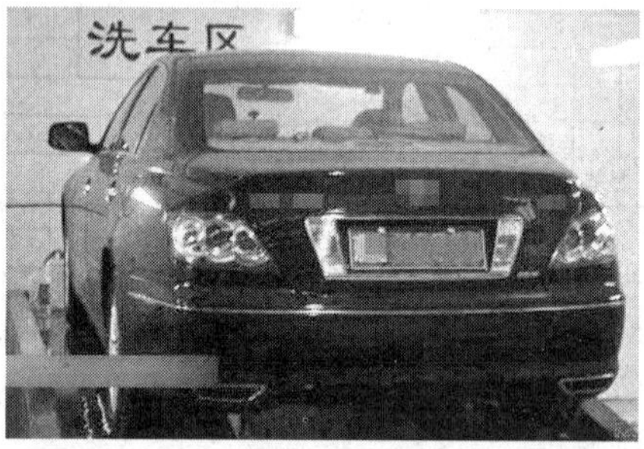	第一步：冲洗汽车外表，把汽车外表清洗干净。
	第二步：举升汽车，拆除车轮，并按顺序放好；用高压水枪把汽车底盘及需要喷涂的部位冲洗干净。

图片示例	步　　骤
	第三步：若有发动机底盘护板，还要把护板拆卸下来。
	第四步：去除底盘黏结的油泥和沙子，并清洗干净。对于生锈部位，可用除锈剂、钢丝网刷清理，直至露出金属本色。这样，喷涂的材料才能更牢固地附在这些部位。
	第五步：用压缩空气把需要喷涂部位的缝隙中的水吹干。
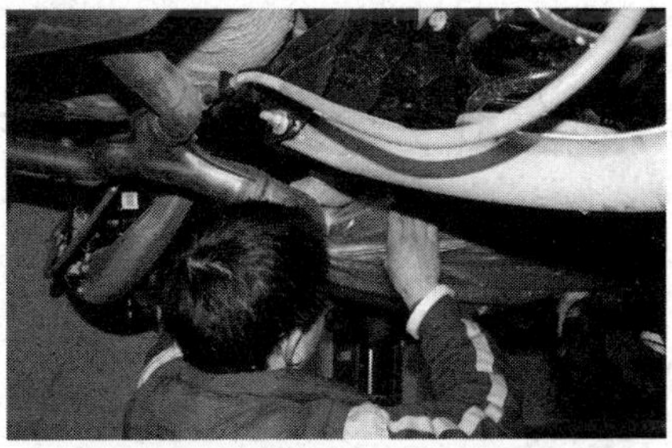	第六步：对不能喷涂的部位，用遮蔽纸包裹好，进行遮蔽处理。这些部位包括车身周围的裙部和轮毂、发动机油底壳、变速器底壳、排气管、隔热护罩、消声器、传动轴、转向节、制动盘、减振器、减振弹簧等。
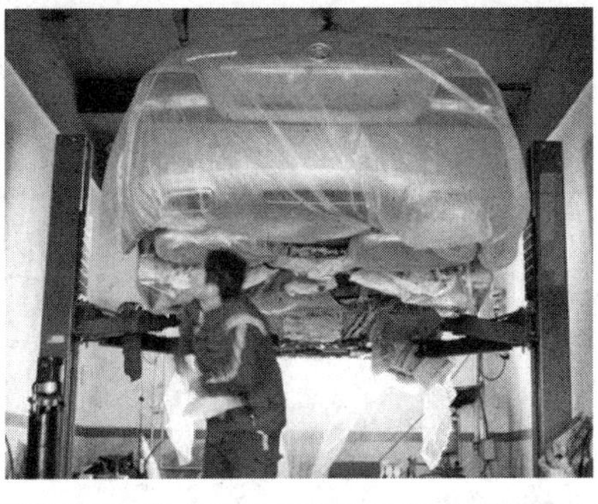	第七步：用报纸或薄膜把车身包裹起来，防止喷涂涂料过程中雾态的喷涂材料对车漆的污染。

图片示例	步　骤
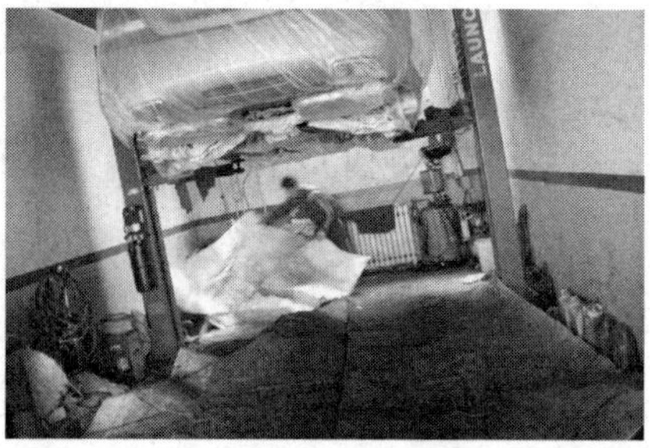	第八步：在施工作业区铺上地垫，防止作业过程中涂料污染地板。
	第九步：施工人员穿戴好防护服、防护面罩、口罩和手套，防止涂料进入眼睛和肺部。
	第十步：保证压缩机存储有足够气压的压缩空气（气压需要 0.6～0.8 MPa），把高压气管连接到喷枪上，依靠压缩空气流动时形成的负压吸涂料并喷出来。
	第十一步：充分摇动喷涂防护罐，打开罐盖，插入喷涂专用枪。

图片示例	步　　骤
	第十二步：喷涂。喷枪距离喷涂表面 25～50 cm 由前往后顺序、均匀地喷涂。喷涂过程中可以调节喷枪上的流量调节螺钉，选择合适的流量。一次喷涂不宜太厚，以无松垂和流痕为宜。有些产品有不同的喷涂要求，喷涂前必须仔细阅读说明书。
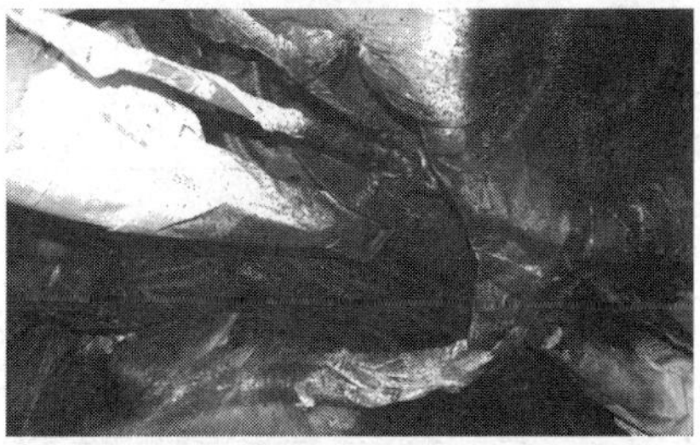	第十三步：第一遍喷涂后等待 15～20 min，用手摸喷涂表面，当感觉不黏手时可喷涂第二、第三、第四遍（根据产品说明书）。
	第十四步：喷涂过程中，可以用灯光辅助照明，仔细检查各部位是否有遗漏喷涂的，若有则及时补喷。喷涂材料需要 12 h 才干透，干透后触摸不黏手，压下不变软。
	第十五步：去除包裹材料，并按要求复装好汽车车轮。
	第十六步：复装好汽车轮毂。
	第十七步：收拾工具并清洁场地。尤其注意要把喷枪清洁干净，以备下次使用。

图片示例	步　骤
	第十八步：交车并告诉车主，汽车底盘装甲施工后，一般需要 24 h 才能自然干燥，在此期间应该避免汽车涉水行驶。

四、任务评价

汽车底盘装甲与喷塑装饰任务评价表见表 5-3-2。

表 5-3-2　汽车底盘装甲与喷塑装饰任务评价表

任务名称				
评价方式	自评□　互评□　师评□			
项目	分值	评分标准	分值	得分
工作态度纪律素养	35	工作态度积极	10	
		遵守课堂纪律	5	
		操作现场按照“5S”管理标准进行整理	10	
		安全操作，无工具设备损坏	10	
团队合作	15	分工明确，人人有任务	7	
		团队合作意识强，工作量分配均匀	8	
任务实施完成情况	50	美容护理用品选用正确	10	
		美容护理工具选用正确	10	
		任务实施操作流程正确	15	
		任务完成达到预期效果	15	
合计				

五、知识与能力拓展

1. 什么是汽车底盘装甲

汽车底盘装甲的学名是防撞防锈隔音保护底漆，是专门为汽车底盘开发的一种高科技黏附性涂层，具有防锈、防震、防撞击、防水、吸声降噪等功效。

目前，汽车底盘装甲已经发展到第四代产品，第一代为沥青型油性漆，第二代为橡胶型油性漆，第三代为高分子型水性漆，第四代为复合高分子树脂漆。前两代都为非环保型，正逐步退出市场。第三代为环保型，但其施工时受温度、湿度的影响较大，耗时较长，给车主带来了很多不便。而第四代环保快干型汽车底盘装甲具有高防水性、高弹性、高防腐性、高吸音降噪性，并在环保的基础上运用独特的深层电离四元接枝技术，将四种不同性能的高分子材料融为一体，有效地克服了追求环保就需要加长时间的弊端，它不受湿度、温度的影响，大大缩短了汽车底盘的施工时间，比以往的汽车底盘装甲固化时间缩短了 4 倍。

2. 汽车底盘装甲的好处

（1）阻隔气候影响。

夏日里地表的烘烤，酸雨的侵袭，大气中的潮气、盐分、冬季雪道上除雪剂的腐蚀等每一种因素都能侵蚀车底。汽车底盘装甲可有效防止汽车生锈，预防汽车提前老化，即使在沿海城市温暖潮湿的气候下，带有盐分的海风吹拂也不会将钢筋铁骨蹂躏得伤痕累累。

（2）防御沙石撞击。

当汽车行驶在路况不好的路面上时，路面上的沙石被震动飞溅后会不断撞击汽车底盘与轮毂等部位。汽车底盘装甲可以保护汽车底盘原有的防锈漆和镀锌层，以防金属裸露在外并与空气中的潮气和酸雨等接触生锈，有效抵御锈渍迅速蔓延腐蚀汽车内壳机件。

（3）加强行驶安全。

受损的汽车底盘可能会导致汽车底盘的一些零件变形，特别是上下摆臂、左右方向拉杆等容易发生变形，一些轻微剐蹭同样会引起油底壳等发生轻微渗漏。这些变形和渗漏不容易被检测到，但是会严重影响行车安全。而进行了汽车底盘防撞防锈处理后，汽车底盘不受损，安全自然有了保障。

（4）为汽车保值。

数据显示，通常新车使用三年左右，就会发生锈蚀。而与之相对应的一个事实是，汽车保养得越好，价值越高。经过一段时间的行驶后，无论是自己使用还是准备换新车，经过汽车底盘防撞防锈处理（尤其附有正规大公司的品质保证书）的汽车肯定具有更高的价值。

（5）提高驾驶舒适度。

汽车底盘防撞防锈采用具有弹性的材质进行密封性处理，一方面大大增加了汽车行驶的平稳度，另一方面极大地降低了行驶过程中汽车的噪声，所以在驾驶的舒适度上比没有做过汽车底盘防撞防锈的汽车高很多。

3. 汽车底盘装甲与喷塑的区别

汽车底盘喷塑主要是为了保护汽车底盘裸露在外的钢板，防止沙石击打、防腐。汽车底盘装甲除具有喷塑的功能，还具有隔音降噪的效果。汽车底盘上形成将近 0.5 cm 厚的橡胶和聚酯材料混合涂层。这种涂层具有高弹性，可有效减弱沙石直接打在金属上所发出的噪声。

两者施工厚度和物理成分也有所不同。普通喷塑为 2 mm 的施工厚度，主要成分是聚酯材料；而汽车底盘装甲是橡胶和聚酯材料混合配方，施工厚度为 3 mm，局部有 4～5 mm。

任务四 章节测验

一、选择题

1. 汽车车轮是由（　　）组成的。

A. 轮毂、轮辋、轮胎　　B. 轮辋、轮胎、轮辐

C. 轮毂、轮胎、轮辐　　D. 轮辋、轮毂、轮辐

2. 扁平比指的是（　　）。

A. 胎高÷胎宽　　B. 胎高×胎宽

C. 胎宽÷胎高　　D. 以上都是

3. 斜交轮胎与子午线轮胎（　　）安装在同一轴上。

A. 能　　B. 不能

4. 165/60R13 的汽车轮胎中 165 的长度单位是（　　）。

A. 厘米　　B. 毫米　　C. 英寸　　D. 米

二、填空题

1. 汽车底盘由__________系统、__________系统、__________系统、__________系统组成。

2. 传动系统由__________、__________、__________、__________、__________组成。

3. 行驶系统由__________、__________、__________、__________组成。

4. 转向系统由__________、__________、__________组成。

5. 制动系统由__________和__________组成。

三、简答题

1. 简述汽车底盘装甲与喷塑的区别。

2. 请解释汽车轮胎 225/75R14 的含义。

模块六

汽车车身外部装饰

本模块通过学习汽车车身外部装饰中常见的汽车车身大包围装饰、汽车导流板和扰流板装饰、汽车拉花和保护膜装饰、汽车车身改色膜装饰等项目，了解并掌握汽车外部装饰的基本知识与操作技能，并在实际工作中予以应用。

思政小课堂

汽车车身外部装饰模块通过选用装饰材料进行汽车外观改造，结合相关的法律规定进行分析，引导学生知法守法，守住底线，不利用专业技能做违法犯法的事情。

任务实践

学习本模块后，每位同学收集并整理一篇以“汽车非法改装”为题材的案例进行剖析。

任务一 汽车车身大包围装饰

知识目标

- 会根据车型正确挑选汽车车身大包围装饰件
- 熟知安装汽车车身大包围的注意事项

技能目标

- 能按照工艺提示安装汽车车身大包围装饰件

情感目标

- 逐步养成规范操作的习惯

一、任务分析

车身下部宽大的裙边装饰件，又称车身大包围，具有降低汽车行驶时所产生的逆向气流，同时增加汽车下压力的功能，使汽车行驶时更加平稳。加装车身大包围后，汽车在外观上更能突出个性。

二、知识准备

1. 车身大包围的组成

图 6-1-1　车身大包围

车身大包围（如图 6-1-1 所示）由前包围、侧包围、后包围组成，前、后包围又分全包围和半包围。

全包围就是将原来的前、后保险杠整个拆下，再装上车身大包围。

特点：全包围安装较为容易，可大幅度地改变外观，更具个性化。

半包围则是在原来的保险杠上加上半截下唇。

特点：半包围的质量与安装技术要求极高。因为包围与保险杠的密合度不能超过 1.5 mm，否则会影响外观，而且高速行驶时还会有脱落的危险。

侧包围又称侧杠包围或侧杠裙边。

2. 制作车身大包围的材料

制作车身大包围的材料主要有塑料和玻璃钢两种，具体情况见表 6-1-1。

表 6-1-1　制作车身大包围的材料

名　称	特　点
塑料材料的车身大包围 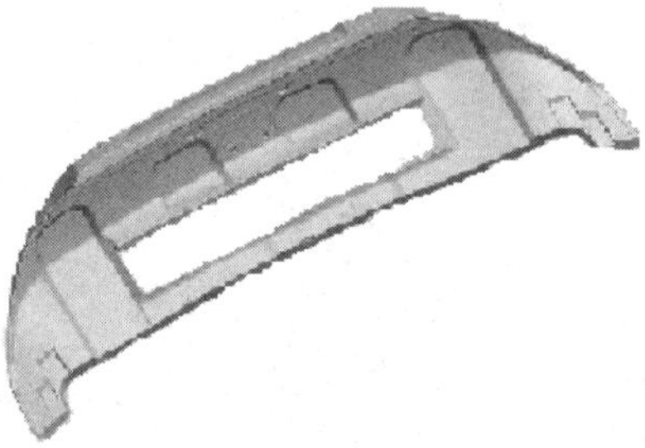	塑料材料的车身大包围具有细微成分、性能可调整、成形性好等特点。用塑料制成的车身大包围套件的质量相对较高，是各名牌汽车改装厂生产车身大包围的主要材料。但塑料材料的车身大包围对成形所需的模具和生产设备要求较高，所以产品售价也较高
玻璃钢材料的车身大包围 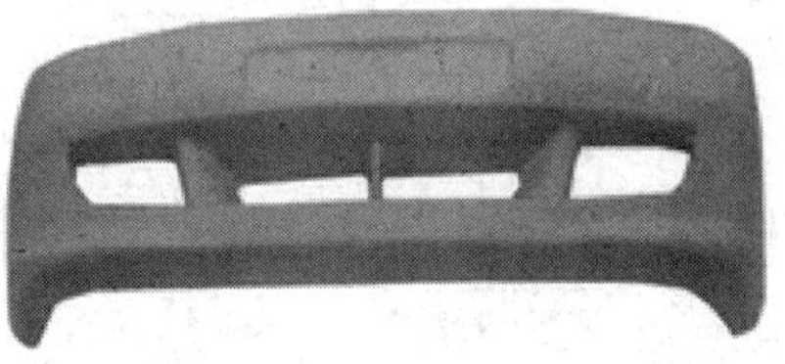	玻璃钢材料的车身大包围在细腻程度等方面不如塑料材料的车身大包围，但制作方便，且对模具和生产设备要求不高，所以多数生产商首选玻璃钢材料的车身大包围

3. 安装车身大包围的注意事项

① 在安装车身大包围前，先用干净的布将车身安装位置擦拭干净。

② 不同的品牌有不同的安装要求，要仔细阅读安装要求。

③ 安装时注意避免擦伤车身的漆。

④ 注意产品底部安装件位置的对应。

⑤ 安装后裙时，注意包围与车身的密合度，轮弧处的贴合处要处理好。

⑥ 由于车身大包围不是原厂生产的产品，规格尺寸和连接部位都存在误差。在安装车身大包围前，要先行预备安装调试，对高出的部分予以研磨找平，对凹进去的部分予以填补找平，对缝隙大的连接或衔接部位予以校调。

三、任务实施

图片示例	步　骤
车身大包围的安装步骤	
	第一步：选择合适的车身大包围装饰件。根据车型选择合适的车身大包围。目前，装饰件生产厂生产的车身大包围总成件，都依据特定车型设计制作。配套时要考虑车身颜色、前后协调、总体平衡。
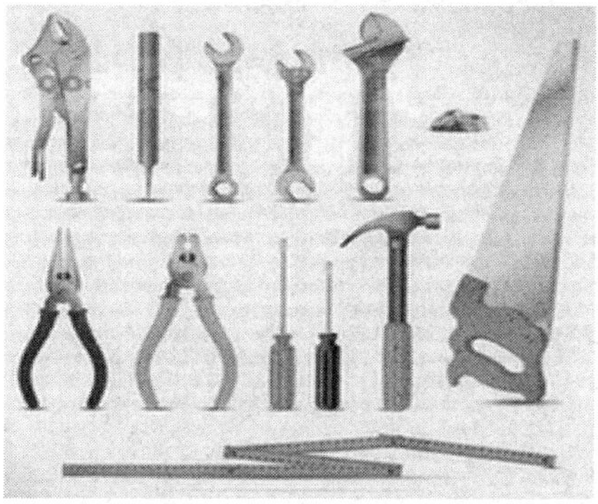	第二步：准备好安装工具和材料。常用的安装工具和材料有电钻、锤子、旋具、活动扳手、钳子等，仔细阅读安装说明书并做好相关准备。
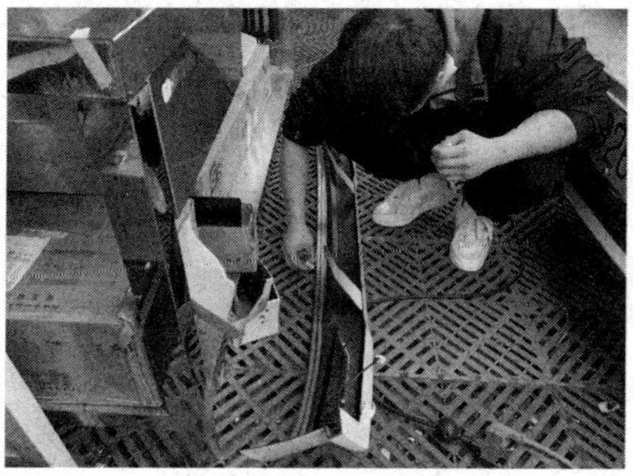	第三步：用电动砂轮把车身大包围边角的一些毛刺修整平滑。 **提示：**注意操作电动砂轮时的力度，不要过大，防止打磨过度。

图片示例	步　　骤
	第四步：为保护车身油漆，在和唇边接触的地方贴上皱纹纸。
	第五步：把前唇、后唇放到车上对位。
	第六步：根据对位的结果，适当调整包围。
	第七步：再次进行位置、虚位的检查。
	第八步：安装好固定螺钉，并在螺钉上涂上油漆。

图片示例	步　骤
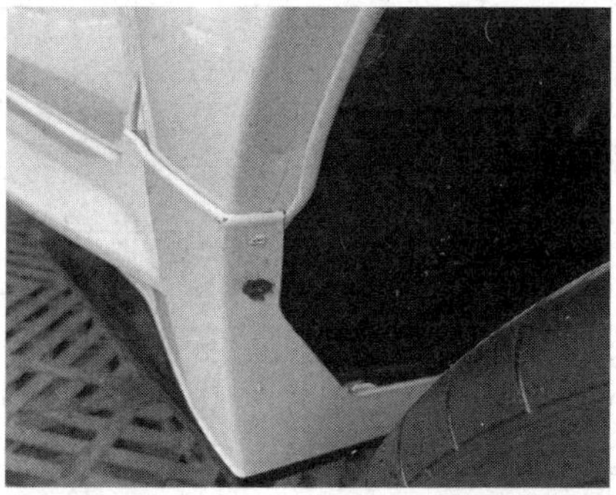	
	第九步：检查车身和保险杠的密合度。
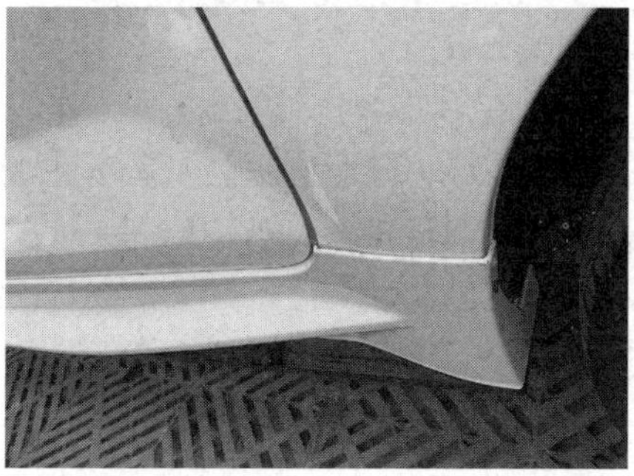	第十步：检查包围与保险杠的密合度。

四、任务评价

汽车车身大包围装饰任务评价表见表 6-1-2。

表 6-1-2　汽车车身大包围装饰任务评价表

任务名称				
评价方式	自评□　互评□　师评□			
项目	分值	评分标准	分值	得分
工作态度纪律素养	35	工作态度积极	10	
		遵守课堂纪律	5	
		操作现场按照“5S”管理标准进行整理	10	
		安全操作，无工具设备损坏	10	
团队合作	15	分工明确，人人有任务	7	
		团队合作意识强，工作量分配均匀	8	

续表

项目	分值	评分标准	分值	得分
任务实施完成情况	50	美容护理用品选用正确	10	
		美容护理工具选用正确	10	
		任务实施操作流程正确	15	
		任务完成达到预期效果	15	
合计				

五、知识与能力拓展

现以玻璃钢材料为例，简述车身大包围的制作工艺。

1. 做试模

车身大包围雏形的设计，被行内称为“做试模”，即先用玻璃钢做成预想的产品形状。试模做成后，就可以在试模上用玻璃纤维套出主模，经过修整后的主模便可以用于生产了。

2. 喷涂胶衣

在主模内表面喷涂一层胶衣，它是产品的表面，也是玻璃钢最重要的材料，同时起到方便脱模的作用，而且它的颜色也决定了产品坯件的颜色。

3. 铺纤维

等胶衣干后，就可以把预先裁好的纤维往主模上铺，此时产品的造型就已基本形成。玻璃钢一般要贴上 3～5 层，确保每个车身大包围都有足够的刚度。1～4 h 后，等玻璃钢干透，即可脱模。

4. 打磨喷漆

脱模后便进入打磨和打水砂的工序。打磨是把产品表面的瑕疵和气泡打掉（因为产品要进行高温烤漆，如果气泡不打掉就很容易膨胀而破坏产品表面）；打水砂是把产品表面打毛，使喷漆时能较容易地上漆。上述修漆工序完成后，即可喷洒专用 FRP 底漆，再经过喷面漆和烤漆后，车身大包围产品便制作完成。

任务二 汽车导流板和扰流板装饰

知识目标

- 会正确选择汽车导流板和扰流板
- 了解汽车导流板和扰流板的作用

技能目标

- 能按操作步骤规范安装汽车导流板和扰流板

情感目标

- 在操作中体会安装汽车导流板和扰流板的过程

一、任务分析

汽车导流板（如图 6-2-1 所示），是安装在汽车前保险杠下方的向下倾斜的连接板。

常见的汽车扰流板（如图 6-2-1 所示）有后扰流板、侧扰流板、前扰流板。后扰流板是把扰流板安装在汽车后箱盖上，类似倒置的飞机尾翼，也称为汽车尾翼；侧扰流板是把扰流板安装在车身上侧部，也称为侧裙；前扰流板是把扰流板安装在车身前部，也称为气坝。

图 6-2-1 汽车导流板和扰流板

二、知识准备

1. 导流板和扰流板的作用

从空气动力学来说，当车速达到一定值时，气流对汽车所产生的升力将汽车向上托起的倾向减小了车轮与地面的附着力，使汽车发飘。为减少汽车在高速行驶时产生的升力，在汽车前端的保险杠下方装上向下倾斜的连接板，与车身前裙板连为一体，中间开有合适的进风口加大气流，减少车底气压。

后扰流板的作用是降低汽车尾部的升力。如果车尾升力比车头升力大，那么就容易出现汽车过度转向及高速稳定性变差的情况。但是，安装后扰流板会使汽车增加风阻，这就要求车主安装时必须权衡利弊，综合考虑。

汽车上安装扰流板的目的各不相同。赛车上安装的扰流板，主要是为了使气流直接作用在扰流板上，这样气流产生的下压力就不会再作用在车身上了，从而抵消其效能，因此安装时必须将扰流板离开车身表面。而普通汽车上安装的扰流板，由于这类汽车的速度不是很高，因此安装的扰流板很难发挥实际的作用，这类汽车安装扰流板的最大目的是美化车身外观。

2. 扰流板的分类

按材质来分，目前市场上的扰流板主要有三种。

第一种是原厂生产的玻璃钢材质的扰流板，相对比较贴合车身的线条。

第二种是铝合金的扰流板，给人感觉比较夸张，但导流效果不错，价格适中，不过要比其他材质的扰流板稍重些。

第三种是目前较好的扰流板——碳纤维扰流板，是高刚性和高耐久性的完美结合，广泛被 F1 赛车采用。F1 赛车上扰流板的空间位置有些是可以调校的，调校方式分为手动和自动两种，其中自动调校型多了液压立柱，可根据车速自动调整扰流板的角度。一般建议消费者选择手动调校型的，自动调校型的不仅价格较贵，还不如手动调校型操作方便。

三、任务实施

图片示例	步　　骤
汽车扰流板的安装步骤	
	第一步：选择合适的扰流板。市场上有多种扰流板可供选择，根据车型选用合适的扰流板。仔细阅读安装说明书，备好安装的工具，如手电钻、合适的钻头、起子等。特别是要清楚安装条件和施工要求。
	第二步：清洗安装部位并标记好钻孔位置。一般扰流板都安装在后备箱的盖板上，可用清洁剂清洗并保持安装位置的清洁。 按照安装要求，试装扰流板，以便给安装部位标记安装孔。
	第三步：实施钻孔。按照安装要求，给扰流板的安装位置钻孔。

图片示例	步　骤
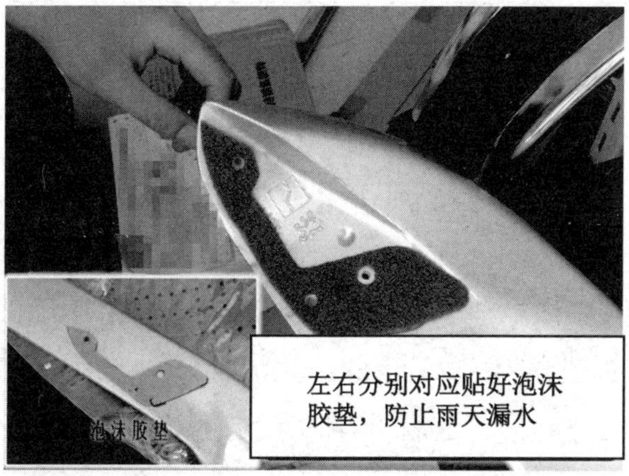	第四步：安装前准备。根据要求，将泡沫胶垫左右分别对应贴好，使扰流板和车身接触部位没有缝隙。有的在安装孔的周围贴一块胶皮，也有的在安装孔与扰流板的接合处涂上明胶，目的都是避免打的孔在雨天漏水。
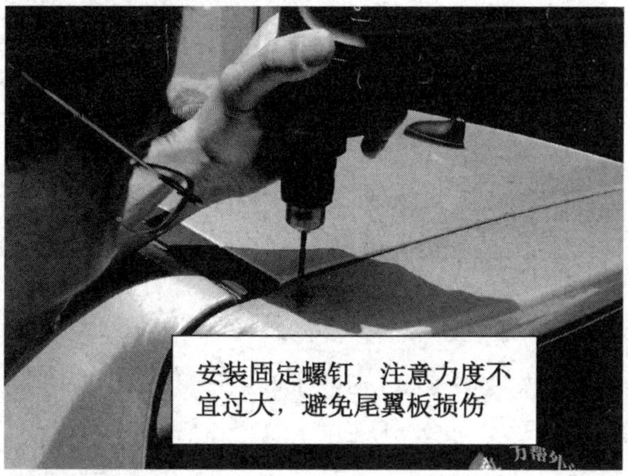	第五步：固定安装。将固定螺钉由后备箱内侧往外逐一紧固。

四、任务评价

汽车导流板和扰流板装饰任务评价表见表 6-2-1。

表 6-2-1　汽车导流板和扰流板装饰任务评价表

任务名称				
评价方式	自评□　互评□　师评□			
项　目	分值	评分标准	分值	得分
工作态度纪律素养	35	工作态度积极	10	
		遵守课堂纪律	5	
		操作现场按照“5S”管理标准进行整理	10	
		安全操作，无工具设备损坏	10	
团队合作	15	分工明确，人人有任务	7	
		团队合作意识强，工作量分配均匀	8	
任务实施完成情况	50	美容护理用品选用正确	10	
		美容护理工具选用正确	10	
		任务实施操作流程正确	15	
		任务完成达到预期效果	15	
合计				

五、知识与能力拓展

现在有很多车主给自己的汽车加装扰流板，主要的改装集中在车尾，也就是尾翼。扰流板的主要作用如下。

作用一： 扰流板的作用主要是减少汽车尾部的升力。如果车尾的升力比车头的升力大，那么就容易导致汽车转向过度、后轮抓地力减小、高速稳定性差等情况。加装扰流板为何能减少尾部升力？这是利用扰流板的倾斜度，使风力直接产生向下的压力，如 F1 赛车尾部的扰流板一般倾斜 15°，高速行驶时可产生 1 000 kg 以上的压力。但是，扰流板同时也增加了风阻，如 F1 赛车的风阻系数接近 1.0（一般汽车为 0.3～0.5）。这就要求在设计时必须恰到好处，使增加的风阻相对非常小。

作用二： 根据空气动力学原理分析可知，汽车在行驶过程中会遇到空气阻力，这种阻力可分为纵向、侧向和垂直上升三个方向的作用力，并且空气阻力与车速平方成正比，所以车速越快，空气阻力就越大。一般情况下，当车速超过 60 km/h 时，空气阻力对汽车的影响表现得就非常明显了。为了有效地减少并克服汽车高速行驶时空气阻力的影响，人们设计使用了汽车尾翼，其作用就是使空气对汽车产生第四种作用力，即对地面的附着力，它能抵消一部分升力，控制汽车上浮，减小风阻影响，使汽车能紧贴着道路行驶，从而提高行驶的稳定性。观看 F1 赛事会发现，F1 赛车的前后都安装有定风翼，它们为车体提供了近 60%的下压力，从而保证了高速下轮胎具有足够的抓地力来保持车身的稳定性。

作用三： 加装扰流板对于节省燃油也有一定的帮助。在一般道路上行驶，耗油量减少或许不明显，如果在高速公路上以 120 km/h 的速度行驶，那么汽车尾翼的作用就很明显了。但是一般来说不建议小排量的汽车加装扰流板，因为扰流板主要是用来增加车身的稳定性的，对大排量汽车来说很重要，小排量的汽车安装夸张的尾部扰流板反而会影响车速。

作用四： 安装扰流板除了美观作用，更大的作用是高速时为汽车提供必要的稳定性。但是由于大多数汽车以城市道路行驶为主，因此汽车根本达不到扰流板能够发挥作用的时速，体积越大，低速阻力就越大，再加上很多车主安装的是铝合金扰流板，车身整体重量增加，也势必导致油耗上升。

任务三 汽车拉花和保护膜装饰

知识目标

- 了解汽车装贴拉花和保护膜的作用
- 掌握汽车保护膜的装贴步骤

技能目标

- 会给汽车装贴保护膜
- 会给汽车装贴拉花

情感目标

- 在操作中体会装贴汽车拉花和保护膜的过程

一、任务分析

拉花彩条装饰已经普遍应用于现代家庭汽车上，其个性十足，色彩多种多样，可以满足各种人群的需求，是现代汽车不可或缺的装饰元素。

二、知识准备

1. 车身贴饰

车身贴饰按图案的不同可以分为贴花和拉花（车身贴饰如图 6-3-1 所示）。其中，贴花的工艺比较简单，清洁要贴的部位后，只要撕下背纸，然后直接粘贴即可，而拉花的粘贴比较复杂。

2. 汽车保护膜

汽车保护膜又称“犀牛皮”，它是一种特殊的透明树脂，具有较好的材料延展性、透明性及曲面适应性，背面有压敏胶黏剂，用于保护车身容易受擦碰的部位表面，当受到轻度擦碰时，不至于刮伤漆面或脱漆（汽车保护膜如图 6-3-2 所示）。

图 6-3-1 车身贴饰

图 6-3-2 汽车保护膜

汽车保护膜装贴的主要部位包括前、后保险杠，发动机盖板前缘，轮辋前缘，后视镜外缘，门外缘，车门把手内缘，钥匙孔，后备箱，侧门踏板，车门内饰板等。

3. 汽车保护膜的种类

聚氨酯材质类：汽车保护膜使用聚氨酯材质制成，高透明，具有优异的伸缩性及耐划性，主要用于汽车漆面容易刮擦的部位。

PVC 材质类：汽车保护膜使用 PVC 材质制成，高透明，具有良好的伸缩性，广泛用于车门里底边。

4．汽车保护膜的基本装贴步骤

① 把要装贴的部位清洗干净。

② 选择合适尺寸或裁剪出合适尺寸的保护膜。

③ 撕掉保护膜衬纸，将保护膜粘贴在所要粘贴的部位。

④ 消除保护膜和漆面之间的空隙和水分，将保护膜牢固地粘贴在车身上。

⑤ 去除保护膜多余的部分。

三、任务实施

图片示例	步　骤
1．汽车门把手的贴膜步骤	
	第一步：处理汽车门把手漆面，将漆面上的尘土和杂质清理干净。最好使用无杂质的桶装纯净水清洗。另外，用水湿润后，可以在粘贴操作失误时及时更正。
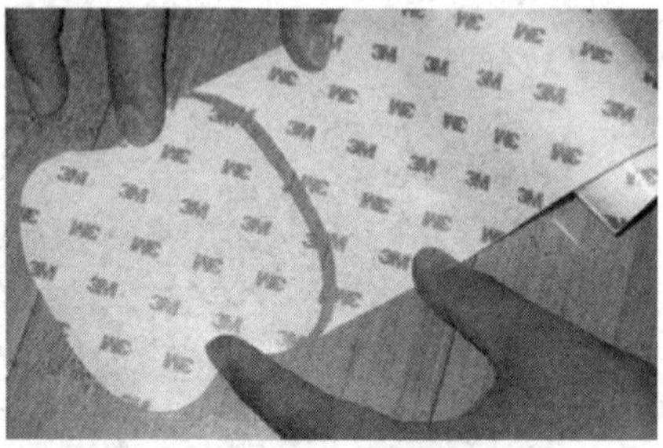	第二步：剪裁出或选取合适的膜。
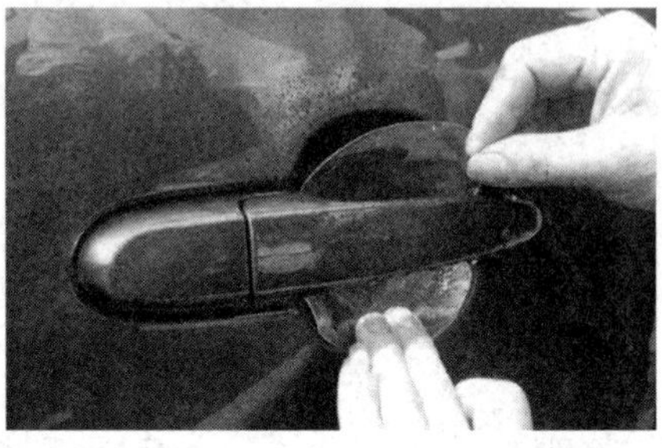	第三步：把已裁好的膜放入汽车门把手内并使其与原车门把手轮廓一致。

图片示例	步　　骤
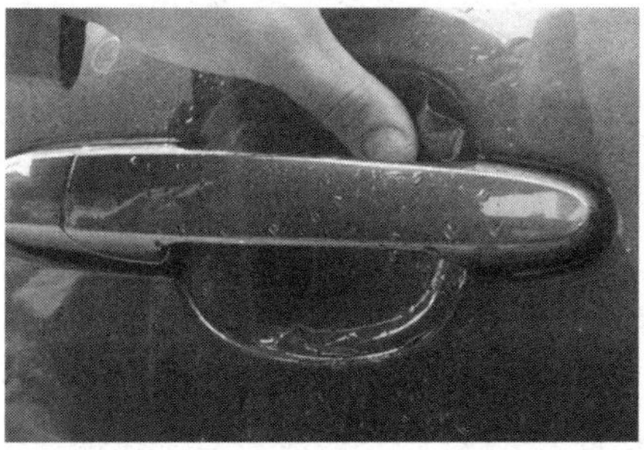	第四步：把膜内的水排出，使膜与漆面充分贴紧。
	第五步：将汽车门把手周围的多余的水分清除干净。
2．汽车后视镜的贴膜步骤	
	第一步：施工前清洁汽车后视镜漆面。
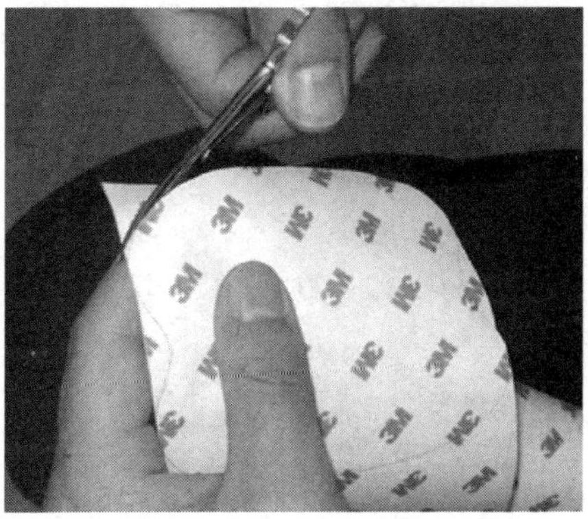	第二步：剪裁出或选取合适的膜。

图片示例	步　骤
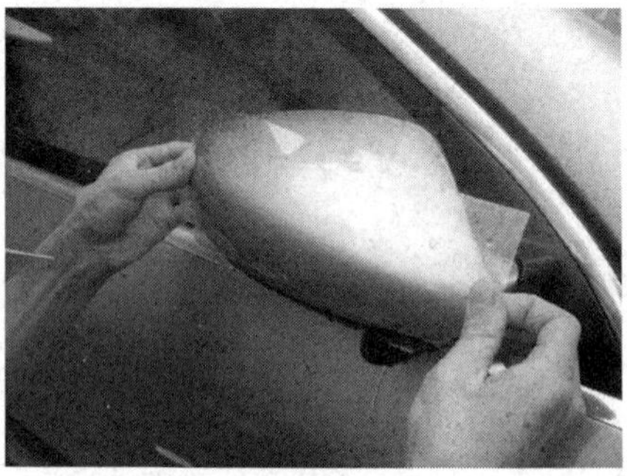	第三步：将裁好的膜粘贴对位。
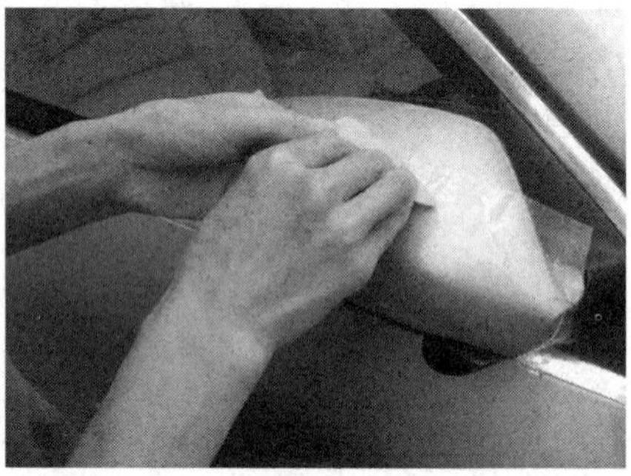	第四步：用薄片作为工具刮压保护膜，使其服帖平整。
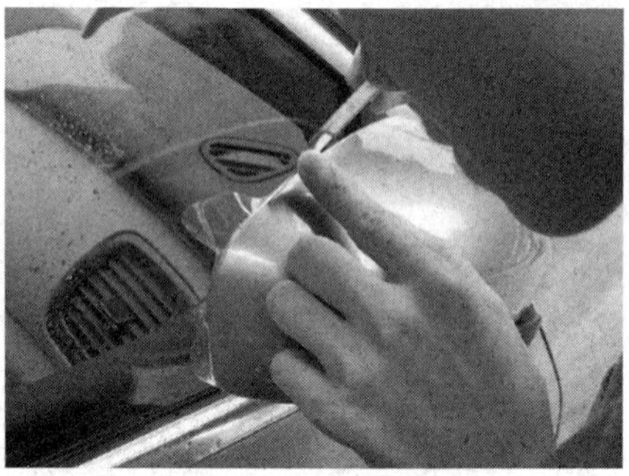	第五步：将多余的部分裁剪掉。
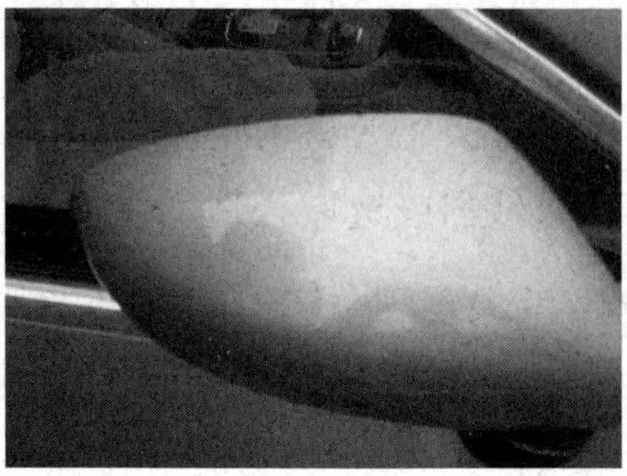	第六步：把周围多余的水分清除干净。

图片示例	步　　骤
3．汽车车门内饰板下侧的贴膜步骤	
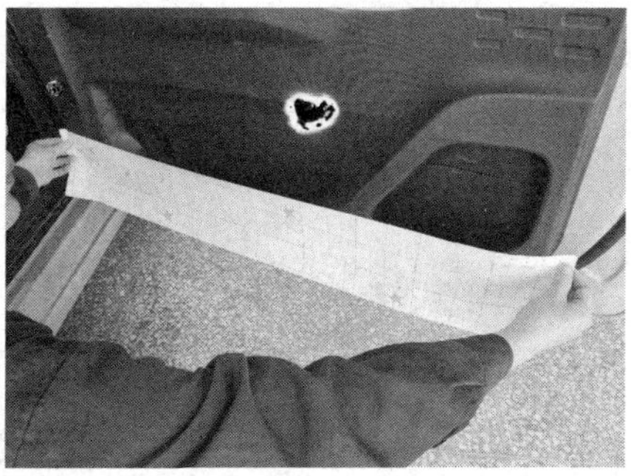	第一步：按照实际长度剪下保护膜。
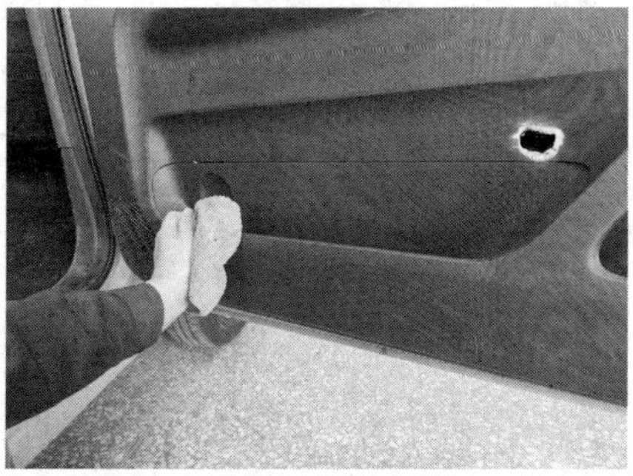	第二步：将要粘贴的位置清洗、擦拭干净。
	第三步：用水或酒精打湿需要粘贴的表面。
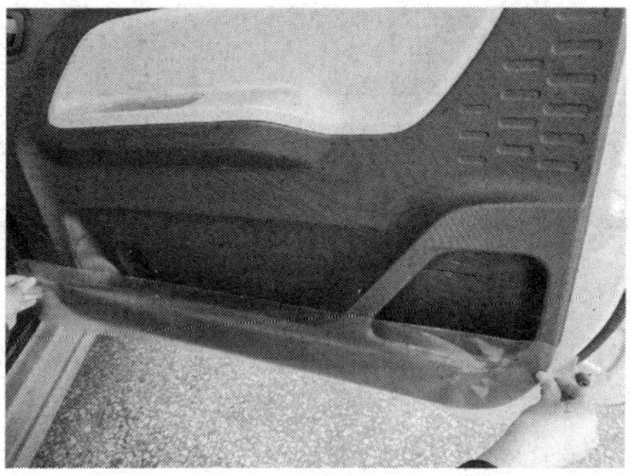	第四步：撕去膜底纸，把膜贴好。

<table>
<tr><th>图片示例</th><th>步　骤</th></tr>
<tr><td></td><td>第五步：用橡胶刮板把膜内的水由中间往两边刮出。</td></tr>
<tr><td>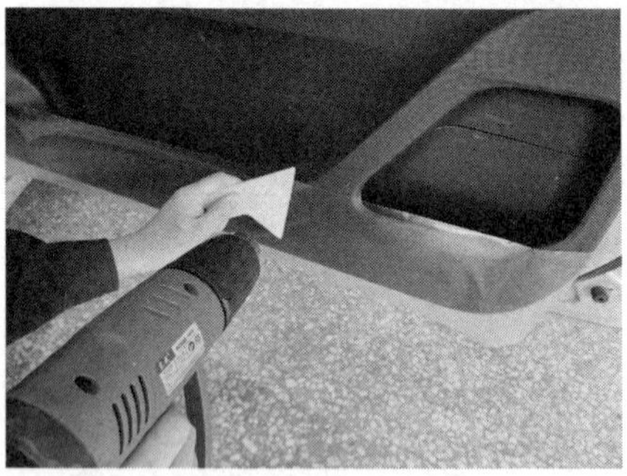</td><td>第六步：用热风枪把边角烘平，一边烘烤一边赶平，切忌在一处加热，防止因过热导致保护膜变形。</td></tr>
<tr><td></td><td>第七步：把边角多余的部分用剪刀修剪刮平。</td></tr>
<tr><td colspan="2">4．汽车拉花装饰的粘贴步骤（以有可撕离表层的较宽的贴膜为例，说明其粘贴的步骤）</td></tr>
<tr><td></td><td>第一步：准备刮板、喷水壶（一个装清水，一个装泡沫水，泡沫水用一小杯中性清洁剂和 3～4 L 水混合而成）、专用烤枪。</td></tr>
<tr><td></td><td>第二步：清洁粘贴面。针对待粘贴表面使用泡沫清洁剂进行清洁，再使用清水冲洗干净。最后使用泡沫水喷湿需要粘贴的表面，以降低贴纸黏度，方便移动到合适的位置。</td></tr>
</table>

<table>
<tr><th>图片示例</th><th>步　　骤</th></tr>
<tr><td></td><td>第三步：分离拉花保护层。撕掉拉花上的背纸，并喷洒泡沫水。注意避免沾上灰尘颗粒。</td></tr>
<tr><td></td><td>第四步：粘贴。把拉花贴到车身上，然后将彩条移动到合适的位置（由于有一层泡沫水，故拉花不会粘住车身，可在车身上移动）。</td></tr>
<tr><td>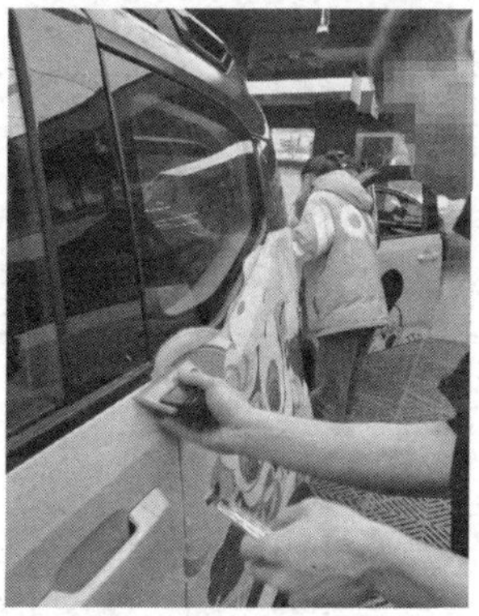</td><td>第五步：赶水刮平。用清水分段把膜内泡沫水冲洗掉。边冲边揭底纸，一边贴一边轻轻用工具初步刮平。</td></tr>
<tr><td>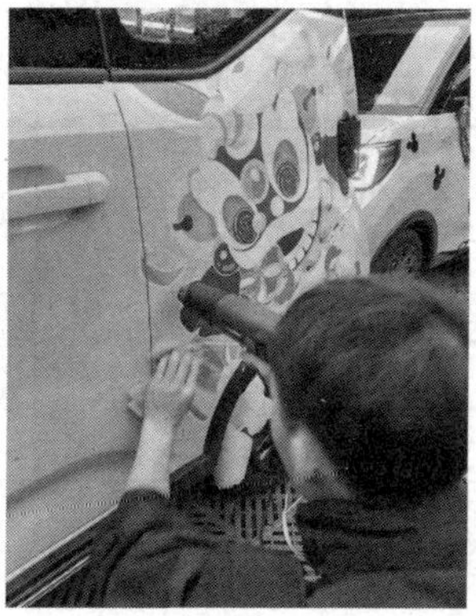</td><td>第六步：加热排出气泡。用烤枪稍微加热彩条面，同时用刮板稍用力把拉花里面的水和气泡赶出来（对于难以赶出来的气泡，在气泡上扎个小孔就可以赶出来）。</td></tr>
</table>

图片示例	步　　骤
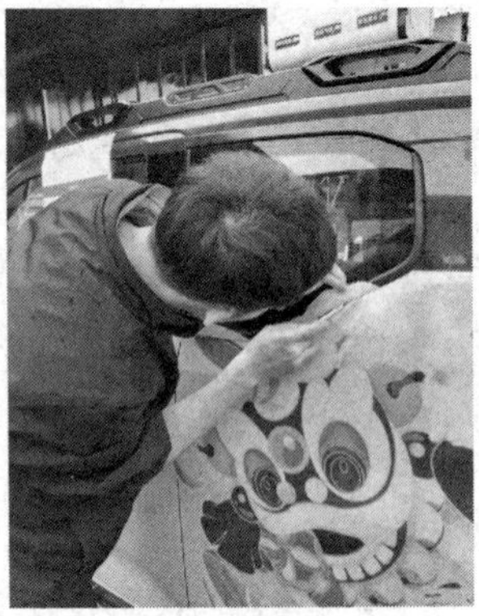	第七步：修正边角。车门和车缝用美工刀划一刀，向内包服帖，或者沿着缝隙边将多余的材料切掉。
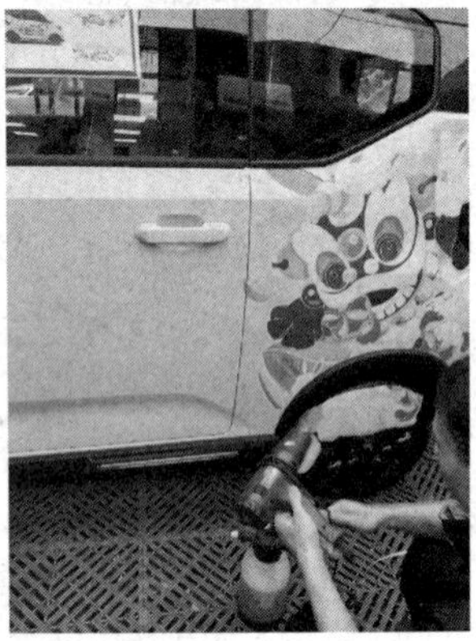	第八步：收拾整理工具。

四、任务评价

汽车拉花和保护膜装饰任务评价表见表 6-3-1。

表 6-3-1　汽车拉花和保护膜装饰任务评价表

任务名称				
评价方式	自评□　　互评□　　师评□			
项　　目	分值	评分标准	分值	得分
工作态度纪律素养	35	工作态度积极	10	
		遵守课堂纪律	5	
		操作现场按照“5S”管理标准进行整理	10	
		安全操作，无工具设备损坏	10	
团队合作	15	分工明确，人人有任务	7	
		团队合作意识强，工作量分配均匀	8	
任务实施完成情况	50	美容护理用品选用正确	10	
		美容护理工具选用正确	10	
		任务实施操作流程正确	15	
		任务完成达到预期效果	15	
合计				

五、知识与能力拓展

1. 汽车拉花装饰

汽车拉花源自赛车运动，早期汽车拉花一般都是赞助厂商的商标和车队的队标等。随着中国汽车工业的飞速发展，汽车不仅仅作为代步工具，越来越多地扮演起玩具的角色。在这个个性化生存的年代，汽车拉花逐渐成为车主体现自己个性和品位的一种方式。

汽车拉花一般可以分为运动拉花、改装拉花和个性拉花三种类型。

运动拉花：主要指赛车运动拉花，场地赛与拉力赛所用车型和赛道各有不同，汽车拉花也有相应区别。拉力赛汽车拉花图案重点突出的是车队的标志及主要赞助商的标志，色彩上配合该车队的整体 VI 设计风格，以便更好地达到宣传效果。场地赛汽车拉花常常会见到火焰、赛旗、波浪等动感十足的图案，为赛车运动增色不少。

改装拉花：是指各个改装厂商在展会上为参展或推广新产品，往往配合某款车型或产品而专门设计的主题拉花，绚丽多彩，引人注目。还有很多图案是改装厂的标志和一些改装品的标志，经过一番精心设计和搭配，与改装过的展车相得益彰。

个性拉花：车主根据个人喜好和品位，量车定做的个性化拉花。运动化、艺术化、实用化，各种风格只要看起来和谐美观，可以自由选择搭配，自行设计，打造出自己的风格！

2. 如何清除拉花

用指甲轻轻地将拉花边缘刮起，再整个撕除，不会留痕，也不会伤害车漆。如果冬天天冷无法刮起边角，可用电吹风将拉花适当加热，胶变软后即可轻易去除。

任务四 汽车车身改色膜装饰

知识目标

- 了解汽车车身改色膜的优势
- 掌握汽车车身改色膜的实施步骤

技能目标

- 会正确选用汽车车身改色膜
- 会正确使用工具进行汽车车身改色膜操作

情感目标

- 在操作中体会装贴汽车车身改色膜的过程，感受工作的细心

一、任务分析

随着年轻人对汽车外观颜色的个性化需求，车身改色膜可以算得上当下较为时尚的汽车装潢。车身改色膜用的是高密度的乙烯基膜，这种膜可以在原车漆的基础上附着于车身表面，不仅不会伤害原有漆面，还能起到保护作用。车身改色膜不仅可以单色覆盖，还可以双色、多色拼接，甚至可以进行彩绘，做出多种图案。车身改色膜能将车漆与空气隔离，有效防止车漆酸碱腐蚀和氧化，可以保护原有车漆。通常好的车身改色膜可以用上 7～8 年。

二、知识准备

1. 车身改色膜

车身改色膜（如图 6-4-1 所示），是用色系丰富、颜色多样的薄膜，以整体覆盖粘贴的方式改变全车或局部外观的服务。车身改色膜主要分为国产和进口两类。按色膜材质本身，车身改色膜主要细分为亚光膜、亮光膜、珠光膜、金属亮光膜、亚光金属膜、拉丝金属膜、汽车电镀膜、碳纤维膜、变色龙膜、透明膜等。

图 6-4-1　车身改色膜

另外，注意选择的车身颜色不能和特种汽车的车身颜色相同和相似，如警车、消防车、路政执法车、救护车等汽车；同时车身改色后的颜色不能超过三种。

2. 车身改色膜的基本特性

（1）规格：一般多为 1.52 m×20 m。

（2）结构：多层流延（多台挤出机挤出相同或不同的树脂，熔融的树脂通过配料块合理分层，再通过 T 型模头在流延辊上流延定型，成为具有功能性的、多层结构的薄膜。一般分为三层：热封层、支撑层、电晕层）。

（3）材料：PVC（一种叫乙烯基的聚合物质），是一种非结晶性的材料，具有不易燃、高强度、耐气候、防潮、抗老化等特点。

（4）工艺：低端产品为压延工艺，通过不同滚轮的挤出、碾压将熔态的 PVC（聚氯乙烯）原料碾压拉伸成一定厚度的薄膜。高端产品为铸造工艺，由 PVC（聚氯乙烯）原料、特效材料、链体增塑剂、高温稳定剂等材料合成后，通过专用设备将原料“刮平”，再由熔浆液态烘烤，溶剂挥发后形成薄膜，不经过拉伸。

（5）胶水：聚丙烯。

（6）耐温：-50～110℃。

（7）施工温度：16～32℃。

3. 车身改色膜的优劣对比

车身改色膜的优劣对比见表 6-4-1。

表 6-4-1　车身改色膜的优劣对比

对比方法	优质车身改色膜	劣质车身改色膜
看表面及边沿	表面平整，光泽度高，没有坑点和杂质，边沿无遗漏缩边现象	表面平整度稍差，光泽度不高，仔细观察的话有许多坑点和杂质，边沿因为缩边会露出背纸
试背胶	低黏度压敏胶，常温下黏度较低，不黏手	普通胶水，常温下比较黏手
闻味道	气味清淡	气味刺鼻
试拉伸	韧性好，拉伸不易变色不易断裂	韧性差，拉伸容易变色容易断裂
比价格	一般为铸造工艺，生产工艺先进严谨，价格较高	一般为压延工艺，材料成本和生产成本较低，价格较低

4. 车身改色膜与传统喷漆彩绘的对比工艺

车身改色膜与传统喷漆彩绘的对比工艺见表 6-4-2。

表 6-4-2　车身改色膜与传统喷漆彩绘的对比工艺

对比工艺	车身改色膜	传统喷漆彩绘
原车漆面损伤	原车车漆无须打磨，无损伤	原车车漆需要打磨、抛光、喷漆等多道工序施工，破坏原车车漆
车漆保护能力	覆盖车漆表面，保护性强	与原车车漆融合，持久性弱
色彩饱和度	色彩均匀饱和，无色差	受人工施工影响，易产生色差
质感处理	多种表面材质	特殊质感制作费用高、难度大
环保属性	安全环保，无污染	环境污染较大
施工周期	2～3 天	5～7 天
汽车保值性	可移除背胶，对原车漆面无损伤	破坏原厂漆膜
施工人员	普通贴膜工	专业钣金工/喷漆工
设备	无尘车间，刮板等简易工具	烤房、喷漆等全套设备

车身改色膜与传统喷漆彩绘对比的优势如下。

（1）在不损伤原车漆的前提下，车身改色膜可以随心所欲地改变车身颜色与涂装。

（2）与全车喷漆相比，改色贴膜施工简易，对汽车完整性的保护更好，颜色搭配自主性更强，且不会存在相同颜色不同部位产生色差的烦恼。

（3）如果想恢复原车漆，只需去汽车美容专业店揭掉贴膜即可。

5. 车身改色膜的安装及施工环境要求

安装工具：改色贴膜工具套装、热风枪、洗车泥、卷尺、剪刀及通用除胶剂等。

安装场所：无尘车间，温度控制在 16～32℃为宜，车间明亮、干燥、通风良好。

安装人员：身着纯棉工服或防静电服装，避免产生静电。

施工基本步骤：车况勘验→全车清洗→深度清洁→测量尺寸→贴膜准备→贴膜定位→膜面刮覆→粗略裁切→收边固封→精细切割→表面清洁→验收。

三、任务实施

图片示例	步　　骤
装贴汽车车身改色膜的施工步骤	
	第一步：车况勘验。询问客户漆面是否做过修补和查看车身表面的缺陷。若有上述情况，记录并告知客户贴膜后可能存在的风险。车身表面如果有缺陷，贴膜后仍然能显现出来；附着较差的修补漆在施工过程中有脱漆的风险。缺陷较为严重时，应建议客户进行漆面处理。
	第二步：全车清洗。使用高压水枪冲洗车身表面的灰尘、泥土、油污等，用干毛巾擦拭车身表面及车窗、车门边、内饰等； 清洗后仍需进一步勘验汽车，此时能发现清洗前较难发现的细小缺陷。
	第三步：深度清洁。用洗车泥清洁车漆表面，去除车漆表面的氧化层及附着力较强的污渍，配合通用除胶剂去除车身表面的残胶，配合酒精溶剂去除漆面残留的油渍及蜡质，使车身改色膜与漆面具有良好的黏结力。手工清洁车门边、钣件间缝隙及反面等不易清洁部位。

图片示例	步　　骤
	第四步：测量尺寸。测量时选取长宽最大处，为减少浪费和充分利用材料，可在裁剪前对要贴膜的表面进行放样。根据实际测量和样板，在裁膜台裁取合适的膜。在裁膜台上拉开车身改色膜，摆上样板，以最省的模式裁取全车的膜。
	第五步：贴膜准备。准备贴膜工具，刮板、烤枪、裁膜刀等摆放整齐，并检查是否有损坏，损坏应及时更换；车间降尘处理；适当板件拆卸，拆卸字牌车标等；再次清洁漆面。
 	第六步：贴膜定位。 ① 揭膜。揭膜应从上往下，使膜面自然下垂，保持车身改色膜不动，顺势揭除表面保护膜，防止产生折痕。 ② 上膜定位。上膜时按照贴膜部位的尺寸，轻轻放下，两人配合向四角拉伸平铺于漆面，去除大部分气泡。

图片示例	步　　骤
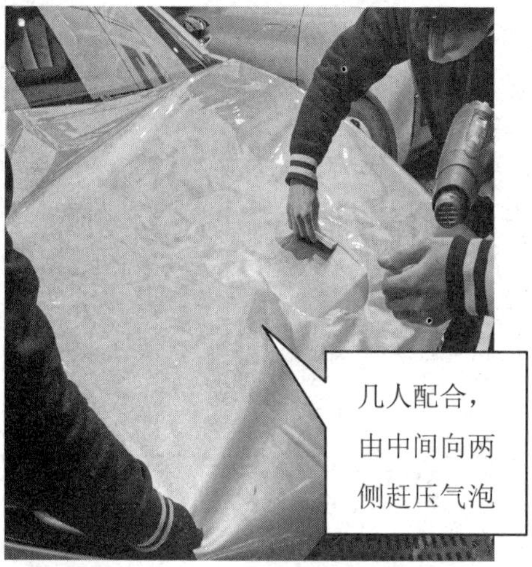	第七步：膜面刮覆。选取合适的部分进行定位与刮覆。以前发动机盖为例，通常先中间赶覆定位，再顺势自然定位左右两侧。
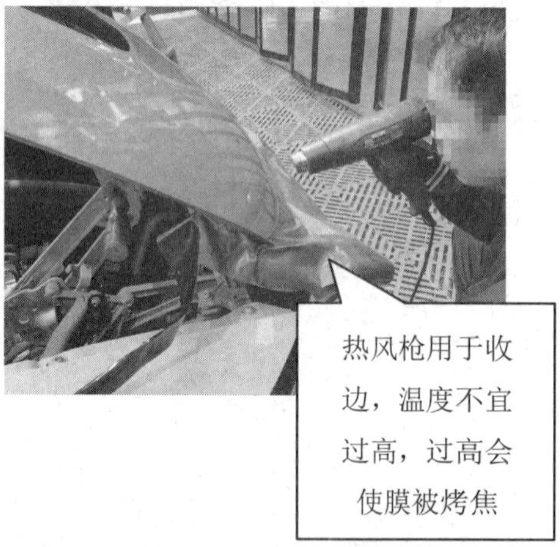	第八步：粗略裁切、收边固封。首先将边角多余的车身改色膜裁切至 3～5 cm，使其能更好地包覆于钣件的反面。其次使用无纺布蘸取少量 94 底涂，将 94 底涂涂覆到钣金件内侧或弧度较大的边角位置，待 2～3 min 底涂干燥后，将多余的车身改色膜部分贴敷在有底涂区域。最后用热风枪（100～150℃）烘烤已黏附的边角，使其更好地贴合弧度部位。
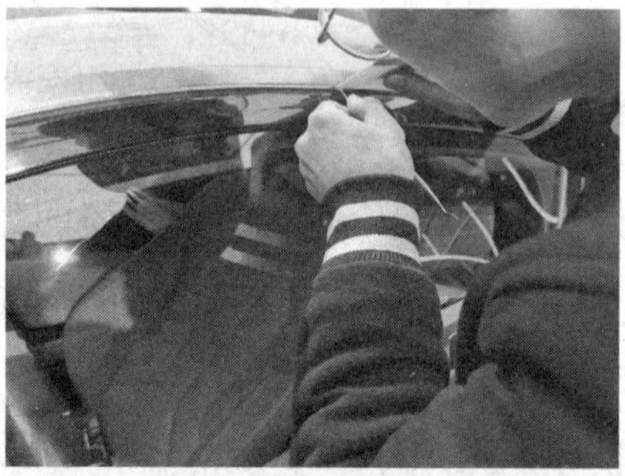 	第九步：精细切割、表面清洁、验收。依据钣件构造形状精细裁切，确保平整的裁膜效果。清洁膜面残留的手印，灰尘等。

四、任务评价

汽车车身改色膜装饰任务评价表见表 6-4-3。

表 6-4-3 汽车车身改色膜装饰任务评价表

任务名称				
评价方式	自评□ 互评□ 师评□			
项　　目	分值	评分标准	分值	得分
工作态度纪律素养	35	工作态度积极	10	
		遵守课堂纪律	5	
		操作现场按照“5S”管理标准进行整理	10	
		安全操作，无工具设备损坏	10	
团队合作	15	分工明确，人人有任务	7	
		团队合作意识强，工作量分配均匀	8	
任务实施完成情况	50	美容护理用品选用正确	10	
		美容护理工具选用正确	10	
		任务实施操作流程正确	15	
		任务完成达到预期效果	15	
合计				

五、知识与能力拓展

1. 车身改色膜的保养与护理

（1）避免硬物刮擦膜和用力擦洗膜表面，刮擦和磨损的痕迹会影响膜的整体效果。

（2）清洗汽车时，避免使用刷子和腐蚀性化学物质。

（3）停车时避免停在灌木丛或其他易剐蹭到漆面的地方。

（4）使用无磨料，不含强溶剂且 pH 值在 3～11 之间的清洁剂擦拭。

（5）清洁后使用清水冲洗并用干净、柔软的布料或橡胶刮板擦干，防止水渍残留。

（6）不建议在膜面打蜡或抛光。若膜面蜡斑残留，则可使用清水清洁。

（7）洗车时避免用高压水枪对膜边缘冲洗。

（8）贴膜后一周内避免洗车，以保证胶和漆面产生良好的结合力。

2. 车身改色膜的一般备案流程

步骤一、准备材料。改色前需要准备以下材料：《机动车变更登记/备案申请表》；机动车所有人的身份证原件及复印件；《机动车登记证书》原件；《机动车行驶证》原件；缴清汽车改色前的罚款单。

步骤二、查验外观。基本流程和年检是相同的，如拓号、拍照，有外观改装的环节就不能通过检验，需要恢复出厂设置，大概用时 20 min。

步骤三、填写申请表。业务大厅都有变更颜色的申请表，填写完整后送到办理窗口等待审核并更换新的行驶证。

步骤四、发证收费。缴纳完行驶证的费用后就办理完成了。

任务五 章节测验

一、判断题

1．车身大包围就是换掉原来的前、后保险杠，改装上具有个性的保险杠。（ ）

2．制作车身大包围套件的材料主要是 PVC。（ ）

3．汽车在尾部加装的尾翼通常称为导流板，导流板的作用是降低汽车尾部的升力。（ ）

4．汽车在加装扰流板时，针对打孔部分一般要进行防水防锈处理。（ ）

5．给汽车门把手贴膜时，需要用热风枪把边角烘平，一边烘烤一边赶平，切忌在一处加热，防止因过热导致保护膜变形。（ ）

6．给汽车贴膜时，需要给粘贴部位清洗干净后，再喷一层纯净水，便于粘贴时移动膜。（ ）

7．贴车身改色膜时，需要的时候，可以把车身颜色改成和特种汽车的车身颜色相同和相似。（ ）

8．车身大面积改色时，无须到车管所给汽车进行备案。（ ）

9．车身大面积贴膜时，需要用刮板赶掉膜内的空气，有些地方的空气难以赶出，可以使用针刺孔去掉空气。（ ）

二、简答题

1．安装车身大包围的注意事项有哪些？

2．简述导流板的作用。

3．简述车身改色膜与传统喷漆彩绘对比的优势。

模块七

汽车电子精品选装

本模块通过学习汽车电子精品选装中常见的汽车倒车雷达的选装、汽车防盗器的选装、汽车氙气大灯的选装、汽车行驶记录仪的选装、汽车并线辅助系统的选装等项目，了解并掌握汽车电子精品选装的基本知识与操作技能，并在实际工作中予以应用。

思政小课堂

汽车电子精品选装模块通过选择质量合格的产品进行汽车加装，从汽车精品加装工艺实施环节入手，引导学生追求一丝不苟、精益求精的工匠精神。

任务实践

学习本模块后，每位同学收集整理一篇以“工匠精神”为题材的先进事迹材料。

任务一　汽车倒车雷达的选装

知识目标

- 了解汽车倒车雷达的作用
- 了解汽车倒车雷达的组成及工作原理
- 掌握汽车倒车雷达的选择方法

技能目标

- 会正确使用汽车倒车雷达的安装工具
- 能独立加装汽车倒车雷达

情感目标

- 在操作中体会安装汽车倒车雷达的过程

一、任务分析

随着汽车数量的增多和停车位的日趋紧张，如何更安全、更舒适地停车、倒车、起动汽车成为大多数车主关心的问题。安装汽车倒车雷达，可以解除驾驶员停车、倒车和起动汽车时前后左右探视所引起的困扰，帮助驾驶员扫除停车、倒车和起动汽车的视野盲区（停车的视野盲区如图 7-1-1 所示）和视线模糊的缺陷，提高驾驶的安全性。

二、知识准备

1. 电动钻的使用方法

电动钻如图 7-1-2 所示，使用时应按产品说明书的要求对电动钻进行仔细检查和正确操作。

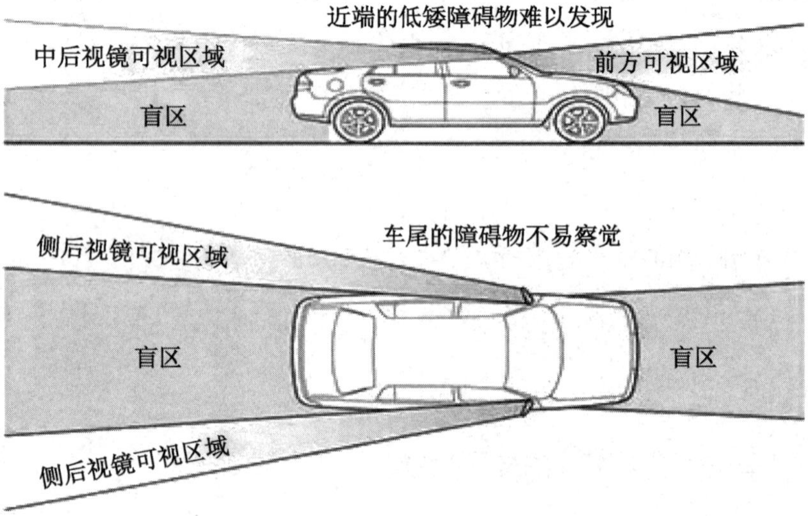

图 7-1-1　停车的视野盲区

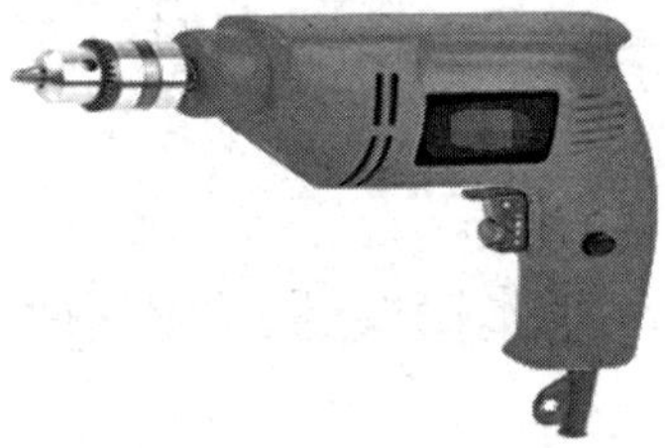

图 7-1-2　电动钻

① 接通电源。

② 检查电源线是否有破损，插头是否破碎。

③ 检查钻头是否安装紧固。

④ 打开开关，检查电动钻的工作情况。

2. 倒车雷达

（1）倒车雷达的组成。

倒车雷达，即倒车防撞雷达，也称停车辅助装置，主要由超声波传感器（探头）、控制器（主机）和显示器等部分组成。倒车雷达的组成如图 7-1-3 所示。

（2）倒车雷达的工作原理。

倒车雷达在倒车时，利用超声波原理，由安装在车尾保险杠上的探头发送超声波撞击障碍物后反射此声波，计算出车体与障碍物间的实际距离，然后提示给驾驶员，使停车或倒车更容易、更安全。倒车雷达的工作原理如图 7-1-4 所示。

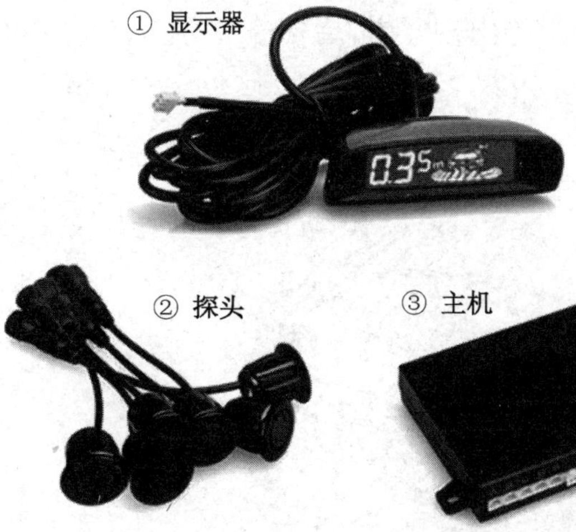

图 7-1-3　倒车雷达的组成

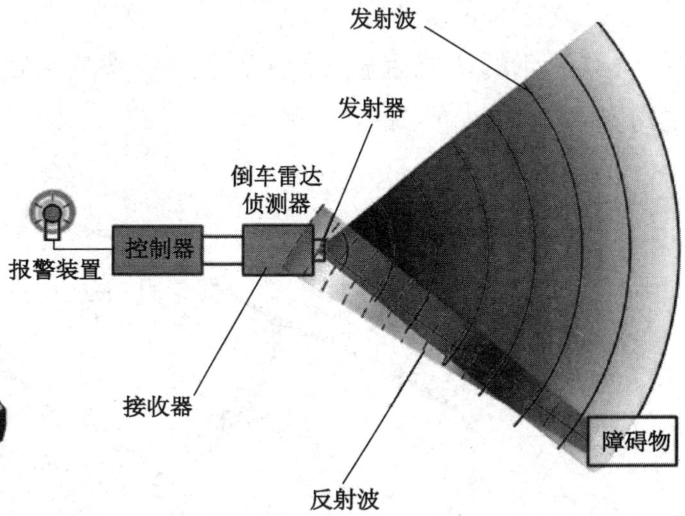

图 7-1-4　倒车雷达的工作原理

倒车雷达主要通过探头发送超声波来探测障碍物，所以探头的灵敏度决定了倒车雷达的探测距离。一般的倒车雷达的探测距离为 1.5～2.0 m，有的可达 3 m。倒车雷达的探测距离如图 7-1-5 所示。

图 7-1-5　倒车雷达的探测距离

（3）倒车雷达的分类。

① 按安装方式分类。倒车雷达可分为粘贴式、钻孔式和悬持式。

② 按探头数量分类。倒车雷达有 2 探头、3 探头、4 探头、6 探头、8 探头，探头数量决定了倒车雷达的探测覆盖范围，探头数量越多，可探测范围越大，效果也越好（3 探头和 6 探头的倒车雷达如图 7-1-6 所示）。

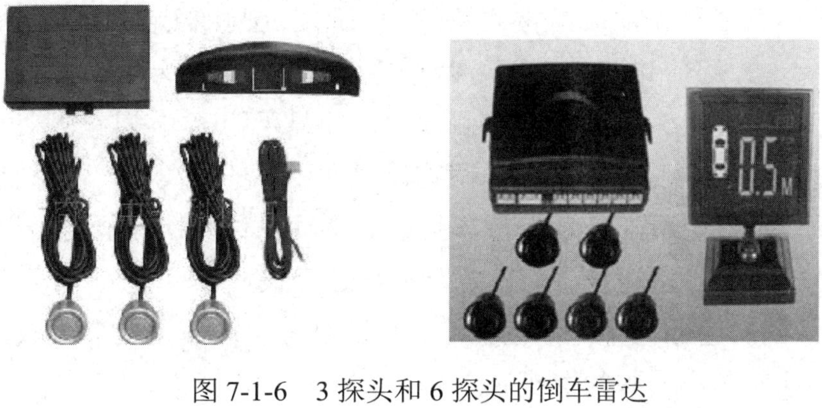

图 7-1-6　3 探头和 6 探头的倒车雷达

③ 按探头的安装位置分类。随着车主对倒车雷达监测范围的要求越来越高，除了如图 7-1-7 所示的传统后置式倒车雷达（探头安装在车尾），还出现了前/后倒车雷达（车前、车尾均安装探头），如图 7-1-8 所示。

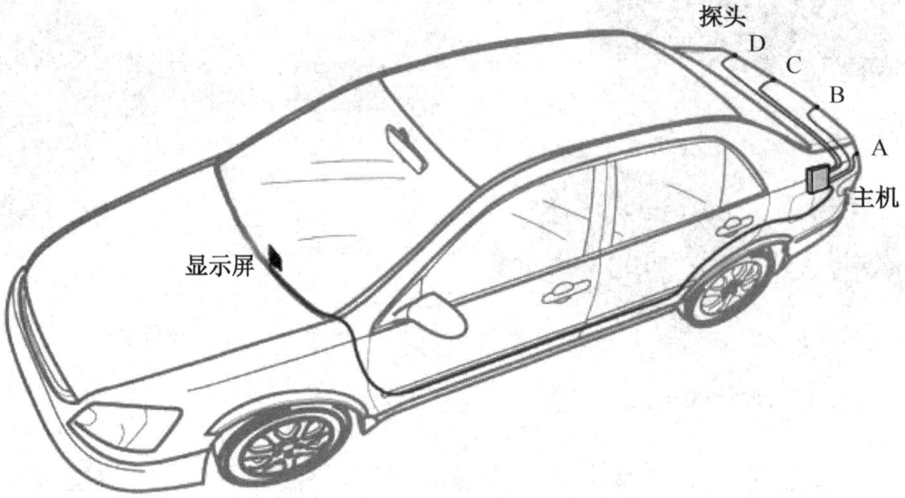

图 7-1-7　传统后置式倒车雷达

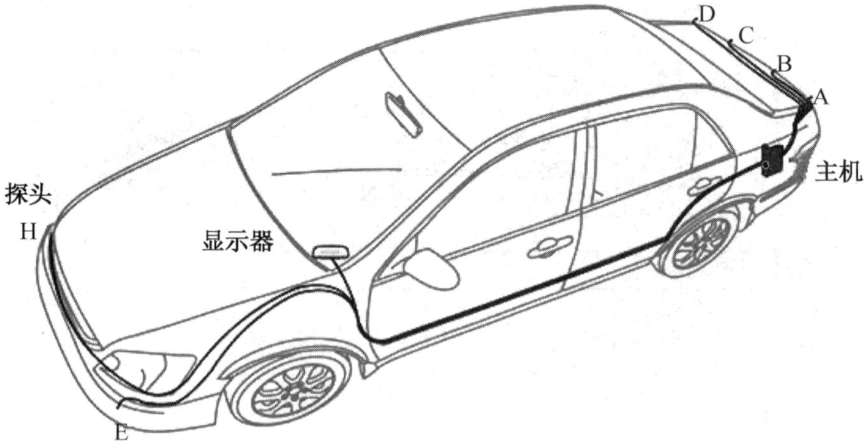

图 7-1-8　前/后倒车雷达

（4）选装倒车雷达要注意的几个问题。

① 功能。功能较齐全的倒车雷达应该有距离显示、声响报警、区域警示和方位指示等。

② 性能。倒车雷达的性能主要从探测范围、准确性、显示稳定性和捕捉目标速度来分析。探测范围一般在 0.4～1.5 m。准确性主要看两个方面，首先看显示分辨率，一般为 10 cm，好产品的显示分辨率能达到 1 cm；其次看探测误差，即显示距离与实际距离间的误差，好产品的探测误差低于 3 cm。显示稳定性指在障碍物反射面不好的情况下，能够捕捉到并稳定显示出与障碍物的距离。捕捉目标速度反映倒车雷达对移动物体的捕捉能力。倒车雷达性能方面的要求可以归纳为测得准、测得稳、范围宽和捕捉速度快。

③ 款式。探头的颜色应与车身颜色相符。保险杠较宽的车型应安装较薄、较大的探头，保险杠较窄的车型应安装小一些的探头。

④ 服务。建议选择保修期在两年以上的产品和售后服务较好的大品牌。

三、任务实施

图片示例	步　骤
1．安装倒车雷达的设备、工具、物料	
主要有电动钻、卷尺、钻头、美工笔、绝缘胶布等	
2．倒车雷达操作前的注意事项	
① 有针对性地选用倒车雷达，不能贪图便宜，知名品牌的倒车雷达探测灵敏度高、探测距离远。 ② 将汽车清洗干净（特别是安装探头的地方），然后将汽车停放在光线较好的地方再施工。 ③ 倒车雷达是电子产品，一定要在汽车熄火并拔掉车钥匙的条件下安装。 ④ 主机一般适合安装在后备箱左边，最好不要安装在车头或转向盘下面。 ⑤ 雷达探头离地面 50～70 cm，更加适合探测地面上的障碍物，最大程度减少误报的可能。 ⑥ 雷达探头要注意保养，使用的时候需要避免被其他硬物敲打，如果上面有杂物，需要及时清理。	
3．倒车雷达的安装步骤	
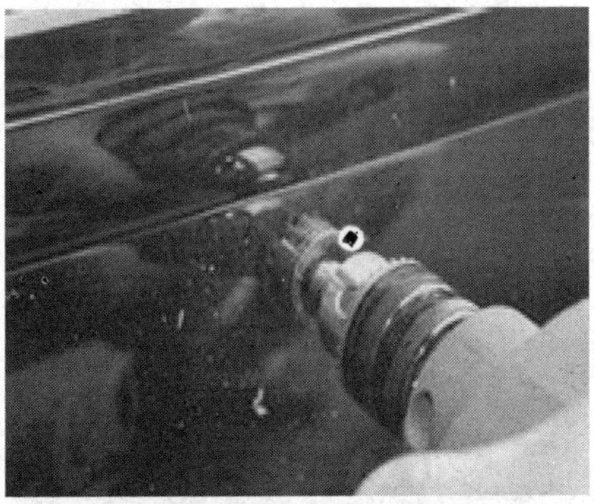 	第一步：打孔。 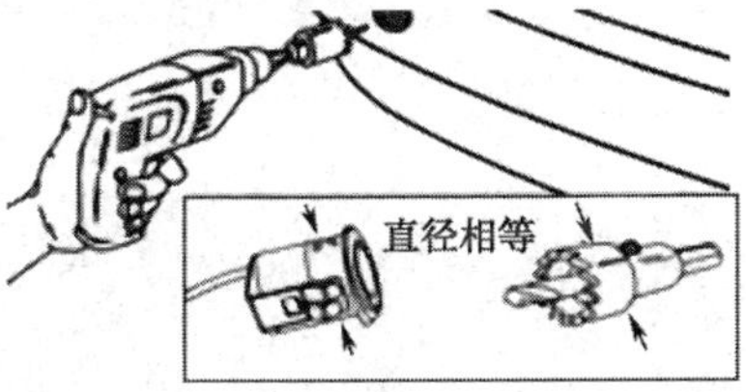 ① 打孔前确认探头与钻头的直径相等。 ② 探头安装高度为 45～55 cm，探头表面与地面呈垂直状态；选择水平方向标志的时候，先取左右两个点，两点取好后量取两点间的长度除以三即得中间两孔的间距。 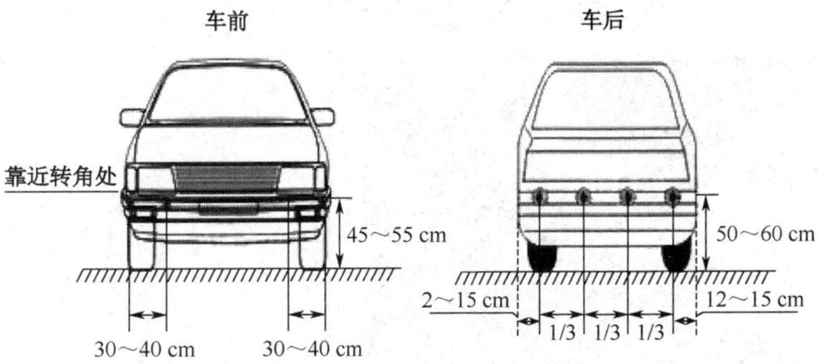

<table>
<tr><th>图片示例</th><th>步　　骤</th></tr>
<tr><td>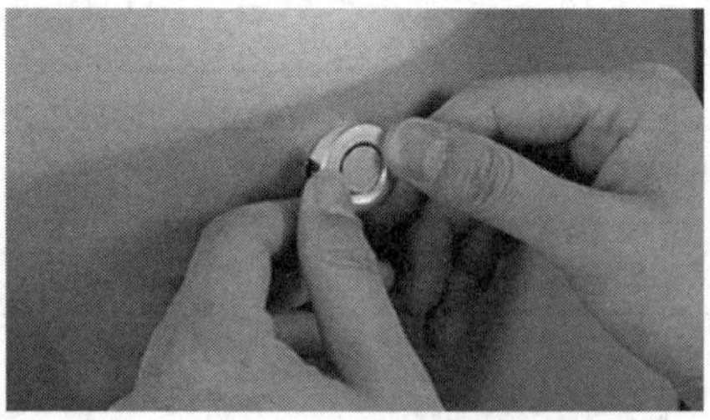
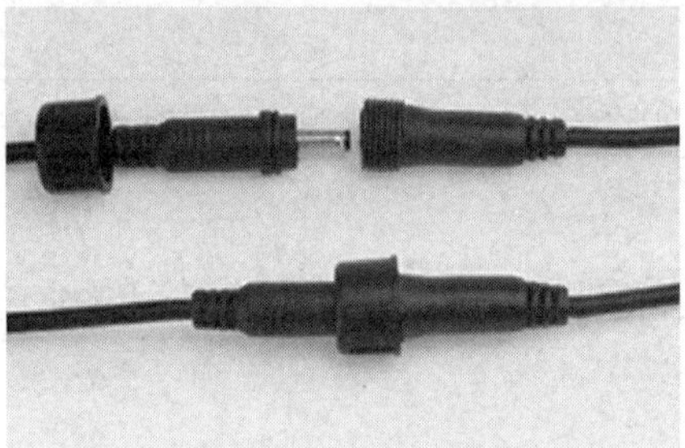</td><td>第二步：安装探头及连接防水插头。
① 用拇指均衡用力将探头压牢，并紧贴车身。
② 按箭头指示方向朝上安装。
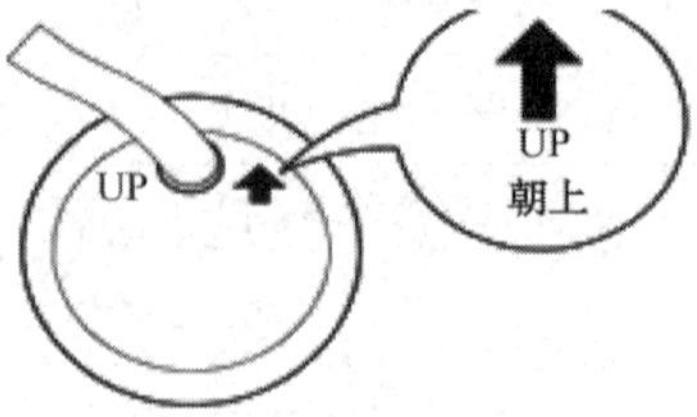

③ 将防水插头插牢并紧固。</td></tr>
<tr><td></td><td>第三步：安装主机及显示器。
① 显示器一般安装在仪表板或后视镜上，便于驾驶员观察。
② 主机一般安装在后备箱左侧。</td></tr>
<tr><td>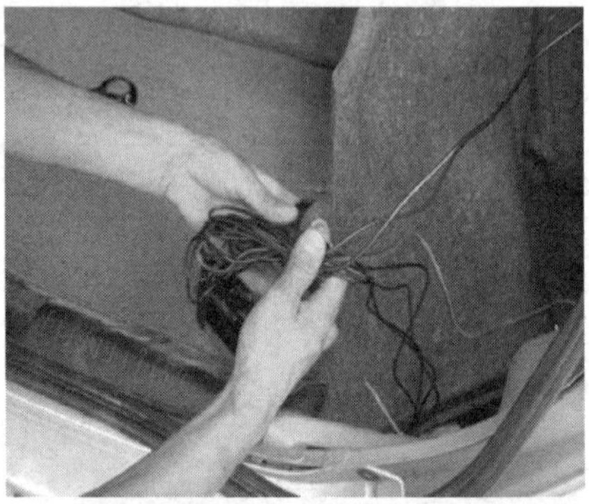
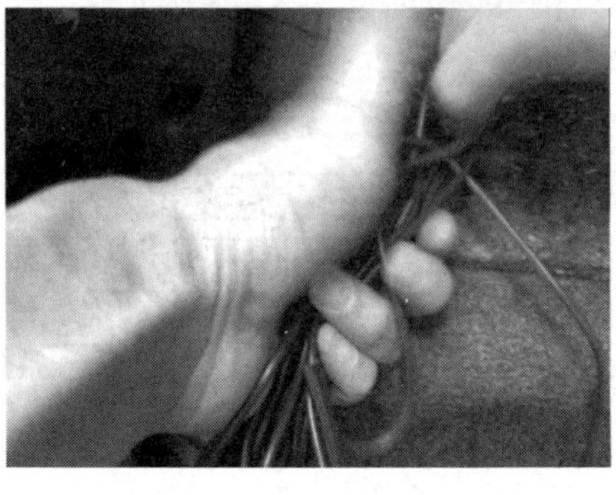</td><td>第四步：接线及布线。
① 根据倒车雷达使用说明书连接显示器、主机、探头等相关插头。
② 连接好 ACC 电源线、倒车灯线、制动灯线等。
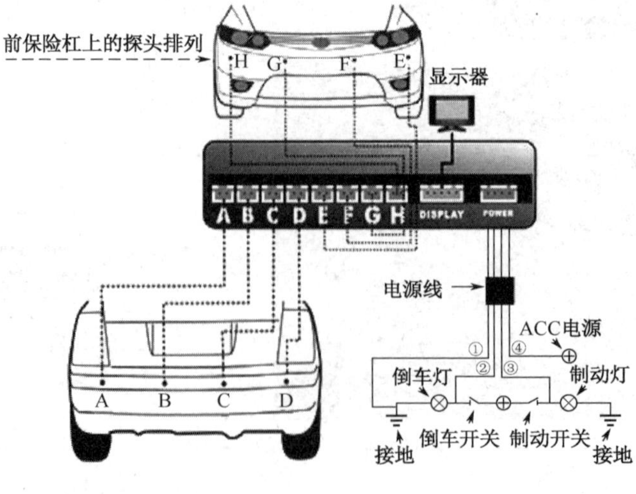
</td></tr>
</table>

图片示例	步　　骤
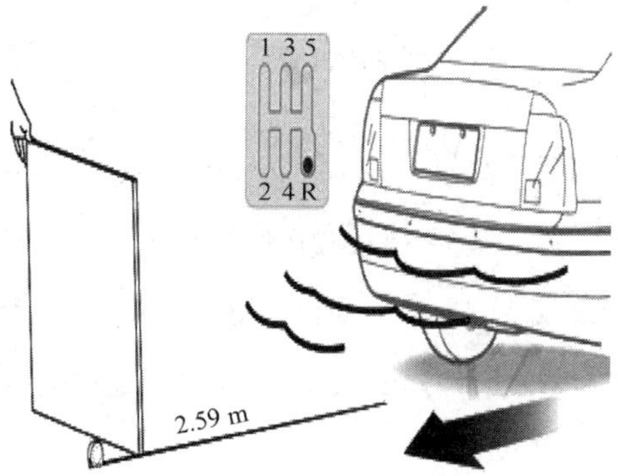	第五步：功能验证。验证安装后的倒车雷达各项功能是否正常。
4．倒车雷达的使用与维护	
① 防水测试。要对探头进行防水测试，保证倒车雷达在雨天能正常工作。 ② 及时清洁保养。探头要经常清洁，有附着物会影响探测精度，严禁为了保持全车色调统一，而给探头“刷漆”。	
5．导致倒车雷达不工作的情况	
① 当倒车速度在 10 km/h 以上时不能正常工作。 ② 传感器上有雪、水滴或表面污染物遮盖时可能无法正常工作。 ③ 外界环境恶劣时，如气温过低、暴风雨天气等，可能无法正常工作。 ④ 汽车周围的无线装置可能产生干扰，使其不能正常工作。 ⑤ 尖锐物体和面积过小的物体可能检测不到，如杂草、树枝等。 ⑥ 棉类、灰尘、雪等密度过小的物体可吸收超声波，所以可能无法检测到。 ⑦ 倒车时障碍物表面不规则，如碎石路、坡路等，可能无法正常检测。	

四、任务评价

汽车倒车雷达的选装任务评价表见表 7-1-1。

表 7-1-1　汽车倒车雷达的选装任务评价表

任务名称				
评价方式	自评□　　互评□　　师评□			
项　目	分值	评分标准	分值	得分
工作态度纪律素养	35	工作态度积极	10	
		遵守课堂纪律	5	
		操作现场按照“5S”管理标准进行整理	10	
		安全操作，无工具设备损坏	10	
团队合作	15	分工明确，人人有任务	7	
		团队合作意识强，工作量分配均匀	8	
任务实施完成情况	50	美容护理用品选用正确	10	
		美容护理工具选用正确	10	
		任务实施操作流程正确	15	
		任务完成达到预期效果	15	
合计				

五、知识与能力拓展

1. 黏附式倒车雷达的安装

倒车雷达除了前面介绍的开孔式安装方法，还有黏附式安装方法。这种方法仅限于具有粘贴性探头的报警器，这种方法的特点是不需要在车体上开孔，只要将报警器粘贴在适当的位置即可，安装与拆卸均不会影响汽车美观。这种报警器一般安装在尾灯附近或后备箱门边。探头安装的最佳宽度为 0.66～0.80 m，安装的最佳离地高度为 0.55～0.70 m。以下是具体的安装方法。

① 将附带橡胶圈套在感应器（探头）上，引线向下并与地面垂直。

② 确定感应器（探头）的安装位置。

③ 将感应器（探头）沿垂直方向贴合。

④ 用电吹风将双面贴加热，然后撕去面纸，贴到确定部位。

⑤ 将报警器的闪光指示灯安装在易被驾驶员视线捕捉的仪表板上。

⑥ 将控制盒安装在不热、不潮和无水的后备箱侧面。

⑦ 将蜂鸣器安装在后风挡玻璃前的平台上。

⑧ 将感应器（探头）屏蔽线隐蔽铺设，以防压扁、刺穿，并起到美观的效果。

2. 倒车雷达的安装原理及位置

倒车雷达的安装原理如图 7-1-9 所示。

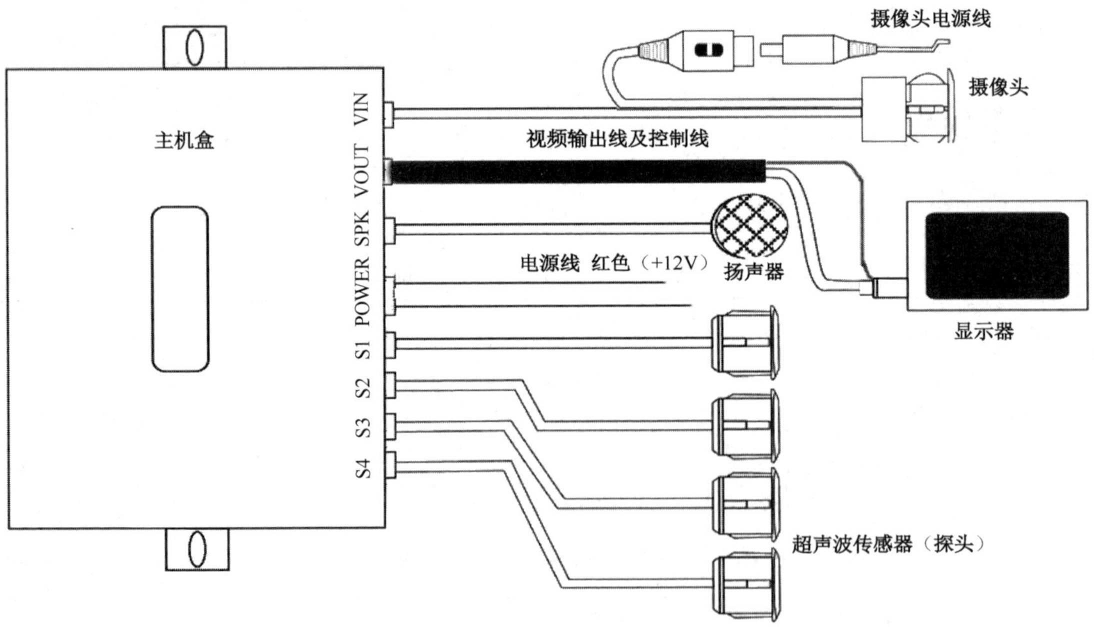

图 7-1-9 倒车雷达的安装原理

倒车雷达的安装位置如图 7-1-10 所示。

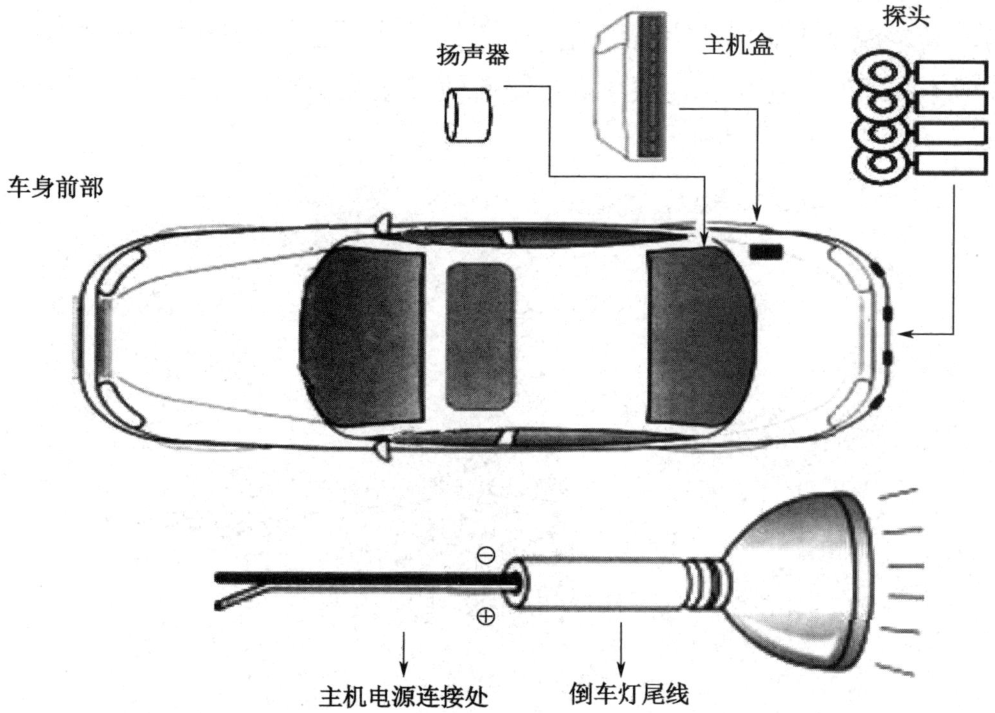

图 7-1-10 倒车雷达的安装位置

3. 基于不同技术的超声波雷达、毫米波雷达、激光雷达三种汽车雷达的区别

① 超声波雷达，是通过超声波发射装置向外发出超声波，再利用接收器接收反射回来的超声波时间差来测算距离。一般来说，频率越高灵敏度越高，而水平与垂直方向的探测角度就越小（使用范围：40 kHz/48 kHz/58 kHz）。其探测距离在 0.1～3.0 m 之间时精度较高。目前有部分测量侧方障碍物的超声波雷达，其测距达到了 7 m。超声波雷达现在主要应用在倒车雷达、自动停车等功能上。超声波雷达如图 7-1-11 所示。超声波雷达容易受天气情况的影响，不同天气的传播速度不同，车速较快时误差较大，另外就是超声波散射角度大，不利于较远距离的回收信号传播，但其具有成本低、穿透性强、防水、防尘等优势。

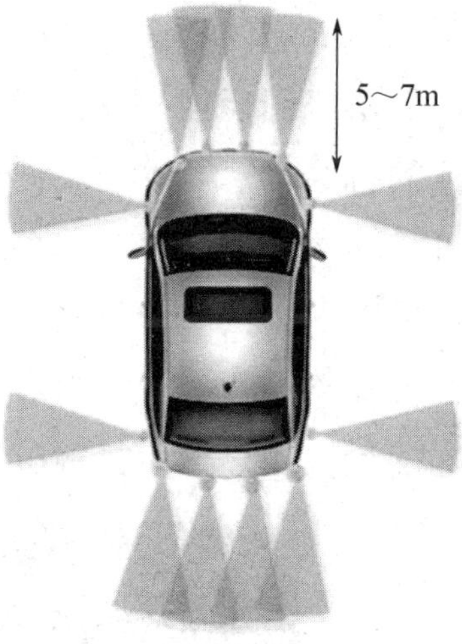

图 7-1-11 超声波雷达

② 毫米波雷达，是工作在毫米波波段探测的雷达（使用范围为 30～300 GHz 频域，波长为 1～10 mm），毫米波的波长介于微波和厘米波之间，因此毫米波雷达兼有微波雷达和光电雷达的一些优点。其测距原理是把无线电波（雷达波/电磁波）发射出去，根据接收回波与发送之间的时间差测得目标位置距离数据。一般的探测距离在 0～200 m 之间，与红外、激光、电视等光学导引头相比，毫米波导引头穿透雾、烟、灰尘的能力强，具有全天候（大雨天除外）全天时的特点，毫米波导引头的抗干扰、反隐身能力也优于其他微波导引头，毫米波雷达如图 7-1-12 所示。但毫米波雷达在雨、雾和湿雪等高潮湿环境的衰减，以及大功率元器件和插损的影响会降低毫米波雷达

的探测距离；毫米波雷达的树丛穿透能力差，相比微波雷达，对密树丛穿透力低；毫米波雷达的元器件成本高，加工精度相对要求高，单片收发集成电路的开发相对迟缓，需要与摄像头互补使用。

图 7-1-12 毫米波雷达

③ 激光雷达，是以发射激光束探测目标的位置、速度等特征量的雷达系统，激光雷达也称光学雷达，如图 7-1-13 所示。其工作原理是向目标发射探测信号（激光束），然后将接收到的从目标反射回来的信号（目标回波）与发射信号进行比较，作适当处理后，就可获得目标的有关信息，如目标距离、方位、高度、速度、姿态、形状等参数。它由激光器、光接收机、转台和信息处理系统等组成，激光器将电脉冲变成光脉冲发射出去，光接收机再把从目标反射回来的光脉冲还原成电脉冲，送到显示器。因为各种物体的反射角度不同，所以交通标线和路面可以区分开，不过那些被遮挡的物体光束是无法探测的。由于光速是我们目前已知的最快速度，因此激光雷达也是所有雷达中传播速度最快的。

图 7-1-13 激光雷达

任务二 汽车防盗器的选装

知识目标

- 了解汽车防盗器的作用
- 掌握汽车防盗器的选择方法

技能目标

- 掌握安装汽车防盗器的规范操作步骤

情感目标

- 在操作中体会安装汽车防盗器的过程

一、任务分析

从世界上第一辆T型福特牌汽车被盗开始，偷车已成为现今城市里较为常见的犯罪行为之一。随着汽车数量的增多，汽车被盗的数量也逐年上升，这给社会治安带来了极大的影响，担心汽车被盗成为困扰每一位汽车用户的难题。汽车防盗器的出现，很好地解决了这一问题。

安装汽车防盗器的好处如下。

① 防盗设定与解除。其主要作用是警戒汽车，以防被盗或受侵害。

② 全自动设防。若车主忘记设防，报警器将自动进入防盗警戒状态。

③ 二次设防。设防解除后，若30 s内车主未开车门，则主机自动进入防盗状态。

④ 密码抗扫描。电脑自动判别密码正确与否，并过滤扫描器信号，杜绝扫描密码，因而可防止盗贼用扫描器扫描报警密码盗车。

⑤ 寻车功能。在停车场内帮助车主寻找汽车。

二、知识准备

1. 安装汽车防盗器所需的工具

安装汽车防盗器需要专业的安装工具，如剥线钳、测电笔（12～24 V）、螺丝刀（十字、一字）、绝缘胶布、工具刀、双面胶、扎带，以及其他拆车工具（具体视车型而定）。

2. 汽车防盗器的种类

汽车防盗器的种类按其结构可分为机械式防盗器、电子式防盗器、网络式防盗器和生物识别防盗器。

图片示例	解释说明
机械式防盗器  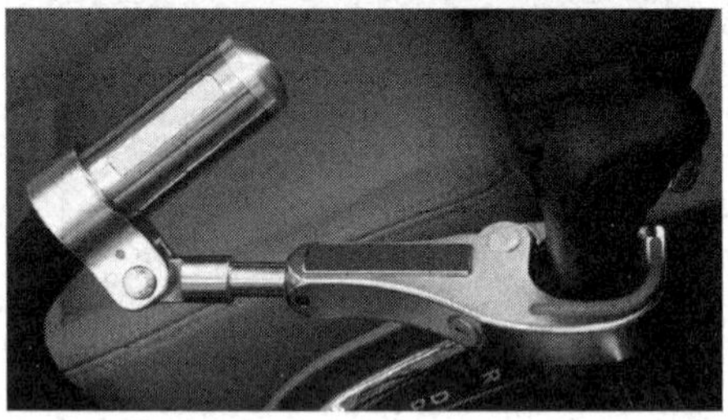	机械式防盗器的主要原理是锁住汽车上的某一机构，使其不能发挥应有的作用，如变速器挡把锁、转向盘锁、制动踏板锁、离合踏板锁等。机械式防盗器的缺点是机械锁的体积较大，车主又要随身多带一把钥匙；破解的手段众多，由于核心是一把锁，因此挡不住溜门撬锁之徒，更挡不住如液压剪之类的粗暴手段。
电子式防盗器 	电子式防盗器是目前汽车市场上较为流行的防盗装置。启动防盗系统可将点火线圈或供油回路切断，只有在解锁钥匙的控制下才能正常解除防盗。国内外大部分汽车在出厂时就配置了钥匙芯片防盗系统。当汽车由于外力发生震动，或车门、后备箱盖、前机舱盖被强行开启时，系统会发出报警声，以阻吓盗车贼。 电子防盗器的缺点是误报率较高，特别是大车经过、鞭炮响起、雷雨交加时，刺耳的报警声会影响居民的休息。将汽车停放在地下停车场或车主距离停车较远时，还可能接收不到反馈信号。目前已有法规禁止此类产品的滥用。
网络式防盗器  	GPS 卫星定位汽车防盗器主要依靠社会的公共网络监控汽车的行驶。GPS 卫星定位汽车防盗器的缺点是需要缴纳 GSM 号码的月租费，依赖 GSM 网的覆盖。使用手机信号干扰器，阻断汽车与报警中心的联系，可使此种防盗系统失效。

<table>
<tr><th>图片示例</th><th>解释说明</th></tr>
<tr><td>生物识别防盗器
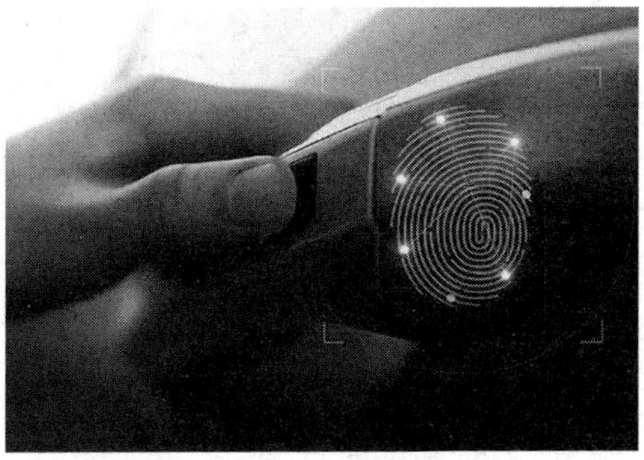</td><td>生物识别防盗器是利用人体特征作为解锁的唯一钥匙，锁止汽车发动机。具体产品有汽车指纹起动控制器和静脉扫描控制器，盗贼没有办法获得车主的指纹，也就没有办法偷走汽车。生物识别防盗器的缺点是起动汽车前多了一个比对指纹的动作，需要花 2 s 的时间。</td></tr>
</table>

3．安装汽车防盗器的工艺要求

安装汽车防盗器的工艺要求主要有以下三点。

① 安装时须正确使用工具。正确拆装汽车饰板、车门及仪表板（需要时）。注意工具使用规格尺寸必须正确，工具包括不同规格的十字螺丝刀、剥线钳、内梅花扳手、内六角扳手、剪钳等。

② 正确剥线、接线和缠线。根据线径不同，将接线端外缘皮剥去 25 mm 左右，剥皮时要注意内部铜线。铜线应完好无损，线皮剥好后，将露出的铜线绕束扭紧，用绝缘胶布缠好。在搭接起动线或点火线时，剥线应长至 30 mm，线皮剥好后，先将铜线一分为二扭紧，然后将两条线一分为二的部分分别扭紧，再将它们合二为一扭紧并用胶布缠好。使用的胶布要符合电工标准，注意其绝缘性和有胶期。缠绕胶布时，要稍用点力将胶布稍稍拉长，然后缠绕。这样缠好的胶布会自然裹紧在搭接好的导线上，不易松开，安全、牢固性较好。缠绕点火线、起动线和启动开关 ON 线时，须按胶布的使用方法缠绕两次。缠绕时胶布要有外延，不得有铜线丝露出。断电继电器下的几条线，接好后不要用胶布大面积长长地绑在一起，否则不易散热，易出危险。

③ 应注意正确使用试电笔和万用表等仪器、仪表。注意万用表的挡位要设置正确。

4．安装防盗器的技术要求

安装防盗器的技术要求有以下四点。

① 布线要求：先找好主机固定的位置，线分两路，一路往转向盘底盖，包括电源线（红色）、启动开关 ON 线（白色）、控制 30 A 断电器线（黄色）、转向灯线（两条棕色）等；另一路往熔断器及左前方、前盖（扬声器线米红色）、门边开关线（蓝色）、中控锁线、仪表板上（LED 灯线、天线）等。

② 安装前，先将线全部接上，检查线路正确无误后，再分别把电源、震动感应器、LED 灯插上主机，主机及震动感应器的位置应避免音响、扬声器等高磁场的地方。

③ 固定主机、震动感应器的位置，注意它们是否在高温产生的电器部位，还要注意防水（漏水）。

④ 防盗器装得好不好，表现在查找车线是否正确、接线质量是否过关等。线的查找必须正确，线不能虚接，不该搭铁的地方不能搭铁，搭铁的地方必须搭实。接线处必须紧固、绝缘，否则极易造成烧毁防盗器主机或汽车电路的严重后果。

三、任务实施

图片示例	步　　骤
1．汽车防盗器的安装流程	
 	第一步：检查汽车各部位的工作情况，如蓄电池电压、水温表、机油表、远光灯、近光灯、转向灯、制动灯、室内灯、安全气囊指示灯、ABS 指示灯、天窗等。 **提示：**在安装汽车防盗器前，对检查的项目确认无误并记录。
 	第二步：确定安装位置。主机可以安装在仪表板右侧的工具箱下方或转向盘下方护板内。扬声器可以安装到发动机舱内。 **提示：**主机安装位置不要距离电脑主板太近，以免影响电脑主板和主机信号。扬声器开口避免朝上，以免进水，造成损坏。

图片示例	步　　骤
 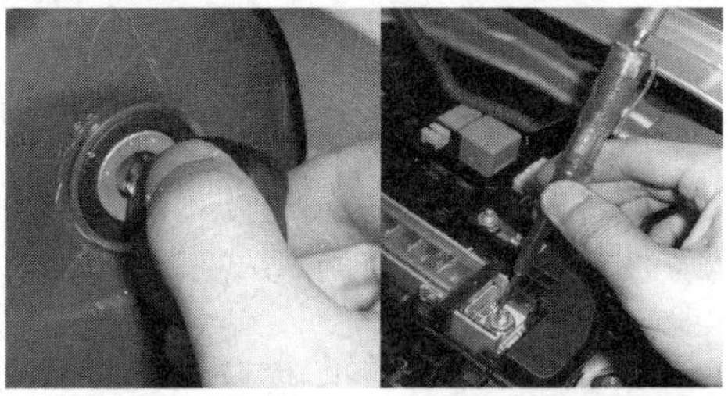  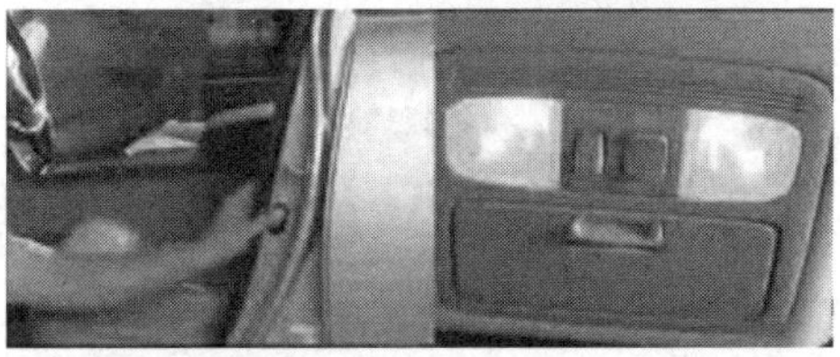 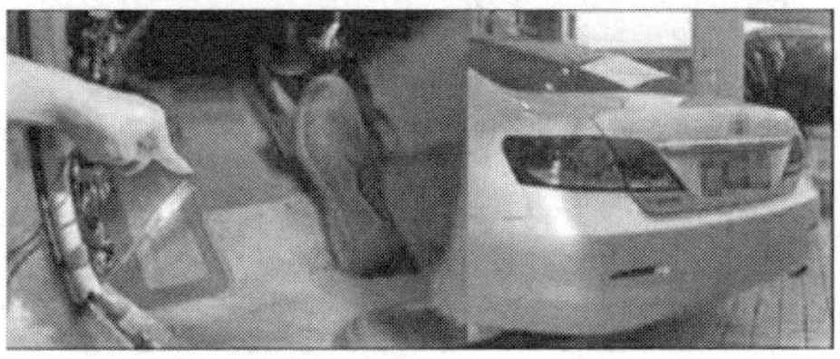	第三步：查找线路。 ① 查找电源线。 查找方法：首先把汽车钥匙拔掉，然后电笔一头搭铁（原车 12 V 负极线或车上任何金属部分），电笔另一头去点要查找的线（12 V 正极）。点到后电笔会亮的线即是电源线（不要接太细的电源线）。12 V 电源一般在转向盘下方和通往主门处。 ② 查找启动开关 ON 线。 查找方法：首先把汽车钥匙转到 ON 挡，然后电笔一头搭铁（车上任何金属部分即可），电笔另一头去点要查找的线（ON 正极）。点到后电笔会亮且启动开关关闭后熄灭的线即是启动开关 ON 线。 ③ 查找转向灯线。 查找方法：首先把汽车钥匙插上并转到 ON 挡，打开原车转向灯，然后将电笔一头搭铁，另一头查找转向灯线，查找线时发现电笔灯和转向灯同步闪烁又同步熄灭的即是转向灯线。转向灯线一般在转向盘下方和门边踏板处。 ④ 查找门边开关线。 负触发线查找方法：打开主门，关闭其他车门，电笔一头夹 12 V 电源正极，另一头找门边线，电笔点到后灯亮且关闭边门开关会熄灭的即是门边开关负触发线。 正触发线查找方法：打开主门，关闭其他车门，电笔一头夹电源负极，另一头找门边线，点到后灯亮且关闭车门开关会熄灭的即是门边开关正触发线。 门边开关线一般在通往主门处、脚踏板和 A 柱处。 **提示：**此线是防盗器开门报警监测的关键，必须安装。有些车出厂时没有门边开关，所以必须加装。 ⑤ 查找驻车制动器拉线。 查找方法：踩下制动踏板，电笔搭铁点线，点到后灯会亮且松开制动会熄灭的线即是制动灯线。此线一般在脚刹上面有个开关。

图片示例	步　　骤
 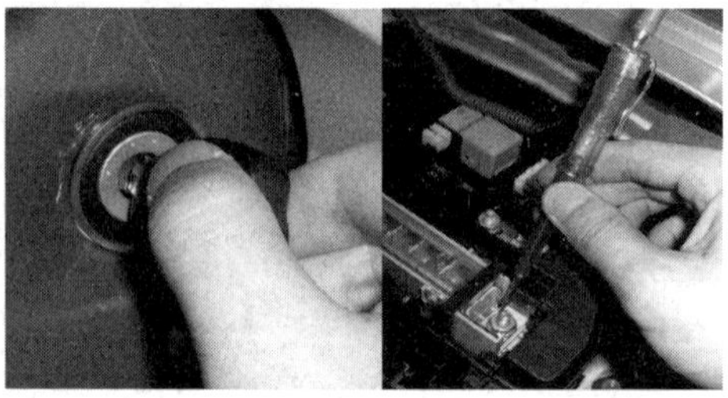	⑥ 查找后备箱控制线。 查找方法：电笔一端搭铁，然后去点后备箱开关上的线，点线的同时如果后备箱会自动打开，那么这根线就是后备箱控制线（12 V 负极）。如果把开关上的线找了一遍也没反应，就说明控制线可能为 12 V 正极控制和低电位控制。这时还是用电笔搭铁点线，在点线的同时按一下后备箱开关，如果电笔灯会亮，就说明后备箱控制线为 12 V 正极。后备箱控制线一般在控制开关、脚踏板和 A 柱处。 防盗器主机上的后备箱控制线一般都是 12 V 正极线。如果查找的线是正极，那么直接接上就可以；如果查找的线是 12 V 负极线，那么就需要加一个继电器来转换。 ⑦ 查找 ACC 线。 查找方法：首先把原车钥匙转到 ACC 位置，然后用电笔搭铁点线，点到线电笔灯会亮而关闭钥匙会熄灭的即是 ACC 线（12 V 正极）。ACC 线一般在转向盘下方和制动踏板或熔断器处。 ⑧ 查找发动机断电负极线。 查找方法：电笔搭铁点线，点线的同时用钥匙起动汽车，在起动时电笔会亮而起动后会熄灭的线即是起动机线，确认线后把线剪断加装断电器。 加装方法：断电器白色线接在打开钥匙有电的一头，另一根绿色线接在剪断的另一头，然后把防盗器发动机断电负极（黄）接在断电器的黄色线上就可以了。起动机线一般在钥匙锁头下方。 ⑨ 查找油路控制负极线。 查找方法：电笔搭铁，车钥匙转到 ON 挡的同时点到一根线带电（大约 1 s 油压检测），该线就是油路控制负极线。有些车不带油压检测，要把后座拆下，下面有线。此线也要剪断加装断电器，接法和发动机断电负极线一样，此线一般在后门脚踏板处和后座下面。 ⑩ 查找后备箱线。 查找方法：电笔接 12 V 正极点线，打开后备箱灯会亮而关闭后备箱灯会熄灭的线即是后备箱线。

图片示例	步　骤
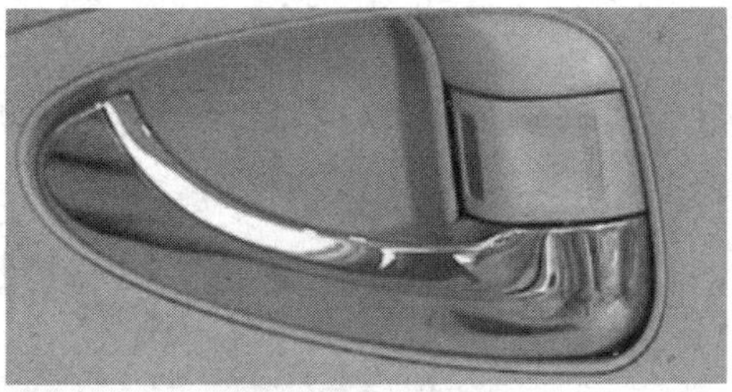  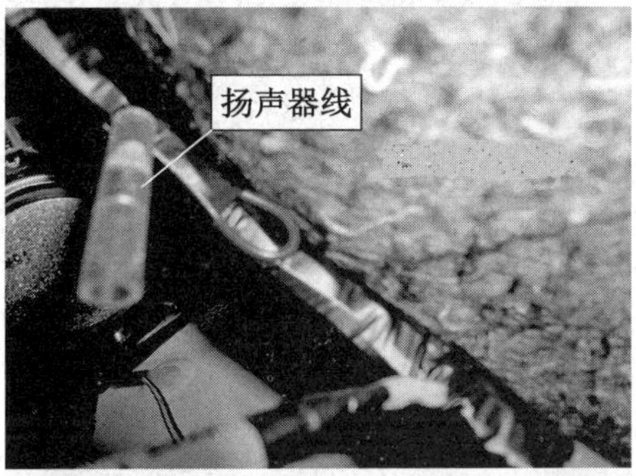  	第四步：判断中控门锁线触发类型并完成安装。 负触发：用电笔搭铁点线，点到一线能开，点到另一线能关，就是负触发。 正触发：电笔搭铁推动中控开关点线，测一根线当中控锁开的时候灯亮，关的时候灯灭；测另一根线当关的时候灯亮，而开的时候灯灭，就是正触发。 正负触发：一般原车驾驶员门能控制另外三个门，但是没有动力（没有电动机，只是一个双向开关），所以要加装一个两线起动机。 ① 安装中控门锁。汽车防盗器安装中控门锁是为了控制原车的中控门锁，达到遥控开关锁的目的。按电路图把线路连好。 **提示：**有些汽车出厂时并未带中控门锁，此时需要加装。 ② 接地。 **提示：**良好的接地非常重要，防盗器的地线不得与其他用电设备的地线连在一起。 ③ 连接扬声器线。防盗报警扬声器一般安装在发动机舱内。将防盗主机的扬声器线引入发动机舱内与扬声器的红色线相接。 **提示：**由于发动机舱内温度较高，所以布线时要注意，不要与高温的地方接触。 ④ 安装系统主机。在以上所有线路连接完成后，按照安装接线图确认无误后，连接系统负电（搭铁线），最好找一个搭铁螺钉连接此线。所有线束包扎完毕，将系统主机和防盗主机连接好。将准备好的电话卡插入系统主机的插槽内，打开SIM卡内置的电源开关。 ⑤ 安装完成后进行测试，将所有功能演示一遍，确认无误后，将所有系统部件固定在车内隐蔽处，还原所拆的汽车内饰件。

图片示例	步　　骤
2．安装汽车防盗器的注意事项	
① 整车线束上有防盗器接头的，在该接头上加装防盗器。 ② 对于导线上没有防盗器接头而需要加装防盗器的，防盗器正极线应接在保险管后部。 ③ 加装防盗器时，接头处应紧固可靠，不得有线芯露出（使用电工胶布缠绕，避免造成短路）。 ④ 防盗器线束布线不得有被挤压等干涉现象。 ⑤ 系统主机和防盗主机及外挂天线、拾音器的距离一定要达到安装补充说明的要求，以避免误报的情况发生。 ⑥ 安装完毕后，一定要在设置好报警电话、紧急报警电话后，再进行报警测试，否则会造成系统死机，无法进行正常的电话操作。 ⑦ 在使用防盗器前，一定要仔细阅读使用说明书，严格按照说明书的操作进行日常使用。	

四、任务评价

汽车防盗器的选装任务评价表见表 7-2-1。

表 7-2-1　汽车防盗器的选装任务评价表

任务名称				
评价方式	自评□　　互评□　　师评□			
项　　目	分值	评分标准	分值	得分
工作态度纪律素养	35	工作态度积极	10	
		遵守课堂纪律	5	
		操作现场按照“5S”管理标准进行整理	10	
		安全操作，无工具设备损坏	10	
团队合作	15	分工明确，人人有任务	7	
		团队合作意识强，工作量分配均匀	8	
任务实施完成情况	50	美容护理用品选用正确	10	
		美容护理工具选用正确	10	
		任务实施操作流程正确	15	
		任务完成达到预期效果	15	
合计				

五、知识与能力拓展

1．汽车防盗器的选择原则

防盗器因其具有独特的报警、阻吓作用及方便易用的特性，渐渐成为汽车的主要附加设备。许多汽车制造商也顺应这种需求，将汽车电子防盗系统融入原厂设计中，使之成为新的卖点之一；而对于原先无汽车防盗系统的汽车，车主们也通过加装各种型号的汽车防盗器来提升汽车的防盗功能。但是市售汽车防盗器材至少有一二十种，从各种机械结构的锁到各种电子报警防盗器，让车主们不知该怎样作出选择。

面对各种型号的汽车防盗器，选择时应该从以下几点来考虑。

① 首先要看防盗器是否采用了先进的工艺设计。各个品牌的防盗器在原理设计、元器件的选择、加工工艺及防盗器的功能设计上都有很多的不同。正是这些不同，决定了防盗器的可靠性、使用寿命等性能及价位各不相同。

② 其次应注意防盗器是否通过了公安部的检测，经过公安部与警用电子产品质量检测中心检测达到全国标准的产品，检测有效期为 4 年。

③ 最后还要看是否具有高质量的安装售后服务。千万不要单纯追求价格低的产品，到非正规的销售渠道购买防盗器，以免被假冒伪劣产品蒙蔽。

2. 中控触发的类型

① 负触发：黄线和黄/黑线接负极，橙线和橙/黑线剪断不接，白线和白/黑线接中控开关信号线（负触发如图 7-2-1 所示）。

② 正触发：黄线和黄/黑线接正极，橙线和橙/黑线剪断不接，白线和白/黑线接中控开关信号线（正触发如图 7-2-2 所示）。

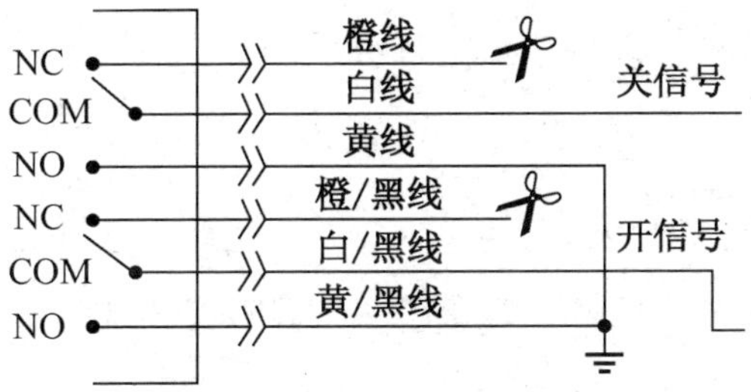

图 7-2-1 负触发

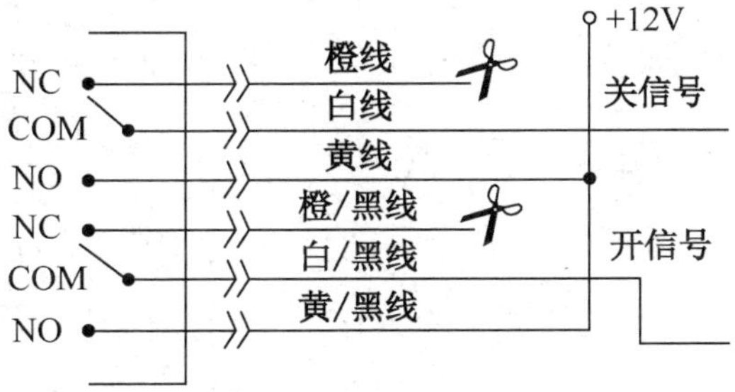

图 7-2-2 正触发

③ 正负触发：黄线和黄/黑线接正极，橙线和橙/黑线接负极，白线和白/黑线直接接到起动机上的两根起动机线上（正负触发如图 7-2-3 所示）。

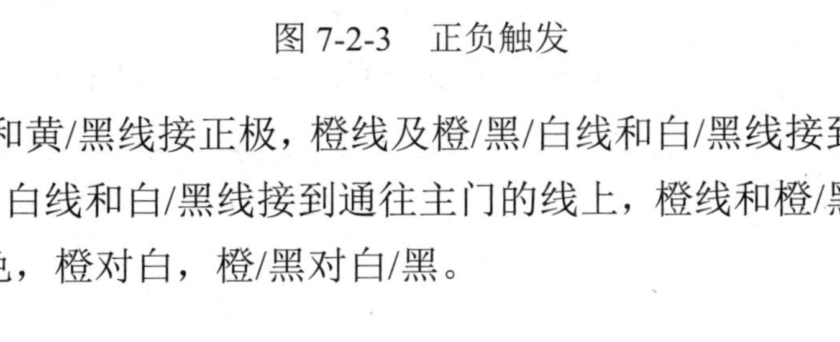

图 7-2-3 正负触发

④ 正电回路：黄线和黄/黑线接正极，橙线及橙/黑/白线和白/黑线接到找好的两根起动机线上，将起动机线剪断，白线和白/黑线接到通往主门的线上，橙线和橙/黑线接到通往主机盒的线上，注意要对应颜色，橙对白，橙/黑对白/黑。

⑤ 双电位负触发：黄线和黄/黑线接负极，橙线和橙/黑线不接，白线和白/黑线其中一根要串联电阻接到一根中控开关信号线上（查找线时确认电阻串联在哪根线上）。

⑥ 单线串联负触发：有三种接法，第一种是橙线不接，黄线接负极，黄/黑线剪断不接，然后把中控开关信号线剪断，白线和白/黑线串在一起接到中控主机盒一侧，橙/黑线接到主门一侧。第二种是黄线不接，橙/黑线不接，黄/黑线接负极，然后剪断中控开关信号线，橙线接到中控主机盒一侧，白线和白/黑线接到主门一侧。第三种是黄线和黄/黑线接负极，橙线和橙/黑线接到一起，然后把中控开关信号线剪断分别接上。实际查找中控开关信号线时自行选择接法。

⑦ 开关串联负触发：把原车中控起动机上的负极线剪断，橙线接到起动机一侧，白/黑线接到中控主机盒一侧，白线和橙/黑线接到一起，黄线和黄/黑线分别接到中控开关信号线上。

⑧ 单线负触发：须加一只 5 线起动机，黄线和黄/黑线接负极，橙线和橙/黑线不接，白线和白/黑线接到 5 线起动机棕线和白线上，起动机黑线接原车中控开关信号线，蓝线和绿线接到原车起动机线上。防盗器主机中控开关信号线橙线、白线、黄线、橙/黑线、白/黑线、黄/黑线的工作原理：橙线、白线、黄线 3 根线在主机里共用一个 5 线继电器，橙/黑线、白/黑线、黄/黑线共用一个 5 线继电器。白线和橙线、白/黑线和橙/黑线在主机里呈闭合的状态，只有在遥控器发出开锁和关锁的指令时才会和黄线及黄/黑线接触（瞬间接触）。

3. GPS

网络式汽车防盗系统是目前国际上比较先进实用的一种防盗方式。它是在充分总结了前几种防盗方式存在的人防与技防脱节、防盗方式单一、防盗不防劫的弊端后发展起来的一种新型汽车防盗方式。虽然在我国的发展历史还不是很长，但它也出现了多种多样的体系，有的利用无线寻呼系统，有的利用公用有线和无线通信系统，有的建立了专门的无线电发射接收系统，有的利用卫星全球定位系统（GPS）等。

GPS 目前在国内外都是较为先进的，尤其在防盗方面更显其优势，它集所有信息、功能于一身，近乎完美。第一是信息量大，它可以在全球跟踪定位车辆，如智能电子地图导航。第二是信息查询，无论走到哪里都可以查询车辆的方位与动态，可回放行车过程。第三是全国漫游，车辆在全国任何角落、中心都能知道并全天候服务。第四是功能强大，包括反劫报警、网络防盗、遥控熄火、车内监听、医疗求救、抛锚救援、路况信息、人工导航、车辆查询、天气预报、列车信息、航班信息等。

GPS 主要由三大部分构成，即空间部分、地球控制部分和用户部分。车用 GPS 主要包括主控中心和车载部分。其工作原理是汽车上的 GPS 接收机接收卫星发来的不同卫星信号，主控中心接收信息后，通过无线调制解调器将车载 GPS 设备发回的数据还原，并进行数据处理，对汽车准确定位，以便主控中心人员调度指挥、防盗、反劫。

任务三 汽车氙气大灯的选装

知识目标

- 了解汽车氙气大灯的作用
- 了解汽车氙气大灯的选择方法

技能目标

- 能利用工具安装汽车氙气大灯

情感目标

- 在安装汽车氙气大灯的过程中，体会规范操作的意义

一、任务分析

据统计，人们驾车发生事故，几乎 60%以上集中在夜间及天气不良的情况下，这是因为在这些情况下驾车时视线通常较差，所以驾驶员必须花费较多精力观看路面，间接造成疲劳及注意力分散，并由此引发驾车意外。汽车氙气大灯（如图 7-3-1 所示）光照范围广、光照强度大，可以为驾驶员创造出更佳的视觉条件，大大改善驾驶的安全性和舒适性。

图 7-3-1 汽车氙气大灯

安装汽车氙气大灯的好处如下。

① 氙气大灯的蓝白色光能大幅提高道路标志和指示牌的亮度。

② 氙气大灯能提升夜间及雾中驾驶的视线清晰度。

③ 氙气大灯具有比较高的能量密度和光照强度，车灯亮度的提高有效扩大了汽车前方的视觉范围，从而提供了更为安全的驾驶条件。

④ 氙气大灯省电，卤素灯泡功率通常为 60 W，氙气大灯功率只有 35 W。

⑤ 氙气大灯的使用寿命比卤素灯泡长得多，氙气灯泡的使用寿命相当于汽车平均使用周期内的全部运行时间。

⑥ 氙气大灯一旦发生故障不会瞬间熄灭，而是通过逐渐变暗的方式熄灭，使驾车员能在黑夜行车中赢得时间，紧急路边停车。

⑦ 氙气大灯不会产生多余的眩光，不会对迎面来车的驾驶员造成干扰。

二、知识准备

图片示例	解释说明
1．安装汽车氙气大灯的主要工具	
高温风枪 	高温风枪用于将氙气大灯总成周围的密封胶吹开。 **提示：** ① 不要直接将热风对着人或动物。 ② 高温风枪要完全冷却后才能存放。
砂轮机 	砂轮机用于修磨反光碗尾部多余的边角。
手钻 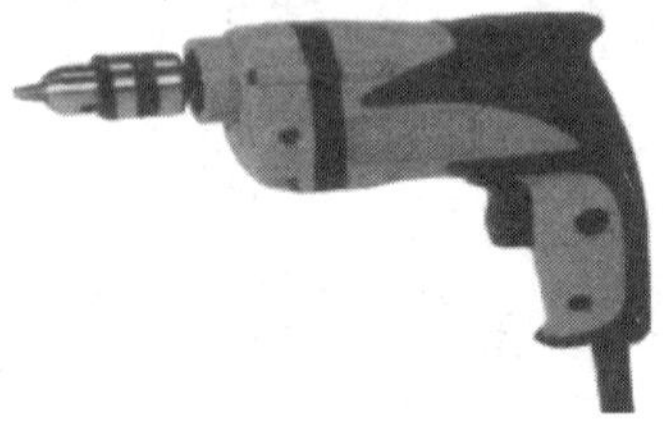	手钻用于在反光碗尾部打孔安装透镜。
其他工具 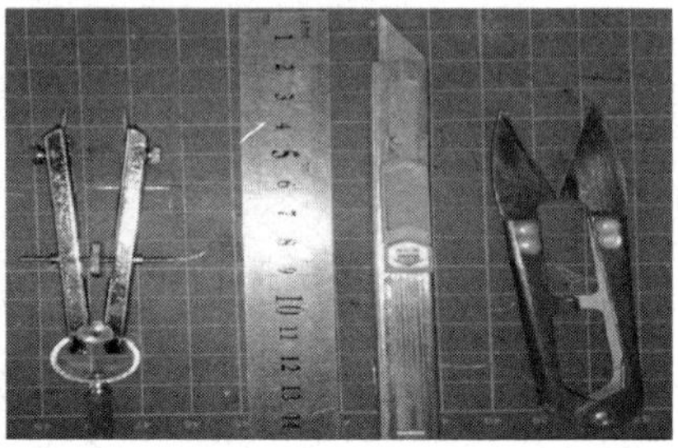	其他工具用于裁剪边角、测量尺寸等。

图片示例	解释说明
2．汽车氙气大灯的选用	

氙气大灯（High Intensity Discharge Lamp）是气体放电灯，又称HID灯，它利用配套的电子镇流器，将汽车电池12 V电压瞬间提升到23 kV以上的触发电压，将氙气大灯中的氙气电离形成电弧放电并使之稳定发光，提供稳定的汽车大灯照明系统。与卤素灯泡相比，氙气大灯没有灯丝，这是氙气大灯与传统灯具最重要的区别。此外，由于氙气分子会随着使用时间延长而越趋活泼，因此高压气体放电灯泡可能会越用越亮。

（1）氙气大灯的分类。

氙气大灯按灯泡形式共分为6种：带透镜的远光灯泡、带透镜的近光灯泡（以上两种灯泡一般用在原厂的氙气大灯系统上）、H1（远光灯泡）、H3（雾灯泡）、H4（远、近光灯泡）、H7（近光灯泡）。

（2）氙气大灯的选购原则。

在选购氙气大灯时建议选择知名品牌。市面上氙气大灯品牌众多，消费者在选择时应该通过以下三个方面来辨别品牌。

① 首先看产品是否由正规的厂商生产。

② 其次看产品是否通过了公安部交通安全质量监督检测中心的认证。

③ 最后，正规的氙气大灯产品不仅有售后质保卡，还有产品的质量保险。

（3）氙气大灯的选购方法。

对于并不是专业人士的消费者来讲，选择氙气大灯应从以下三个方面考虑。

① 色温：5 000～6 000 K即可。色温不同，人们眼睛感受到的光线的颜色也不同。例如，色温在4 300 K左右就是黄光；色温达到5 000～6 000 K就是白光，这是和太阳光线差不多的颜色，也是人眼最舒服的光线颜色；如果色温达到6 000～8 000 K，那么发射出来的光线就是白里透蓝；如果色温达到8 000～12 000 K，那么光线就是蓝里带紫了。很多人为了追求超酷的蓝色光线，往往选择6 000～12 000 K的氙气大灯。专业人士提醒车主，从安全角度考虑，最好选择色温在5 000～6 000 K的氙气大灯，因为氙气大灯的色温一旦超过6 000 K，光线的穿透能力就会减弱，特别在阴雨天或者雾天，视线清晰度反而会下降。

② 价格：3 000元左右的产品性价比比较合适。国际知名品牌的氙气大灯由于价格太高，在国内的销售情况并不好，大部分品牌基本都已经或正在考虑退出国内市场。目前国内氙气大灯改装市场的主力产品是一些国产品牌，价位从一千多到四五千不等。建议消费者在选择的时候，最好不要选择太便宜的产品，否则质量无法得到保证，一般价位在3 000元左右的产品性价比相对来说比较合适。

③ 试灯：为了激活氙气形成电弧光，需要把12 V的电压瞬间增大到23 kV，所以氙气大灯在开启的瞬间光线会特别强，在3～4 s后稍微变暗，这属于正常现象。但如果恢复正常光线后，还出现光线不稳定、有闪烁、明显色衰等现象，那么说明该产品质量并不过关。如此反复几次，一定要检查仔细。另一个试灯的方法就是频繁拨动频闪开关，短时间内频繁地开关氙气大灯，观察开关的扳动频率与灯光的闪烁频率是否一致，如果感觉灯光闪烁频率与扳动开关频率不一致，那么可认定该产品品质不佳。

三、任务实施

图片示例	步　　骤
1．汽车氙气大灯的安装流程	
改装前检查原车的远、近光灯是否正常、仪表板显示是否正常，在原车正常的情况下才能进一步改装。要特别注意仪表板的电脑主板是否正常工作。打到远光灯时观察近光灯会不会亮，有部分汽车在远光灯状态下近光灯也会亮，安装后在远光灯状态下远、近光灯会同时亮，这是正常情况。大部分车型远、近光灯是分开亮的。	
	第一步：布线，电线要从容易固定的地方通过。改装前切断灯组电源，打开汽车发动机盖，待灯泡冷却后取下原车灯泡的电源插座。
	第二步：连接电源线，红线接大灯电源插座正极，黑线（蓝线）接大灯电源插座负极，并用尼龙扎带（HID 灯盒内配有 6 根）将线固定，避免和周围的金属摩擦。
	第三步：将前大灯灯具接头、防水橡胶罩及旧灯泡取下，松开灯泡的固定夹，取下卤素灯泡，小心地将同一型号的 HID 灯泡换入，将灯泡的夹具固定好，并将 HID 灯泡的高压线伸出大灯总成外。安装时注意不要用手接触 HID 灯泡的石英玻璃管，手上的污迹会使高温工作的 HID 灯泡留下痕迹，影响灯体的使用寿命。
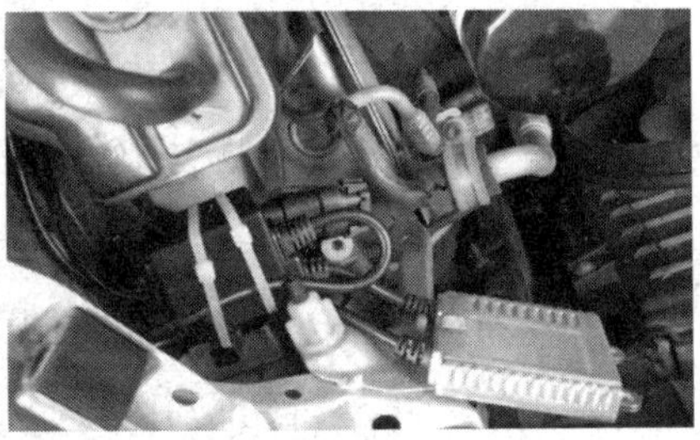	第四步：将 HID 灯的安定器固定在大灯总成附近便于接线的位置。安装安定器时尽可能远离汽车热源（如发动机、水箱等），以免影响安定器的使用寿命，最佳安装位置是在保险杠、大灯总成下面或旁边。固定安定器时尽可能使用螺钉或安装支架固定。

图片示例	步　　骤
	第五步：接线时先接高压线，将高压线的阴阳头插到AMP专用接头的锁定位置，以防止高压接头进水。然后接低压线（直流12 V）。安定器及灯泡的高压线安装时应注意清洁，不清洁的高压接头会漏电而产生起动困难的故障。
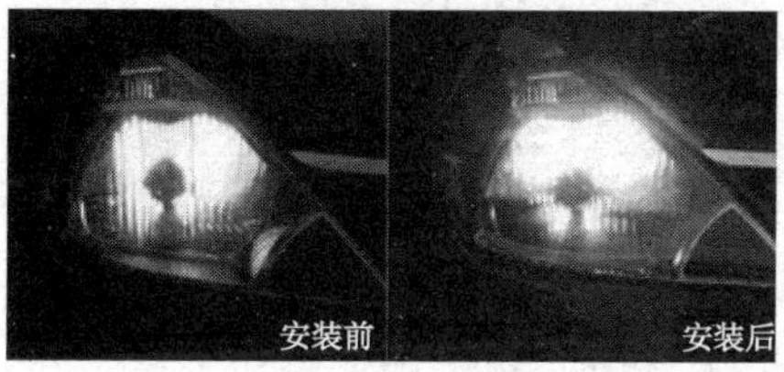	第六步：全部安装后，清理安装现场。通过开灯实验检查灯光的高度，调整到合适位置，检查仪表板的各种指示灯是否正常。

2. 汽车氙气大灯的常见故障与处理方法

常见故障	处理方法
安装后有散光现象发生	① 检查灯泡的安装位置是否正确。 ② 灯壳的聚光效果不好，如果有可能，建议更换新款灯壳。
安装后有闪光现象发生	① 先用相关仪器检查大灯线路电源是否稳定。 ② 更换安定器，查看故障是否仍然存在。 ③ 更换灯泡，查看是否排除故障。
安装后有闪光并时常熄灭现象	① 查看大灯线路工作电流是否正常。 ② 查看大灯线路是否经过行车电脑，如果经过，须调整行车电脑内的大灯线路，方能恢复正常。
安装后无法开启车灯	① 查看大灯线路是否安装正确。 ② 查看起动时大灯线路是否有供电不足的现象。 ③ 查看汽车蓄电池是否漏电严重。

四、任务评价

汽车氙气大灯的选装任务评价表见表7-3-1。

表7-3-1　汽车氙气大灯的选装任务评价表

任务名称				
评价方式	自评□　　互评□　　师评□			
项　目	分值	评分标准	分值	得分
工作态度纪律素养	35	工作态度积极	10	
		遵守课堂纪律	5	
		操作现场按照“5S”管理标准进行整理	10	
		安全操作，无工具设备损坏	10	

续表

项　目	分值	评分标准	分值	得分
团队合作	15	分工明确，人人有任务	7	
		团队合作意识强，工作量分配均匀	8	
任务实施完成情况	50	美容护理用品选用正确	10	
		美容护理工具选用正确	10	
		任务实施操作流程正确	15	
		任务完成达到预期效果	15	
合计				

五、知识与能力拓展

1. 氙气大灯的特点

（1）3 倍亮度。

一般情况下，一个 55 W 卤素灯泡能发出 1 000 流明的光，而一个 35 W 的氙气灯泡能发出 3 200 流明的光，光通量提升 300%以上。使用氙气灯泡可以提高夜间及雾中驾驶员的视线清晰度，大大降低行车事故发生的概率。

（2）舒适度高。

氙气大灯可以产生 5 000 K 左右的色温，而在 5 000 K 左右的光线最白且略微开始转蓝，也最接近正午日光的颜色，人眼的接受度及舒适度最高。这样的灯光用在汽车的夜间照明上，可以有效减少驾驶员的视觉疲劳，对于驾车安全性也间接有所助益。

（3）使用寿命长。

卤素灯泡的发光原理是钨丝发热，而钨丝在长久的高热下，难保不烧断损坏；而氙气大灯是利用电流刺激气体发光，基本上不会产生过高温度，所以只要其中的氙气还没用完，它就可以一直正常发光，不易损坏。一项研究显示，卤素灯泡最多能连续使用 400 h，而利用气体发光的氙气大灯至少能使用 3 000 h。

（4）电力消耗少。

一般汽车原厂的卤素灯泡的功率在 60 W 左右，而有些品牌的氙气大灯的功率只有 35 W，节省了近一半的电力消耗。

2. 真假氙气大灯的辨别

专业厂家的人员介绍，假氙气大灯都通过提高卤素灯泡的电压，产生高亮度来欺诈消费者，消费者可以从以下四个方面进行鉴别。

① 看温度。假氙气大灯在使用的过程中会产生高温，有因高温烧裂灯具的现象，也有烧熔灯座的现象。

② 看照明效果。假氙气大灯照明效果差，亮度不够，色彩差。

③ 看其耗电量。假氙气大灯改装时要用增强线，装上后还会出现怠速不稳等现象；怠速

不稳，油耗必然增加。

④ 真氙气大灯产生的多重光束和强度会比假氙气大灯产生的多重光束和强度照得更远更宽，近光设置更有效。在黑夜里，特别是汽车行驶在郊区，真氙气大灯能大幅改善车前方的照明，照亮路边的标志和歧路，这一点也是假氙气大灯所不能比拟的。

任务四 汽车行驶记录仪的选装

知识目标

- 了解汽车行驶记录仪的作用
- 掌握汽车行驶记录仪的组成及工作原理

技能目标

- 能独立加装汽车行驶记录仪

情感目标

- 在操作中体会安装汽车行驶记录仪的过程

一、任务分析

汽车行驶记录仪即记录汽车行驶途中的影像及声音等相关信息的仪器（汽车行驶记录仪如图 7-4-1 所示）。安装行驶记录仪后，能够记录汽车行驶全过程的视频图像和声音，可为交通事故提供证据。喜欢自驾游的人，可以用它来记录征服艰难险阻的过程，平时还可以将它用于监控，防止碰瓷行为。

汽车行驶记录仪的功能主要有以下四项，如图 7-4-2 所示。

① 维护驾驶员的合法权益，为驾驶员提供有效的证据。

② 将监控录像记录回放，事故责任一目了然，交警处理事故快速准确；既可快速撤离现场恢复交通，又可保留事发时的有效证据，营造安全畅通的交通环境。

③ 碰到专业碰瓷和拦路抢劫行为，行驶记录仪可以提供破案的决定性证据，如事故发生现场和案犯的外貌特征等。

图 7-4-1 汽车行驶记录仪

④ 法院在审理道路交通事故案件时，有了行驶记录仪的影像资料，在量刑和赔偿上将更加准确和有据可依，也给保险公司的理赔提供了证据。

图 7-4-2 汽车行驶记录仪的功能

二、知识准备

1. 汽车行驶记录仪的组成

汽车行驶记录仪就是一款集高清车载 DV 摄像头、拍照、录音、外接 SD/TF 卡存储器于一体的科技新产品。不同的汽车行驶记录仪产品有不同的外观，但其基本组成都包括主机（包括微处理器、数据存储器、显示器等）、摄像头、车载充电器等，汽车行驶记录仪的组成如图 7-4-3 所示，汽车行驶记录仪各组成部分的安装分布如图 7-4-4 所示。

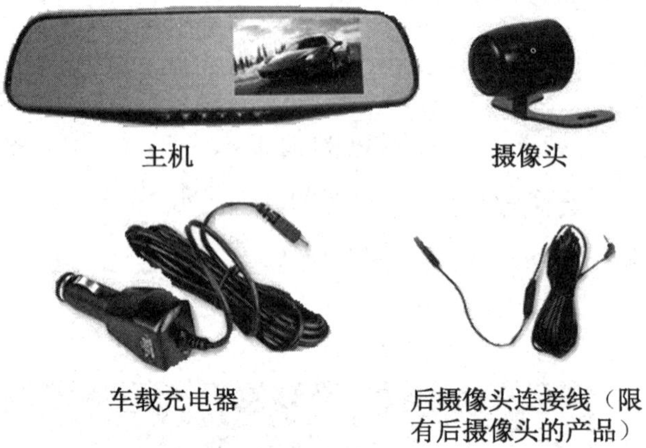

图 7-4-3 汽车行驶记录仪的组成

图 7-4-4 汽车行驶记录仪各组成部分的安装分布

2. 汽车行驶记录仪的工作原理

汽车行驶记录仪可以说是汽车的”黑匣子”，通过高清摄像头，将汽车行驶途中的影像及声音完全记录下来，当意外发生时能立刻提供证据，保障驾驶员的权利。其内部的传感器能够设置冲击力的敏感度，当外界的冲击力大于所设置的值时，该冲击力的现场数据将被记录下来，可为交通事故提供证据。如图 7-4-5 所示为具备前、后摄像头的汽车行驶记录仪的工作示意图。

图 7-4-5　具备前、后摄像头的汽车行驶记录仪的工作示意图

三、任务实施

<table>
<tr><th>图片示例</th><th>步　　骤</th></tr>
<tr><td colspan="2">1．汽车行驶记录仪的设备、工具、物料</td></tr>
<tr><td colspan="2">主要有内饰件撬板、绝缘胶布等。</td></tr>
<tr><td colspan="2">2．汽车行驶记录仪工具的正确使用</td></tr>
<tr><td>内饰件撬板
</td><td>布线的时候可借助内饰件撬板把线束塞到缝隙中，达到美观的效果。</td></tr>
<tr><td colspan="2">3．汽车行驶记录仪操作前的注意事项</td></tr>
<tr><td colspan="2">① 有针对性地选用汽车行驶记录仪产品，不能贪图便宜，知名品牌功能效果好。
② 把前风挡玻璃及安装吸盘支架的地方擦拭干净。</td></tr>
<tr><td colspan="2">4．汽车行驶记录仪的实施步骤</td></tr>
<tr><td>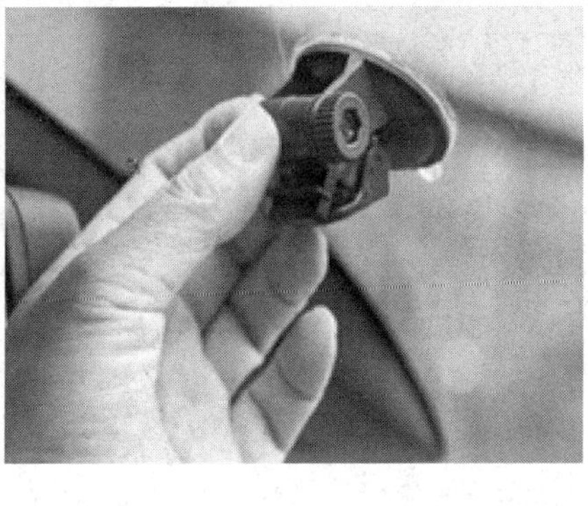</td><td>第一步：安装吸盘支架和汽车行驶记录仪。
① 安装吸盘支架和汽车行驶记录仪时一定要检测防震和防抖能力，否则汽车行驶时颠簸震动根本就拍不清车外的情况，达不到安装效果。</td></tr>
</table>

图片示例	步　骤
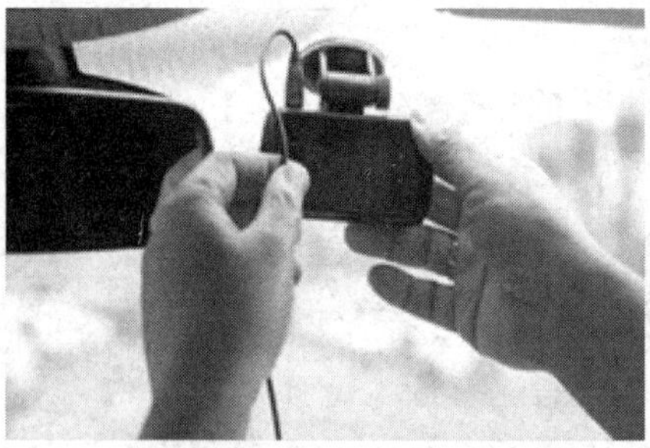	② 汽车行驶记录仪安装角度要合适，不能遮挡视线，一般建议安装在车内后视镜上或中控台上，千万不能安装在前车窗右上方，这样会令车前盲区大大增加。
 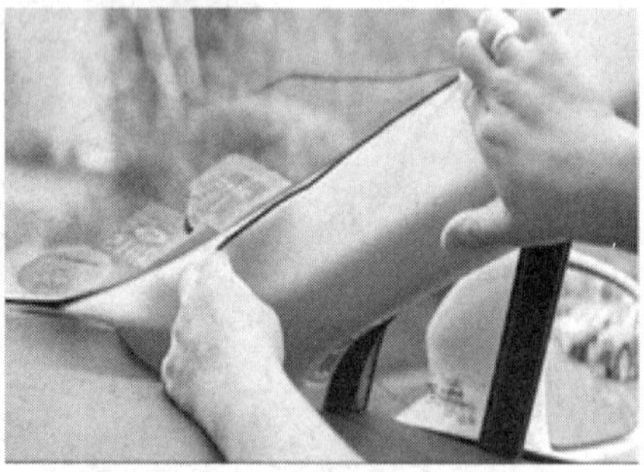	第二步：布线。 ① 不要从安全气囊工作区域走线，贸然在安全气囊工作区域安装汽车行驶记录仪线路，很可能会改变它的原装置，导致安全气囊无法正常工作。 ② 不要破坏车内本身线路。 ③ 不要嫌麻烦把线束直接空降到点烟器上，这样会对驾驶员换挡造成干扰。
	第三步：安装车载充电器，将车载充电器安装到点烟器上。
	第四步：安装完成。

四、任务评价

汽车行驶记录仪的选装任务评价表见表 7-4-1。

表 7-4-1 汽车行驶记录仪的选装任务评价表

任务名称				
评价方式	自评□ 互评□ 师评□			
项目	分值	评分标准	分值	得分
工作态度纪律素养	35	工作态度积极	10	
		遵守课堂纪律	5	
		操作现场按照“5S”管理标准进行整理	10	
		安全操作，无工具设备损坏	10	
团队合作	15	分工明确，人人有任务	7	
		团队合作意识强，工作量分配均匀	8	
任务实施完成情况	50	美容护理用品选用正确	10	
		美容护理工具选用正确	10	
		任务实施操作流程正确	15	
		任务完成达到预期效果	15	
合计				

五、知识与能力拓展

汽车行驶记录仪选购建议

汽车行驶记录仪执行国家标准 GB/T 19056—2021《汽车行驶记录仪》和交通运输部标准 JT/T 794—2019《道路运输车辆卫星定位系统 车载终端技术要求》、JT/T 808—2019《道路运输车辆卫星定位系统 终端通信协议及数据格式》。因此在选购汽车行驶记录仪应注意以下四点。

（1）检查汽车行驶记录仪各个接口的功能。针对汽车行驶记录仪，多种视频的接口是一个很大的卖点，因此一些不良的汽车行驶记录仪商家，为了获得更高的利润，就在产品上伪造了很多个接口。例如，一些 HDMI 高清接口，这些接口通常是无法正常使用的。所以说，在购买汽车行驶记录仪的时候，要认真地检查各个接口的功能。

（2）检查汽车行驶记录仪的死机花屏情况。汽车行驶记录仪死机花屏现象一般出现在其温度较高的情况下。因此在购买汽车行驶记录仪时，可以通过第三种测试热稳定性的方法，来测试其是否容易出现死机花屏现象。

（3）检查汽车行驶记录仪的热稳定性。劣质的汽车行驶记录仪，在太阳底下晒一段时间后，温度会升高得很快，然后上面的液晶显示屏就花屏了。因此在选购汽车行驶记录仪时，要测试其热稳定性，可以把汽车行驶记录仪放到车内，然后将汽车开到阳光下晒一段时间，观察是否出现花屏现象。

（4）检查汽车行驶记录仪的影像质量情况。正规厂家生产的汽车行驶记录仪既有清晰的影像，又能流畅地播放，而劣质的汽车行驶记录仪的影像像素看起来很高但清晰度却非常的低。

任务五 汽车并线辅助系统的选装

知识目标

- 了解汽车并线辅助系统美容护理用品的作用
- 了解汽车并线辅助系统的组成及工作原理

技能目标

- 能独立加装汽车并线辅助系统

情感目标

- 在操作中体会安装汽车并线辅助系统的过程

一、任务分析

在驾驶过程中，由于车身设计的缘故，反光镜所能提供给驾驶员的视觉范围总会存在一些盲区，行车视野盲区如图 7-5-1 所示。驾驶员的头部又不能总是扭来扭去，这样反而增大了行车危险。

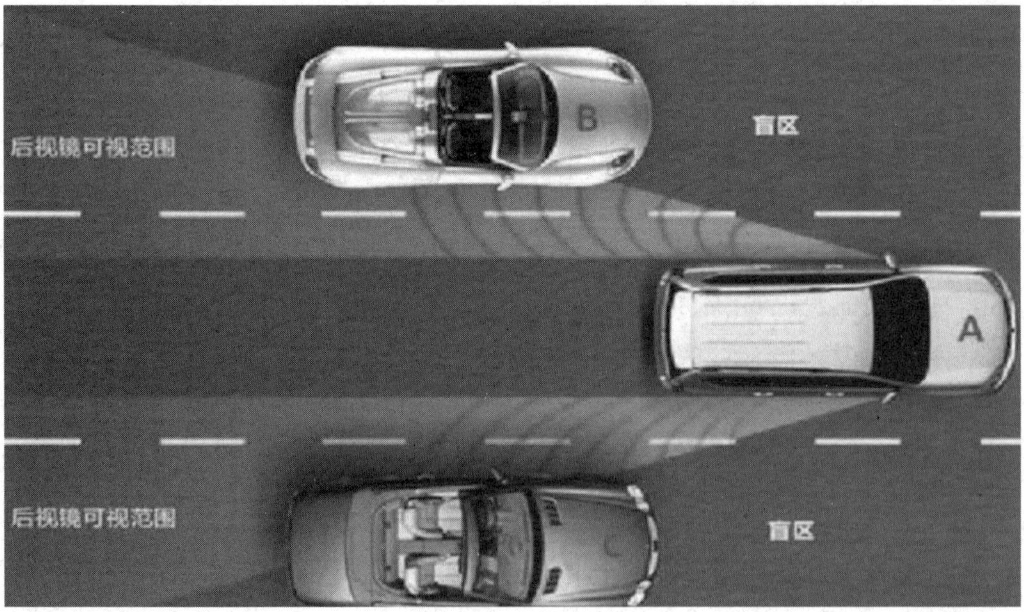

图 7-5-1　行车视野盲区

在全世界的交通事故案例中，有很大比例是因为驾驶员对盲区无法准确判断造成的，而汽车设计中盲区又是不可避免，因此安装汽车并线辅助系统，以减少因盲区误判造成的人身伤害是很有必要的，安装后对于恶劣天气也能够完美应对，即便后视镜车窗模糊看不清也能够清楚地感知后方车辆。

在这种情况下，安装了并线辅助系统的汽车就能够通过后视镜上的倒车雷达或是警示灯，提醒驾驶员是否可以安全并线，让驾驶员能够在正常行驶的过程中实现相应操作，提高驾车的安全系数。

二、知识准备

汽车并线辅助系统也称盲点监测系统，简称 LCDA。作为一项汽车智能安全配置，汽车并线辅助系统能够通过安装毫米波传感器、摄像头、红外线激光等来监测后方盲区，并通过左右两个后视镜提示灯、蜂鸣器响或者转向盘震动、显示屏提醒，来警告驾驶员后方安全范围内有无障碍物或来车，从而消除视线盲区，提高行车安全，对初学驾驶者帮助很大。汽车并线辅助系统如图 7-5-2 所示。

图 7-5-2 汽车并线辅助系统

汽车并线辅助系统的功能还包括盲点检测（BSD）、变道辅助（LCA）、后向横穿预警、后向横穿辅助制动、开门预警（DOW）、正后向防撞预警（RCW）、前方横向碰撞预警、前向横穿辅助制动等。

1. 汽车并线辅助系统的工作原理

汽车并线辅助系统的原理很简单，与常见的倒车雷达类似。

并线辅助装置的形式是在左右两个后视镜内或者其他地方提醒驾驶员后方来车。这项装置需要在汽车时速超过 60 km/h 变道时才能自动启动，车速过低则不能启动。它可以探测到侧后方驶来的最远 50 m 处的车辆。如果系统探测到其他车辆，那么会通过安装在后视镜中的一个 LED 显示灯告知驾驶员；如果驾驶员在准备转换车道时启动了转向指示灯，但是没有注意到相邻车道中的其他车辆，那么该系统会通过 LED 显示灯发送一个闪光信号来警告驾驶员。

2. 汽车并线辅助系统的组成

汽车并线辅助系统由以下部件组成。汽车并线辅助系统的安装如图 7-5-3 所示。

① 后雷达传感器：左后和右后保险杠雷达传感器，位于后保险杠上，其作用是监测驾驶员在车外后视镜无法观察到的区域内的物体（障碍物或车辆）。

② 车门板控制模块：主控制单元，其作用是接收雷达传感器所检测到的信号，并及时传递到后视镜及仪表板上，后视镜及仪表板则以声像报警的形式将警告信息及时反馈给驾驶员。

③ 后视镜镜片总成：带信号灯的镜片

④ 连接线束。

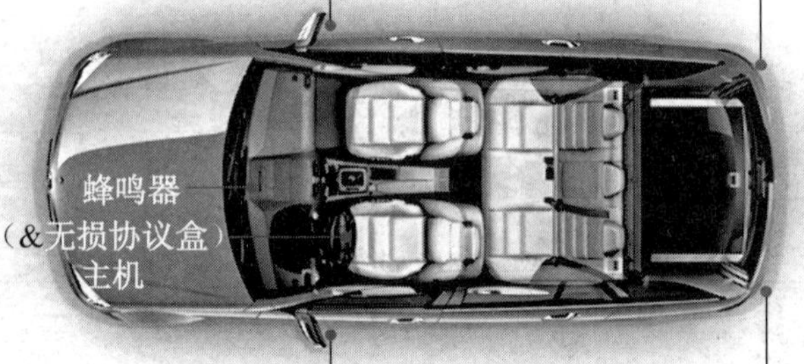

图 7-5-3　汽车并线辅助系统的安装

三、任务实施

汽车并线辅助系统的安装主要涉及后保险杠拆装、后视镜拆装及布线等问题。

图片示例	步　　骤
1. 汽车并线辅助系统的设备、工具、物料	
主要有内饰件撬板、起子、绝缘胶布、汽车并线辅助系统设备等。	
2. 汽车并线辅助系统工具的正确使用	
内饰件撬板 	布线的时候可借助内饰件撬板把线束塞到缝隙中，达到美观的效果；后保险杠拆卸也需要内饰件撬板进行辅助拆装。

<table>
<tr><th>图片示例</th><th>步　　骤</th></tr>
<tr><td>起子
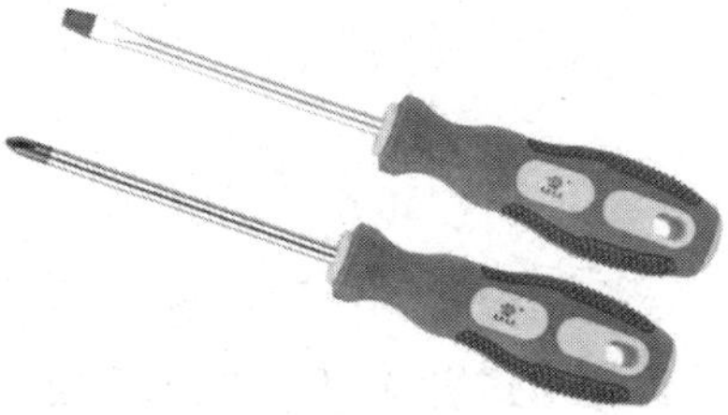</td><td>起子用来拆掉相应的螺钉。</td></tr>
<tr><td colspan="2">3．汽车并线辅助系统操作前的注意事项</td></tr>
<tr><td colspan="2">① 有针对性地选用汽车并线辅助系统，不能贪图便宜，尽量选择知名品牌。
② 安装汽车的过程中，拆下的汽车配件要放好，避免刮花车内仪表板，保护车内物件。接线时留下的杂物要及时处理，不要留在车内。接头处一定要做好绝缘，防止短路。
③ 布线要合理。车内安装空间比较小，所以应尽量减少不必要的线材，减少占用的空间，使汽车并线辅助系统主机易于安装。</td></tr>
<tr><td colspan="2">4．汽车并线辅助系统的实施步骤</td></tr>
<tr><td></td><td>第一步：拆下左、右车外后视镜，安装并更换成带盲点报警灯的后视镜。拆卸时一定要按照顺序拆取，不能硬拆，以免破坏内部组件。</td></tr>
<tr><td>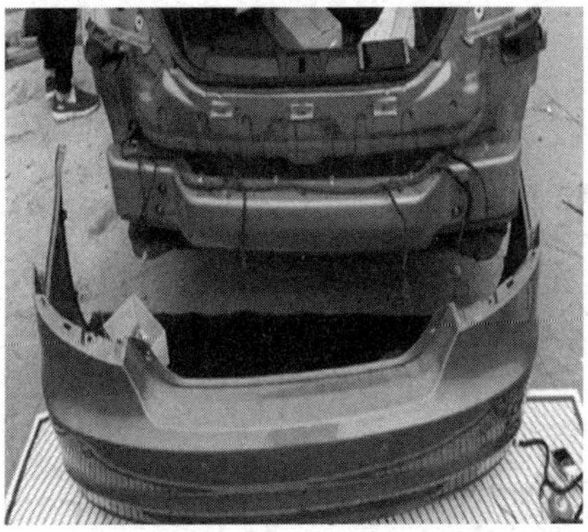</td><td>第二步：拆下后保险杠。拆下相应固定卡扣后，用内饰件撬板辅助取下后保险杠。</td></tr>
</table>

图片示例	步　　骤
 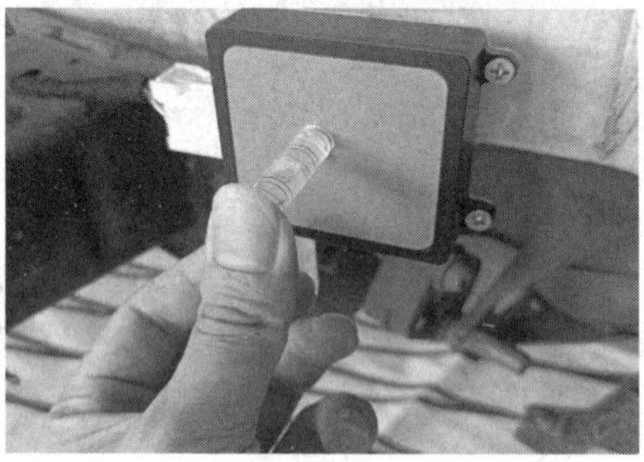	第三步：将两颗毫米波雷达安装在后保险杠内。两颗毫米波雷达通过水平仪、角度仪依照要求的角度、方向在原车预留的位置进行安装。需要注意的是，毫米波雷达的角度不能有误差，否则会影响盲点监测系统在汽车行驶时的正常功能。固定好毫米波雷达后，将毫米波雷达主线束沿着原车线走到驾驶位。
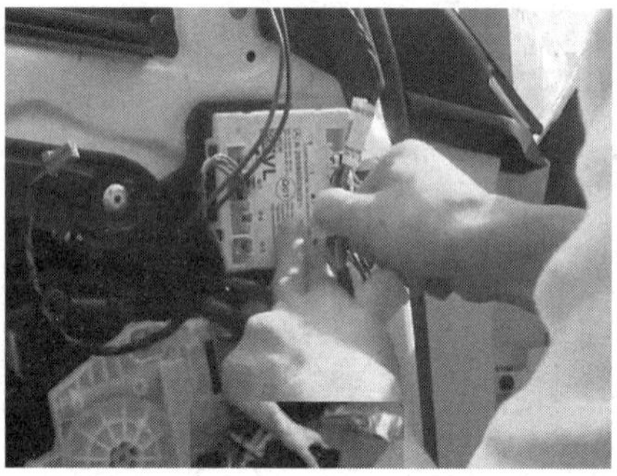	第四步：安装系统模块并取电。
	第五步：静态测试。起动汽车，人在汽车的侧后方 5 m 左右靠近汽车，指示灯会亮起，说明安装连接无误。

四、任务评价

汽车并线辅助系统的选装任务评价表见表 7-5-1。

表 7-5-1 汽车并线辅助系统的选装任务评价表

任务名称				
评价方式	自评□ 互评□ 师评□			
项 目	分值	评分标准	分值	得分
工作态度 纪律素养	35	工作态度积极	10	
		遵守课堂纪律	5	
		操作现场按照“5S”管理标准进行整理	10	
		安全操作，无工具设备损坏	10	
团队合作	15	分工明确，人人有任务	7	
		团队合作意识强，工作量分配均匀	8	
任务实施 完成情况	50	美容护理用品选用正确	10	
		美容护理工具选用正确	10	
		任务实施操作流程正确	15	
		任务完成达到预期效果	15	
合计				

五、知识与能力拓展

目前有代表性的汽车并线辅助系统有以下 3 类。

（1）奔驰新 E 级上的并线辅助系统。

该装置是通过汽车两侧安装的传感器探知两侧后方是否有车辆，并将信息通过电脑系统控制，在左右两个后视镜内或者其他地方提醒驾驶员后方来车。在奔驰新 E 级车上，当两边后方有来车时，如果驾驶员不打转向灯，那么系统会以黄色警示灯提醒；如果驾驶员打转向灯，那么系统会以红色闪烁提醒驾驶员后方有来车，这时并线会发生危险。

（2）沃尔沃并线辅助系统。

沃尔沃并线辅助系统也称盲点信息系统，简称 BLIS。它利用安装在门镜中的后向数字式红外线摄像机监测汽车两侧的车流情况。当有汽车进入后视镜盲区时，该系统会通过 A 柱内侧的一个警示灯向驾驶员发出警示。该系统与后视镜一起可使驾驶员快速评估变线的可行性。该系统在车速超过 10 km/h 时激活，可对任何类型的车辆做出反应，而且白天与黑夜工作得同样出色。沃尔沃并线辅助系统在左右两个反光镜下面内置两个摄像头，将后方的盲区影像反馈到行车电脑的显示屏幕上，并在后视镜的支柱上有并线提醒灯提醒驾驶员注意，以此消除盲区。

（3）奥迪并线辅助系统。

奥迪并线辅助系统也称奥迪侧向辅助系统（Audi Side Assist）。这套系统会在车速超过

60 km/h 介入，依靠传感器的帮助，奥迪并线辅助系统可以探测到侧后方最远 50 m 处的车辆，若此时并线有潜在危险，则后视镜上会亮起警示灯。如果驾驶员在警示灯亮了后仍打转向灯，那么警示灯会增加亮度并开始闪烁。奥迪并线辅助系统和奔驰新 E 级上的并线辅助系统类似，都是在反光镜里面内置一个小灯，以提醒驾驶者，而数据是靠汽车雷达来获得的，根据雷达的数据判断后方来车的速度和位置。

任务六 章节测验

一、选择题

1．倒车雷达探头的安装高度为（　　）。

A．45～55 cm　　B．30～40 cm　　C．20～30 cm　　D．50～60 cm

2．汽车防盗器的种类包括（　　）。

A．机械式防盗　　B．电子防盗　　C．网络式防盗　　D．生物识别防盗

3．汽车行驶记录仪的选购考虑因素包括（　　）。

A．摄像角度　　B．视频分辨率　　C．夜视效果　　D．屏蔽措施

4．汽车并线辅助系统部件组成包括（　　）。

A．后雷达传感器　　B．车门板控制模块

C．后视镜镜片总成　　D．连接线束

二、判断题

1．安装汽车倒车雷达，可以解除驾驶员停车、倒车和起动汽车前后左右探视所引起的困扰，帮助驾驶员扫除停车、倒车和起动汽车的视野盲区。（　　）

2．汽车倒车雷达在倒车时，利用超声波原理，由安装在车尾保险杠上的探头发送超声波撞击障碍物后反射此声波，计算出车体与障碍物之间的实际距离，然后提示给驾驶员，使停车或倒车更容易、更安全。（　　）

3．汽车倒车雷达的探头数量决定了汽车倒车雷达的探测覆盖范围，探头数量越多，可探测范围越大，效果也越好。（　　）

4．氙气大灯的使用寿命比卤素灯泡长得多，氙气大灯的使用寿命相当于汽车平均使用周期内的全部运行时间。（　　）

5．氙气大灯利用配套的电子镇流器，将汽车电池 12 V 电压瞬间提升到 23 kV 以上的触发电压，将氙气大灯中的氙气电离形成电弧放电并使之稳定发光，提供稳定的汽车大灯照明系统。（　　）

6．汽车行驶记录仪是一款集高清车载 DV 摄像头、拍照、录音、外接 SD/TF 卡存储器于一体的科技新产品。（　　）